Formen der Bildung

Martina Schmidhuber (Hrsg.)

Formen der Bildung

Einblicke und Perspektiven

Mit einem Beitrag von
Konrad Paul Liessmann

PETER LANG
Frankfurt am Main · Berlin · Bern · Bruxelles · New York · Oxford · Wien

Bibliografische Information der Deutschen Nationalbibliothek
Die Deutsche Nationalbibliothek verzeichnet diese Publikation in der Deutschen Nationalbibliografie; detaillierte bibliografische Daten sind im Internet über http://dnb.d-nb.de abrufbar.

Umschlaggestaltung:
Olaf Glöckler, Atelier Platen, Friedberg

Gedruckt mit Unterstützung
des Bundesministeriums für Wissenschaft
und Forschung in Wien.

Gedruckt auf alterungsbeständigem,
säurefreiem Papier.

ISBN 978-3-631-59333-2

www.peterlang.de

Inhalt

Reflexion als Grußwort

Heinrich Schmidinger

Als die Griechen die Wissenschaft in unserem europäischen Sinne erfanden, dachten sie nicht daran, ein Spiel um seiner selbst willen zu entwickeln, sozusagen eine Beschäftigung für die freien Männer, die sich der Muße hingeben konnten, weil sie nicht wie die Frauen, die Armen und die Sklaven an die tägliche Lebensbewältigung denken mussten. Die Wissenschaft musste für sie nicht weniger einen Zweck haben als für uns heute. Die attischen Philosophen beispielsweise sahen diesen Zweck und damit den Nutzen von Wissenschaft darin, dass durch sie das gemeinschaftliche Leben am besten gestaltet und dass in der Folge dazu durch sie das dem Menschen würdige Glück herbeigeführt werden könne. In einer ähnlichen Richtung dachten fast alle hellenistischen und römischen Schulen. Sich an ihnen orientierend sahen die christlichen Kirchenväter und mittelalterlichen Theologen die Wissenschaft als Dienerin der Weisheit an, die wiederum den Inbegriff des guten und glücklichen Lebens darstellte. Von einem Selbstzweck der Wissenschaft ist also keine Rede. Und doch: Vor allem Aristoteles betont an mehreren Stellen seines Werkes, dass die Wissenschaft auch „um ihrer selbst willen" betrieben werden müsse. Der Grund liegt für ihn darin, dass die Wissenschaft ihre Ziele und Zwecke mit der Erkenntnis und somit über die Wahrheit erreicht, die Erkenntnis der Wahrheit aber ein Wert an und für sich ist, der sich nicht nur nicht auf andere Werte hin funktionalisieren lässt, sondern auch nicht funktionalisiert werden darf – woraufhin immer. Wer diese Überlegungen des Aristoteles als zu traditionell oder gar zu elitär empfindet, kann in heutige Termini übersetzen: Die Wissenschaften können deshalb nicht beliebig verzweckt, vernutzt, funktionalisiert werden, weil zu den Fragen, mit denen sie sich befasst, auch solche zählen, die – wie Kant sagen würde – unabweislich zum Menschen gehören und einer Antwort bedürfen *jenseits* aller Überlegungen hinsichtlich Gewinn, Erfolg, Nutzen, Funktion. Kant hat schon berühmte Beispiele genannt: „Was kann ich wissen? Was soll ich tun? Was darf ich hoffen? Was ist der Mensch?" Paradoxerweise wird Wissenschaft gerade hier, wo die Parameter von Zweck und Nutzen quasi noch eingeklammert bleiben, existenziell besonders relevant. Der Grund hiefür kann nur darin liegen, dass im Leben des Menschen das Zweck- und Nutzenlose eine ausschlaggebende Rolle spielt.

Sehr rasch wird in diesem Zusammenhang auf die Grundlagenforschung verwiesen. Diese sei für Fragen der genannten Art zuständig. Neben der angewandten Forschung habe sie natürlich ihre Daseinsberechtigung, ja ihre unabdingbare Funktion im Gesamtrahmen der Wissenschaft. Man fordere und fördere sie genauso wie alle Disziplinen, die sich für eine unmittelbare Umsetzung bzw. Anwendung von Hause aus besser eigneten. Gewiss, bei dieser Argumentation handelt es sich nach meiner Beurteilung jedoch um eine Sonntagsrede. Es kann nämlich niemand übersehen, dass beispielsweise die staatlichen Mittel, die für die Grundlagenforschung aufgewendet werden, unvergleichlich niedriger sind als jene, die der angewandten Forschung zufließen. Selbst wenn man anerkennt, dass ein großer Teil der so genannten Grundlagenforschung viel weniger aufwendig bzw. viel kostengünstiger betrieben werden kann, so liegt doch auf der Hand: Werden schon die angewandten Fächer hierzulande im internationalen Vergleich nicht ausreichend dotiert, so geht es den Grundlagenfächern noch viel schlechter. Dass sich angesichts dieses Faktums wiederum die Frage stellt, was die Grundlagenwissenschaft wert ist, mögen zwei Beobachtungen illustrieren:

Zunächst müssen sich Grundlagenfächer unvergleichlich mehr legitimieren und bewähren als angewandte Fächer. Nicht nur anlässlich von Hochschulplänen, Strukturüberlegungen, Profilbildungsdiskussionen oder Schwerpunktsetzungen geraten sie unter einen hohen Rechtfertigungsdruck, selbst in den jährlichen bzw. mehrjährigen Budget- und Finanzplänen des gesamten Staates oder der einzelnen Wissenschaftseinrichtungen müssen sie von Mal zu Mal darlegen, ja beweisen, dass es sie braucht und dass sie Ressourcen benötigen. Allein schon in diesem Umstand sehe ich ein Zeichen dafür, dass das öffentliche Wertempfinden angesichts *prima vista* zweck- und funktionsloser Problem- und Fragestellungen wesentlich weniger ausgeprägt ist als im Falle der anwendungsfreudigen Disziplinen. Daher bedarf es ihnen gegenüber auch viel mehr an Motivierung bzw. Willensbildung, die manchmal mehr, oft aber nur bescheiden gelingt.

Es gibt für mich aber noch ein zusätzliches, viel weit reichenderes und die Aufgabe von Universität wesentlich stärker tangierendes Zeichen: Ich nenne es das Abhandenkommen der großen Themen bzw. den Verlust der Inhalte. Fragen wir uns nur, was uns in den Sinn kommt, wenn die Universitäten – auch in Österreich – im öffentlichen Diskurs auftreten. Sieht man vom Thema der Finanzierung oder von lokalen bzw. nationalen Auseinandersetzungen ab, so dominieren doch strukturelle, organisatorische, administrative, rechtliche und hochschulpolitische Debatten bzw. Maßnahmen. Das wäre an sich nichts Fragwürdiges oder gar Bedenkliches. Immerhin sollen die Universitäten dynamisch unterwegs bleiben. Da müssen Aspekte wie die aufgezählten eine Rolle spielen. Einseitig wird dieser Umstand allerdings dadurch, dass die Dominanz dieser Aspekte ins Bild passt. Ich werde in anderen Worten das Gefühl nicht los, dass den besonderen Anstoß dazu wiederum das ökonomisch-wirtschaftliche Paradigma gibt. Danach sollen die Universitäten auf dem ständig sich wandelnden Wissensmarkt – einem Bestandteil der umfassenden Weltbörse – bestehen können. Im Hinblick darauf kann nicht genug an Strategie, Organisation, Konzept, rechtlicher Rahmenbedingung usw. überlegt werden. Hauptsache die angestrebte bzw. gewonnene Position an Geltung und Nutzen wird erreicht bzw. gehalten und verteidigt. Womit dies geschieht – damit bin ich bei den Themen und Inhalten -, ist nicht so entscheidend. Viel wichtiger ist die Stimmigkeit zwischen Einsatz und Ertrag. Ich möchte gegen diesen Ansatz, der mir für die Reflexion über die Universitäten bzw. für die Selbstreflexion der Universitäten selbst ausschlaggebend zu sein scheint, nicht polemisieren. Mir geht es darum, auf den hohen Preis aufmerksam zu machen. Dieser besteht für mich – noch einmal – im Verlust der großen Themen und der Inhalte. Damit will ich nicht behaupten, dass sich die Universitäten von heute um überhaupt keine Inhalte mehr kümmern würden, ich sage auch nicht, dass keine Themen mehr vorhanden wären, an denen sich nach wie vor die Leidenschaft der Wissenschaftler und Wissenschaftlerinnen entzünden. Mir scheint allerdings, dass die Inhalte heute oft zu kurz kommen bzw. sich eher beiläufig einstellen, jedenfalls nicht mehr jenen zentralen Stellenwert besitzen, den sie einmal hatten. Das ist nicht allein deshalb ein Jammer, weil immer weniger ersichtlich ist, worum es in den Hohen Schulen inhaltlich geht, welches überhaupt ihre relevanten Fragen, Probleme und Themen sind bzw. was an eben diesen Fragen, Problemen und Themen wirklich von Interesse und nicht bloß interessant ist, sondern vor allem auch deshalb, weil viele der Herausforderungen und Probleme, die uns global-kulturell und global-gesellschaftlich so bedrängen, wohl niemals seriös, objektiv und diskursiv angegangen, behandelt und gelöst werden, wenn sich nicht Foren/Plattformen wie die Universitäten ihrer annehmen.

Heinrich Schmidinger

Einleitung

Martina Schmidhuber

„Ausverkauf der Bildung!“, „Geld für Bildung statt für Banken und Konzerne!“ Mit diesen und ähnlichen Parolen lenkten Studierende in ganz Österreich im Wintersemester 2009/10 die öffentliche Aufmerksamkeit auf sich und entfachten eine breite Bildungsdebatte. Mit Protesten und Hörsaalbesetzungen kommunizierten sie ihre Unzufriedenheit mit der aktuellen Situation an den Universitäten: Bildung werde an Universitäten zugunsten von Ausbildung und wirtschaftlichen Bedürfnissen immer stärker vernachlässigt. Das widerspräche jedoch der Idee des Humboldtschen Bildungsgedankens. Damit stoßen die Studierenden in dasselbe Horn wie Konrad Paul Liessmann in seinem Essay *Theorie der Unbildung*. In diesem konstatiert er, dass Wissen seit geraumer Zeit nicht mehr eine Form der Durchdringung der Welt bedeutet[1], sondern vielmehr Fähigkeiten und Kompetenzen (skills) zu besitzen. Teamfähigkeit, Flexibilität und Kommunikationsbereitschaft, gelten als die neuen Bildungsziele, so Liessmann.[2] Demgemäß werden in Bildungsstätten nur noch jene Fertigkeiten vermittelt, die in der Ökonomie gefragt sind[3] und in diesem Zuge wird Bildung im Sinne von „erkennen, verstehen, begreifen“[4] vernachlässigt. Hat sich Bildung lediglich gewandelt oder gilt tatsächlich nur noch Ausbildung als erstrebenswert? Ist Bildung durch Ausbildung ersetzbar, weil das antike und humanistische Bildungsideal in einer kompetitiven Gesellschaft obsolet sind? Jedenfalls scheinen VertreterInnen künstlerischer und geisteswissenschaftlicher Disziplinen die Existenzberechtigung ihres Faches permanent verteidigen zu müssen. Denn wer z.B. Philosophie studiert, „macht sich allein damit in der erfolgs- und marktorientierten Gesellschaft verdächtig. Irgendetwas kann mit diesem jungen Menschen ja nicht stimmen, niemand, der ehrgeizig, dynamisch, flexibel, wettbewerbsorientiert und erfolgshungrig ist, steuert auf die sichtbare Nutz- und Bedeutungslosigkeit

---

1 Vgl. Liessmann, Konrad Paul, Theorie der Unbildung. Die Irrtümer der Wissensgesellschaft, Wien 2006, 29.

2 Ebd., 71.

3 Ebd., 72.

4 Ebd., 29.

zu.“[5] Damit bringt Liessmann die Äußerungen der Kritiker und Verächter von „unzeitgemäßen“ Studienfächern auf den Punkt.

Wofür soll man also „tote“ Sprachen lernen, sich mit Philosophie, Geschichte und Kunst auseinandersetzen, wenn diese doch auf dem ökonomischen Markt nutzlos sind? Die AutorInnen des vorliegenden Bandes haben es sich zur Aufgabe gemacht, diese Frage zu beantworten. Es geht in den folgenden Beiträgen also nicht darum, die „Unbildungslandschaft“[6] der westeuropäischen Gegenwart zu beklagen, sondern „Bildung“ aus verschiedenen (wissenschaftlichen) Blickwinkeln zu betrachten und ihre Bedeutung aufzuzeigen.

Dass die Aufgaben der Universitäten umfassend sind und die Gefahr besteht, dass „große Themen und Inhalte“ zugunsten der ökonomischen Nutzenmaximierung abhanden kommen, wird im Grußwort des Rektors der Universität Salzburg, *Heinrich Schmidinger,* deutlich. Es scheint schwer zu sein, „Bildung“ auf den Punkt zu bringen, denn die Vorstellungen davon, was Bildung wirklich ist und leisten soll, sind äußerst vielfältig – davon geben auch die Beiträge dieses Bandes Zeugnis.

Konrad Paul Liessmann umreißt im ersten Beitrag das philosophische Bildungsverständnis von Humboldt bis heute und macht in diesem Zuge deutlich, wie sich dieses gewandelt hat. Liessmanns Überlegungen dienen den (meisten) AutorInnen im vorliegenden Band als Anknüpfungspunkt für ihre eigenen Thesen.

Im aktuellen Bildungsdiskurs kommt meist das Bildungsideal des Humanismus zur Sprache. Welche Vorstellungen dahinter stehen, was davon gegenwärtig noch übrig und erstrebenswert ist, erörtert *Michael Zichy* in seinem Beitrag.

Ingrid Schmutzhart gibt einen historischen Einblick in die (Aus-)Bildungsmöglichkeiten von Frauen vom 17. Jahrhundert bis heute.

Die Historikerin *Lena Oetzel* zeigt auf, dass Geschichte als Lehrmeisterin fungieren und sowohl individuelle als auch kollektive Identitätsbildung unterstützen kann. Und schließlich, so argumentiert Oetzel, ist die Beschäftigung mit Geschichte lohnenswert, weil diese auch eine „Quelle der Faszination und des Vergnügens“ ist.

---

5 Vgl. Liessmann, Konrad Paul, Vom Nutzen und Nachteil des Denkens für das Leben. Vorlesungen zur Einführung in die Philosophie, Wien 1997, 16.

6 Manfred Prisching, Soziologieprofessor an der Universität Graz, möchte seine Beschreibung bildungsideologischer Paradigmen als „Spiegel der Unbildungslandschaft“ verstanden wissen und verweist in diesem Zuge auf Liessmanns „Theorie der Unbildung“. Vgl. Prisching, Manfred, Bildungsideologien. Ein zeitdiagnostischer Essay an der Schwelle zur Wissensgesellschaft, Wiesbaden 2008, 11.

Die Romanistin *Eva Martha Eckkrammer* erläutert in ihrem Beitrag, warum Sprachen als „Schlüssel zum Denken und zur Welt" zu verstehen sind und beschreibt auch den Weg, über den man zu diesem Schlüssel gelangt.

Franz Gmainer-Pranzl möchte Liessmanns Überlegungen zu Bildung um interkulturelle Bildung erweitert wissen und zeigt auf, wie anspruchsvoll und notwendig diese ist.

Lesen und Schreiben sind nicht nur Mittel zur Durchdringung der Welt, sondern tragen auch zur Selbstbildung bei. Diese These vertritt und erläutert die Germanistin *Christina Repolust*.

Danach nähert sich *Clemens Sedmak* dem Begriff der Bildung mit Metaphern und zeigt auf, welch umfassende und bedeutende Rolle den Lehrenden in Bildungsprozessen zukommt.

Silvia Arzt macht in ihrem Beitrag deutlich, dass nicht nur Schule und Hochschule Orte der Bildung sein können. Vielmehr kann auch der Familie eine wichtige Rolle als Ort des Lernens zukommen. Sie untersucht als Theologin vor allem die Möglichkeit der religiösen Bildung in der Familie.

Auch die Bildung von Gefühlen beginnt in der Familie. Wie dies geschieht, klärt der Psychologe *Bernhard Schwaiger*. Er zeigt auf, dass Gefühle einerseits Gegenstand von Bildungsprozessen sind und anderseits auch Bildungsprozesse ermöglichen.

Teresa Leonhardmair führt die Analogie zwischen Bildung und Bewegung aus und geht noch einen Schritt weiter: Sie argumentiert, dass Bildung Bewegung impliziert.

Gabriele Pöhacker appelliert für eine Form der Allgemein-Bildung, die es ermöglicht, dass sich Menschen mit Behinderung nicht von der Gesellschaft ausgeschlossen fühlen. Zudem zeigt sie auf, welche Form der (Aus-)Bildung Menschen mit Behinderung brauchen.

Die Wirtschaftswissenschafterin *Sabine Stadler* setzt sich mit dem von Liessmann kritisiertem Wissensmanagement auseinander. Dabei gilt es zwischen Wissensmanagement der ersten und der zweiten Generation zu unterscheiden.

Dass mit Bildung Selbst- und Weltkenntnis erlangt werden, wird in den Beiträgen des Bandes deutlich. Dass dies die Voraussetzungen zur selbstbestimmten personalen Identitätsbildung sind, werde ich, *Martina Schmidhuber*, abschließend ausführen.

Bildungskurven
Von Humboldt über Hegel zu Nietzsche und Adorno [1]

Konrad Paul Liessmann

„Bildung" ist in der sogenannten Wissens- und Informationsgesellschaft zu einem diffusen Begriff geworden, mit dem der Erwerb und die Vermittlung unterschiedlicher Kenntnisse und Qualifikationen ebenso benannt werden kann wie die dazugehörigen Institutionen und Verfahren. Mit dem ursprünglichen Bedeutungsfeld von „Bildung" hat dies nur mehr wenig zu tun. Das ist nicht zufällig so. In der Tat zeichnet sich im „Bildungsbereich" in den letzten Jahren ein bemerkenswerter Paradigmenwechsel ab. Die am antiken Ideal und am humanistischen Konzept orientierte „Bildung" galt in erster Linie als Programm der Selbstbildung des Menschen, eine Formung und Entfaltung von Körper, Geist und Seele, von Talenten und Begabungen, die den Einzelnen zu einer entwickelten Individualität und zu einem selbstbewussten Teilnehmer am Gemeinwesen und seiner Kultur führen sollte. Gleichzeitig galt Bildung als einzige Möglichkeit, den Menschen aus der Barbarei in die Zivilisation, aus der Unmündigkeit in die Autonomie zu leiten.

Für Wilhelm von Humboldt war Bildung schlicht die „letzte Aufgabe unseres Daseyns", und er bestimmte diese in seiner *Theorie der Bildung des Menschen* mit einem denkwürdigen Satz: „Dem Begriff der Menschheit in unserer Person, sowohl während der Zeit unseres Lebens, als auch noch über dasselbe hinaus, durch die Spuren des lebendigen Wirkens, das wir zurücklassen, einen so großen Inhalt, als möglich, zu verschaffen", eine Idee, die nichts anderes bedeutete, als eine „Verknüpfung unsres Ichs mit der Welt zu der allgemeinsten, regesten und freiesten Wechselwirkung". Dieses Konzept wollte das zu einem Bildungsprogramm machen, was nach Humboldt das Streben des Menschen überhaupt auszeichnet. In seiner Endabsicht betrachtet, ist das erkennende Denken des Menschen immer nur „ein Versuch seines Geistes, vor sich selbst verständlich" zu werden, sein Handeln ist eine Anstrengung seines Willens, „in sich frei und unabhängig zu werden" und seine „Geschäftigkeit" erweist sich als das Streben,

---

[1] Bei diesem Beitrag handelt es sich um die überarbeitete Fassung eines Kapitels aus Liessmann, Konrad Paul, Theorie der Unbildung. Die Irrtümer der Wissensgesellschaft, Wien 2006.

nicht in sich müßig bleiben zu müssen. Der Mensch ist ein aktives Wesen, und da alles Handeln und Denken einen Gegenstand haben muss, versucht der Mensch „soviel Welt als möglich zu ergreifen und so eng, als er nur kann, mit sich zu verbinden."[2]

An diese Sätze Humboldts ist zu erinnern, weil sie dokumentieren, dass Weltabgewandtheit gerade nicht den Kern der Humboldtschen Bildungsidee ausmacht – im Gegenteil. Welt erkennen, Welt aneignen, über die Natur verfügen: Das Programm der modernen wissenschaftlichen Welterschließung und Naturbeherrschung findet darin ebenso seinen Platz wie das geschäftige Treiben – aber nicht als letzte Ziele, sondern als Mittel zur Erreichung jener Endabsicht, die durch Bildung verfolgt wird: Selbsterkenntnis und Freiheit. Alles Wissen gewinnt seinen Sinn durch diese Bestimmung: Der Geist des Menschen will sich besser verstehen, und alle Wissenschaft und Technik sollen den Menschen in seinem Handeln freier machen. Fraglos sind die Schwundstufen dieses Konzeptes auch in der Wissenschaftsgesellschaft noch spürbar. Noch die Aufregungen über die Ergebnisse der Hirnforschung zehren von dem Konzept der Selbsterkenntnis, und zumindest als Ideologie kommt keine technische Innovation ohne den Hinweis aus, dass dadurch die Optionen und Handlungspotentiale der Menschen erhöht werden. Der Einspruch, den etwa Günther Anders gerade im Namen von Freiheit und Selbsterkenntnis gegen die moderne Technik erhoben hat, weil deren avancierte Anwendung und Umsetzung die ursprünglichen Intentionen in ihr Gegenteil verkehren und aus einem Medium, einem Mittel, der alles beherrschende Zweck wird, versuchte vergeblich die Bildungsidee vor jenen Instanzen zu retten, die im Namen der Freiheit und im Namen der Erkenntnis diese zynisch liquidieren.[3]

Humboldts Überlegungen, um 1793 entstanden, sahen in der Bildung das Ineinander von Allgemeinem und Besonderem, von Individuum und Gemeinschaft am Werk, die Formung und Entfaltung eines Subjekts nach allen Seiten durch Aneignung und Beförderung dessen, was das 18. Jahrhundert emphatisch Menschheit nannte. Resultat dieser Bildungsidee waren das humanistische Gymnasium und die Humboldtsche Universität, beide im Misskredit nahezu seit es sie gibt. Humanistische Bildung – und eine andere gibt es nicht – bedeutete allerdings nicht eine allgemeine oder unverbindliche Ausrichtung an den Ideen der Humanität, der Menschlichkeit oder der Menschenwürde. Diese Vorstellungen sind für den Neuhumanismus streng gebunden an das Studium der antiken Sprachen, namentlich des Altgriechischen, und der antiken Kultur. Zumindest

---

2 Humboldt, Wilhelm von, Theorie der Bildung des Menschen. Werke in fünf Bänden, hg. von Andreas Flitner und Klaus Giel, Darmstadt 1980, Bd. I, 235.

3 Anders, Günther, Die Antiquiertheit des Menschen I+II, München 1956 bzw. 1980.

bei Humboldt, der sich als Bildungstheoretiker und Reformer am intensivsten mit diesem Programm identifiziert hatte, geschieht dies nicht aus einer kritiklosen, idealistischen Verehrung des Alten, sondern aus guten Gründen. In seinem bedeutenden Aufsatz *Über das Studium des Altertums, und des griechischen insbesondre* aus dem Jahre 1793 heißt es dazu unter anderem: „Ein den Griechischen Charakter vorzüglich auszeichnender Zug ist [...] ein ungewöhnlicher Grad der Ausbildung des Gefühls und der Phantasie in einer noch sehr frühen Periode der Kultur, und ein treueres Bewahren der kindlichen Einfachheit und Naivetät in einer schon ziemlich späten. *Es zeigt sich daher in dem Griechischen Charakter meistentheils der ursprüngliche Charakter der Menschheit überhaupt*, nur mit einem so hohen Grade der Verfeinerung versezt, als vielleicht nur immer möglich sein mag [...] Das Studium eines solchen Charakters muss in jeder Lage und jedem Zeitalter allgemein heilsam auf die menschliche Bildung wirken, da derselbe gleichsam die Grundlage des menschlichen Charakters überhaupt ausmacht. Vorzüglich aber muss es in einem Zeitalter, wo durch unzählige vereinte Umstände die Aufmerksamkeit mehr auf Sachen, als auf Menschen, und mehr auf Massen von Menschen, als auf Individuen, mehr auf äussren Werth und Nuzen, als auf innere Schönheit und Genuss gerichtet ist, und wo hohe und mannigfaltige Kultur sehr weit von der ersten Einfachheit abgeführt hat, heilsam sein, auf Nationen zurükzublikken, bei welchen diess alles beinah gerade umgekehrt war.“[4]

Den Gedanken, auf den es ihm ankam, hat Humboldt deutlich hervorgehoben: Die Kultur der Griechen hat einen bildungstheoretischen Vorrang, weil diese Kultur paradigmatisch für den Charakter der Menschheit überhaupt genannt werden kann und weil sie in ihrer Konzentration auf innere Schönheit und ästhetischem Genuss dem Verwertungsdenken der Moderne einen kritischen Spiegel vorhalten kann. Die doppelte Bedeutung des Humanismus kommt dabei klar zum Ausdruck: Es geht der humanistischen Bildung um die Kenntnisse jener komplexen Formen und Gestalten, in denen sich Menschsein realisieren kann; da es aber unmöglich ist, diese Vielfalt in einem empirischen und historischen umfassend und auch nur halbwegs vollständig zu studieren, schlägt Humboldt eine Methode vor, die durchaus modern erscheint: das exemplarische Lernen. Exemplarisch Lernen kann man aber nur dort, wo tatsächlich etwas modellhaft und in besonderem Maße typisch ausgebildet erscheint. Die Grundthese des Neuhumanismus ist also, dass sich die Bedeutsamkeit des Menschen gerade in seiner Vielfalt und Potentialität an jener Kultur am besten studieren lässt, die selbst erstmals den Menschen als Individuum in das Zentrum ihrer ästhetischen, politischen und moralischen Bemühungen gesetzt hatte. In der griechischen Antike sah Humboldt noch ein Interesse am Menschen selbst verwirklicht, das in

---

4 Humboldt, Werke II, 18f.

anderen Kulturen, in denen der Mensch externen Mächten untergeordnet wurde, also fremdbestimmt war – sei es durch die Religion, sei es durch das Diktat der Politik oder der Ökonomie in der Moderne – nicht mehr in demselben Maße gegeben war. Über den Charakter des Menschen, über seine Möglichkeiten und Grenzen, und vor allem über seine Individualität und Einzigartigkeit ließen sich so für Humboldt am Beispiel der Griechen noch immer die entscheidenden Einsichten gewinnen, weil in dieser Kultur zuallererst der Mensch als Selbstzweck, als autonomes Subjekt am Horizont der kulturellen und geistigen Auseinandersetzung aufgetaucht war.

Unter dieser Perspektive umschreibt Bildung schlechthin das Programm der Menschwerdung durch die geistige Arbeit an sich und an der Welt. Das allerdings bedeutet auch die paradigmatische Aneignung von Wissen über sich und die Welt, sowie die sinnvolle Auseinandersetzung mit diesem Wissen. Die Idee der Wissenschaft als die geistige Durchdringung der Welt um der Erkenntnis willen ist von der emphatischen Idee von Bildung nicht zu trennen. Bei Georg Wilhelm Friedrich Hegel schließlich sind Bildung, Reflexion, wissenschaftliches Wissen und Erkennen überhaupt Begriffe, die erst im Bezug aufeinander ihren Sinn ergeben. Die *Phänomenologie des Geistes* lässt sich als ein Bildungsprozess lesen, der nicht nur die Entwicklung eines individuellen Bewusstseins, sondern auch das der Gattung in seiner geschichtlichen Entfaltung nachzeichnet und reflektiert, damit aber selbst den eigentlichen Bildungsprozess darstellt. Bildung ist dem Geist nichts äußerliches, sondern das Medium, in dem er sich überhaupt erst einmal realisieren kann. Geist ist, was sich bildet, und nur was sich bildet, kann Geist genannt werden. Dass der Begriff des Geistes aus den modernen Wissenschaften und Kulturkonzepten mit durchaus triumphierender Geste verabschiedet wurde, lässt sich unter dieser Perspektive auch als ein erklärter Wille zum Verzicht auf Bildung lesen.

Maßstab und Ausdruck dafür war die Auseinandersetzung mit paradigmatischen Inhalten, die weder einem Zufallsprinzip noch dem Diktat einer aktuellen Verwertbarkeit gehorchten. Die Bedeutung etwa der alte Sprachen, der literarische Kanon, die Kenntnis der philosophischen, ästhetischen, kulturellen und religiösen Überlieferung orientierte sich an einem Konzept von „Geist“, wie es Georg Wilhelm Friedrich Hegel in seiner Philosophie dann exemplarisch vorgeführt hatte. Kunst, Religion und Wissenschaft erscheinen bei ihm als jene Objektivationen des Geistes, in denen sich das artikuliert, was über das Zufällige und Subjektive hinausgeht und als Anspruch einer verbindlichen Wahrheit zentral für jeden Bildungsprozess ist.

Bildung stellt so immer eine Vermittlungsarbeit zwischen den je individuellen Entfaltungsmöglichkeiten und den Anforderungen des Allgemeinen, den Verbindlichkeiten des objektiven Geistes dar. Das Bildungskapitel in der *Phänomenologie des Geistes* stellt so auch die historische Epoche, die diesen Bildungsbegriff entwickelt hat, als auch das allgemeine Moment jeder Bildung, das in dieser Phase damit bewusst geworden war, dar: „Wodurch also das Individuum hier Gelten und Wirklichkeit hat, ist die *Bildung* [...] Diese Individualität bildet sich zu dem, was sie *an sich* ist, und erst dadurch *ist* sie *an sich* und hat wirkliches Dasein; soviel sie Bildung hat, soviel Wirklichkeit und Macht."[5] In dem sich dieser Bildungsbegriff auf das Individuum konzentriert und das Allgemeine, der Geist, vorerst noch als ein ihm Fremdes erscheint, kann Hegel das Entwicklungsmoment der Bildung als eine Erscheinungsform des „entfremdeten" Geistes fassen. Erst der Durchgang durch die Bildung als pädagogischer Prozess, erst ihre Aufhebung in einem Allgemeinen, das nicht mehr als Fremdes, Äußerliches, Verdinglichtes, sondern als Moment seiner selbst erfahren wird, verliert die individuelle Bildung den schlechten Beigeschmack der Zufälligkeit und Borniertheit.

Bildung unter dieser Perspektive kann nicht anders gedacht werden als ein Prozess der Einheit von Aneignung und Entfaltung und als Prozess einer Entfaltung durch Aneignung. In Hegels Philosophie war diese Einheit durch den Begriff des Geistes selbst gegeben. Die Vernunft erfasst, was in der Welt sich als vernünftig erweist, und in dem sie dies tut, kristallisiert sich die Vernunft zu jenen Formen, derer sie sich im reflexiven Rückgriff wieder versichern kann. Die Auseinandersetzung mit den verschiedenen Religionen, den unterschiedlichsten Kunstformen und den widersprüchlichsten Philosophien war für Hegel so nie eine Konfrontation des Geistes mit einem schlechthin Fremden oder Anderen, sondern immer mit einer seiner eigenen Gestalten, an denen er etwas über sich selbst erfuhr und deshalb bilden konnte. Das für uns Fremde und Befremdliche am Hegelschen Bildungsbegriff ist, dass er keinen Begriff des Fremden kannte. Hegels Bildungsbegriff ist frei von jedem Exotismus, von jeder Neugier Skurrilen, Obskuranten, Abenteuerlichen und Rekordverdächtigen. Dass alle Bildung für ihn in der Perspektive okzidentaler Vernunft und Wissenschaft mündete, erlaubt es uns heute, diese Subordinationen aller Erscheinungsformen von Religion, Philosophie und Kunst als sublimen Ausdruck des Herrschaftsanspruchs eines europäischen Rationalitätskonzeptes zu kritisieren. Bedacht aber sollte werden, dass in diesem Versuch, die vielfältigen Erscheinungsformen der Kulturen zum Gegenstand der Bildung zu machen, auch etwas von jener Grundidee des Humanismus aufbewahrt bleibt, der noch im entlegenen Kult, in der fernen Philosophie, im absonderlichen Kunstwerk ein Moment seiner selbst zu entdecken weiß und sich deshalb um die geistige Aneignung und Durchdringung dieses Gegenstandes bemüht. Der Maßstab für die Aneignung und damit für

---

5 Hegel, G. F. W., Phänomenologie des Geistes. Werke 3, Frankfurt/Main 1970, 364.

Bildung konnte für Hegel allerdings nie ein einfühlendes Verstehen in das Fremde oder Andere sein, sondern nur jener Stand des bewussten und selbstbewussten Wissens, zu dem der Geist sich je schon gebildet hatte. Im Anschluss an diese Konzeptionen konnte Bildung nur als Form der Wissenschaft und konnten Bildungsinstitutionen nur als Form wissenschaftlicher Anstalten begriffen werden.

Dass Hegel diese Konzeption durchaus auch in einem praktischen Sinn auf die Schulen und Hochschulen angewandt wissen wollte, dokumentieren nicht zuletzt seine Gymnasialreden aus der Nürnberger Zeit. So heißt es in der *Rede zum Schulabschlußjahr am 29. September 1809*: „Wie die Pflanze die Kräfte ihrer Reproduktion an Licht und Luft nicht nur übt, sondern in diesem Prozesse zugleich ihre Nahrung einsaugt, so muss der Stoff, an dem sich der Verstand und das Vermögen der Seele überhaupt entwickelt und übt, zugleich eine Nahrung sein. Nicht jener sogenannte nützliche Stoff, jene sinnliche Materiatur, wie sie unmittelbar in die Vorstellungsweise des Kindes fällt, nur der geistige Inhalt, welcher Wert und Interesse in und für sich selbst hat, stärkt die Seele und verschafft diesen unabhängigen Halt, diese substantielle Innerlichkeit, welche die Mutter von Fassung, von Besonnenheit, von Gegenwart und Wachen des Geistes ist; er erzeugt die an ihm großgezogene Seele zu einem Kern von selbständigem Werte, von absolutem Zwecke, der erst die Grundlage von Brauchbarkeit zu allem ausmacht und den es wichtig ist, in allen Ständen zu pflanzen."[6]

Es stellt keinen Einwand gegen diese Bildungskonzeption dar, dass sich diese organisatorisch nur mangelhaft verwirklichen konnte und als Ideal schlechterdings unerreichbar blieb. Mit Hegel ließe sich dazu immer sagen: Umso schlimmer für die Wirklichkeit. Und indem Hegel die Bildung als historisches Phänomen als Erscheinungsform des entfremdeten Geist auffasst, lässt sich schon bei ihm ein kritisches Moment erkennen. Bildung, weil sie Individualität und Allgemeinheit vermitteln soll, läuft immer Gefahr, entweder in der Beliebigkeit der Individualität, im Kult der Authentizität, oder in zu reinen Schablonen des Geistes erstarrten Bildungsgütern, in dem, „was man wissen muss", zu versickern. Das Scheitern des humanistischen Bildungsanspruches hatte allerdings schon der junge Friedrich Nietzsche konstatiert, als er, als Professor für alte Sprachen soeben an die Universität Basel berufen, im Jahre 1872 in öffentlichen Vorträgen *Über die Zukunft unserer Bildungsanstalten* räsonierte. Nietzsche konstatierte eine unendliche Differenz zwischen den Anmaßungen, denen sich eine humanistische Schule mehr oder weniger freiwillig aussetzte, und ihrer, daran gemessen, nur allzu erbärmlichen Realität. Dem Anspruch nach will

---

6 Hegel, G. W. F., Nürnberger und Heidelberger Schriften 1808-1817, Werke 4, Frankfurt/Main 1970, 319.

die höhere Schule „Bildung“ vermitteln, gar „klassische Bildung“, in der Realität aber sah die Sache für den jungen Philologen anders aus: „Das Gymnasium [erzieht] nach seiner ursprünglichen Formation nicht für die Bildung, sondern für die Gelehrsamkeit und [es nimmt] neuerdings die Wendung, als ob es nicht einmal mehr für die Gelehrsamkeit, sondern für die Journalistik erziehn wolle.“[7] Was Nietzsche befürchtete, ist natürlich längst eingetreten: Das Gymnasium erzieht mittlerweile nicht nur zur Journalistik, sondern auch mit Hilfe der Journalistik. Medien im Unterricht heißt das dann.

Allerdings: das war von Nietzsche keine Anklage, sondern ein Befund. Das Humboldtsche Gymnasium verfehlte schlicht sein Ziel, weil dieses unerreichbar schien: „Eine wahrhaft ‚klassische Bildung‘ ist etwas so unerhört Schweres und Seltenes und fordert eine so complizirte Begabung, daß es nur der Naivetät oder der Unverschämtheit vorbehalten ist, diese als erreichbares Ziel des Gymnasiums zu versprechen.“[8] Von Allgemeinbildung, Bildung überhaupt lässt sich mittlerweile ähnliches sagen. Und eine Mischung aus Naivität und Unverschämtheit kennzeichnet nach wie vor jeden allgemeinen Bildungsanspruch. Das eigentlich Verstörende an Nietzsche war und ist schlicht die Behauptung, dass Bildung schlechthin an Individuation gebunden und schlechterdings nicht verallgemeinerungsfähig ist. Wird dies dennoch versucht, so sind für Nietzsche die unausweichlichen Konsequenzen klar: „Die allergemeinste Bildung ist eben die Barbarei.“[9] Wie wenige hat Nietzsche die Hände in die Wunde der Idee der Allgemeinbildung gelegt. Sofern es dieser um das Individuum und seine Entfaltung geht, lässt sie sich schlechterdings nicht verallgemeinern. Dort, wo sie tatsächlich zu einer allgemeinen Bildung wird, muss sie sich dem einzelnen und seinen Möglichkeiten gegenüber gemein verhalten. Kein höheres Bildungswesen, das von diesem Widerspruch frei geblieben wäre.

Das alles bedeutet natürlich nicht, dass es nicht Stätten der Ausbildung geben kann, ja geben muss, in denen Menschen auf Berufe, auf mehr oder weniger stereotype Handlungs- und Arbeitsabläufe vorbereitet und in sozialen und kommunikativen Kompetenzen ausgebildet werden müssen. Das wusste natürlich schon Nietzsche: „Ich für meinen Theil kenne nur einen wahren Gegensatz, *Anstalten der Bildung* und *Anstalten der Lebensnoth*: zu der zweiten Gattung gehören alle vorhandenen, von der ersten aber rede ich.“[10] Anstalten der Lebensnot sind unsere Schulen aber auch in einem weit über Nietzsches Kritik hinausgehenden

---

7 Nietzsche, Friedrich, Kritische Studienausgabe (KSA), hg. von Giorgio Colli und Mazzino Montinari, München 1980, Bd. 1, 677.

8 Ebd., 682.

9 Ebd., 668.

10 Ebd., 717.

Sinn: Die Not des Lebens zwingst sie mittlerweile dazu, alles an Aufgaben anzunehmen, was an sie herangetragen wird: Ersatz für zerfallende Familien, letzter Ort emotionaler Kommunikation, Drogen- und Aidsprophylaxeinstitution, erster Therapieplatz, Hort der sexuellen und sonstigen Aufklärung, Problemlösungsanstalt für die ungelösten Fragen der Erwachsenenwelt von der Umweltverschmutzung bis zu den Kriegen, von der Integration der Migranten bis zum Kampf der Kulturen, vom Elend der dritten Welt bis zur Europäischen Wettbewerbsideologie, den rasanten Entwicklungen einer wachstumsorientierten Ökonomie und Technologie hilflos ausgeliefert, immer von den neuesten Errungenschaften der Technik überfordert und immer hinterherhinkend, vom Anspruch, kognitives Wissen für alle zu vermitteln und dabei ohne Selektionsdruck zu selegieren förmlich zerrissen. Aber, und da ist Nietzsches Wort ernst zu nehmen: Nicht alles, wozu die Not zwingt, ist deshalb eine Tugend.

Stätten der Bildung waren für Nietzsche der *Gegensatz* zu Anstalten der Lebensnot. Orte, die nicht von den Dürftigkeiten und Bedürftigkeiten des Lebens geprägt sind, Orte der Freiheit deshalb, weil diejenigen, die sich dort als Lehrende und Lernende befinden, frei sind vom Zwang zur Nützlichkeit, zur Praxisrelevanz, zur Lebensnähe, zur Aktualität – mit einem Wort: Es waren die Orte der *Muße*. Damit hatte Nietzsche der Schule nur ihren ursprünglichen Wortsinn zurückgegeben. *Schule* lässt sich über das lateinische *schola* auf das griechische *scholé* zurückführen und meinte ursprünglich ein "Innehalten in der Arbeit". Die Weisheit der Sprache ist oft eine größere als es sich unsere sprachvergessene Kultur träumen lässt: Eine Schule, die aufgehört hat, ein Ort der Muße, der Konzentration, der Kontemplation zu sein, hat aufgehört eine Schule zu sein. Sie ist eine Stätte der Lebensnot geworden. Und in dieser dominieren dann die Projekte und Praktika, die Erfahrungen und Vernetzungen, die Exkursionen und Ausflüge. Zeit zum Denken gibt es nicht.

Im Zentrum der kontemplativen Bildungsstätte aber stehen für Nietzsche nicht Inhalte, sondern – darin ist er ganz modern – zwei *Vermögen*, heute Kompetenzen genannt: Sprechen und Denken. Und hier lagen für ihn auch die Defizite der sogenannten Bildungsstätten seiner Zeit: „In Summa: das Gymnasium versäumt bis jetzt das allererste und nächste Objekt, an dem die wahre Bildung beginnt, die Muttersprache: damit fehlt ihm der natürliche fruchtbare Boden für alle weiteren Bildungsbemühungen.“[11] Sprachkompetenz hat bei Nietzsche aber nichts damit zu tun, dass das juvenile Subjekt in einem restringierten Code seine unmittelbaren Bedürfnisse artikulieren darf, sondern mit Stil, Rhetorik, Dichtung, dem Maß der klassischen Literatur und der Unterwerfung unter dieses und dies alles mit dem Bewusstsein, dass in und durch die Sprache der Einzelne der

---

[11] Ebd., 683.

Gemeinschaft genauso wie der Geschichte, dem Gegenstand genauso wie seinem Inneren verbunden ist – und wo die Sprache verludert, verschlampen auch diese Beziehungen. Deshalb kann Nietzsche, Karl Kraus antizipierend, den Gymnasien seiner Zeit höhnisch zurufen: „Nehmt eure Sprache ernst! ... Hier kann sich zeigen, wie hoch oder wie gering ihr die Kunst schätzt und wie weit ihr verwandt mit der Kunst seid, hier in der Behandlung unserer Muttersprache. Erlangt ihr nicht so viel von euch, vor gewissen Worten und Wendungen unserer journalistischen Gewöhnungen einen physischen Ekel zu empfinden, so gebt es nur auf, nach Bildung zu streben..."[12]

Der physische Ekel vor der journalistischen Sprache: Welcher Pädagoge wagte es noch, dies als das erste Bildungsziel des Deutschunterrichts, ja der höheren Bildungsanstalten überhaupt zu formulieren? Sprache im Sinne Nietzsches ernst zu nehmen bedeutete überdies nicht nur, sie in ihrer syntaktischen Differenziertheit und semantischen Ausdrucksbreite zu beherrschen, sondern auch den Respekt vor ihrer Geschichte, die Achtung ihrer gewordenen Struktur, die auch und gerade deshalb ein getreuliches Spiegelbild der Entwicklung einer Kultur ist und deren Höhen ebenso aufbewahrt wie deren Tiefen. Das konnte und kann natürlich nie bedeuten, die Sprache auf einem Entwicklungsstand einfrieren zu wollen – Nietzsche, selbst ein Sprachschöpfer von Rang, wäre solches nie in den Sinn gekommen. Das kann aber auch nicht bedeuten, die Ausdrucks- und Differenzierungsmöglichkeiten der Sprache jedem beliebigen Modernismus und jeder zeitgeistigen Reformattitüde zu opfern, wie fortschrittlich und globalisiert sich diese auch immer geben mag.

Und das Denken? Nietzsche konnte in *Menschliches, Allzumenschliches* noch ebenso schlicht wie aufreizend schreiben: „Die Schule hat keine wichtigere Aufgabe, als strenges Denken, vorsichtiges Urtheilen, consequentes Schliessen zu lehren: desshalb hat sie von allen Dingen abzusehen, die nicht für diese Operationen tauglich sind, zum Beispiel von der Religion. Sie kann ja darauf rechnen, dass menschliche Unklarheit, Gewöhnung und Bedürfniss später doch wieder den Bogen des allzustraffen Denkens abspannen."[13] Abgesehen von der Invektive gegen die Religion, in der Nietzsche natürlich recht hat – als Glaube ist die Religion keine Sache des Denkens, deshalb kann es in einer wirklichen Bildungsstätte nur eine religionswissenschaftliche Propädeutik, die in alle großen religiösen Systeme einführt, geben, aber keinen konfessionell gebundenen Religionsunterricht -, zeigt sich in diesen Überlegungen auch eine Menschenkenntnis, die heutige viele angebliche Menschenfreunde oft so schmerzlich vermissen lassen: Gerade weil die Alltäglichkeit des Lebens die Genauigkeit des

---

[12] Ebd., 676.
[13] Nietzsche, KSA 2, 220.

Denkens, die nur in der Muße, im relativ sorgenfreien Spiel gedeihen kann, wieder abschleifen wird, kann diese guten Gewissens in der Schule geübt werden. Heute pflegt man aus diesem Befund den gegenteiligen Schluss zu ziehen: Was nicht immer schon der Praxis verschwistert und durch diese abgeschliffen ist, braucht erst gar nicht gelernt zu werden. Daher auch der Hass auf Fächer, in denen Formen des Denkens erfahren und geübt werden können, die keinen unmittelbaren Bezug zu einer Praxis haben: Alte Sprachen, Philosophie, Mathematik, klassische Literaturen, Kunst und Musik. Alle Versuche, diesen Fächern ihre Legitimität zu bewahren, indem auf deren Nützlichkeit für das anstrengende Leben in der Wettbewerbsgesellschaft verwiesen wird, mögen bemüht sein, sind letztlich aber nur peinlich.

Nietzsche Kritik der Bildungsanstalten hatte allerdings auch eine politische Komponente: Sie traf auch den sozialen Träger dieser Einrichtungen, das Bildungsbürgertum. Tatsächlich war das Bildungsbürgertum, das, sich zumindest theoretisch auf die Philosophie und Pädagogik des deutschen Idealismus stützend, seinen mangelnden ökonomischen Besitz und seine schwache politische Macht durch den Besitz von und die Verfügungsgewalt über Bildungsgüter kompensierte, jene soziale Schicht, die der Idee der klassischen Bildung wenigstens zeitweise eine wie auch immer prekäre Realität verschafft hatte. Die große Bedeutung, die die staatlichen Bürokratien vor allem in den deutschen Landen und in der Habsburgermonarchie im 19. Jahrhundert bekamen, schuf mit dem gehobenen Ministerialbeamten einen Prototypen dieser Facette des Bürgertums, der Siegeszug der modernen Wissenschaften mit dem beamteten Universitätsprofessor einen anderen. Dem Bildungsbürgertum galt die Bildung übrigens nicht so sehr als Voraussetzung für ökonomischen Erfolg, sondern als ein Wert an sich, dessen Aneignung mit entsprechender sozialer und pekuniärer Anerkennung honoriert werden sollte. Kern des bürgerlich-humanistischen Bildungsbegriffs war der Kanon an exemplarischen Werken der Literatur, der Kunst, der Musik und Philosophie gewesen, mit starker Ausrichtung an den stilbildenden Werken der klassischen Antike.[14] Dieses Kunstverständnis drückte sich auch aus in der Konstruktion von Nationalliteraturen und in bürgerlichen Kunstsammlungen, in der Errichtung von Nationaltheatern und in der Aneignung und im Neubau von Opern- und Konzerthäusern, in Summe also in jenen Musentempeln, die zu den architektonischen und gesellschaftlichen Zentren des gehobenen bürgerlichen Lebensstils und zu einem wesentlichen Identitätsmerkmal des Bürgertums wurden. Der Anspruch des Bildungsbürgertums war in der Tat, dass diese Kultur einerseits auf eine exklusive Schicht beschränkt, andererseits aber als Norm und Maßstab für die Kultur eines Landes überhaupt gelten

---

14 Fuhrmann, Manfred, Der europäische Bildungskanon des bürgerlichen Zeitalters, Frankfurt/Main, 1999.

sollte. Das hat einerseits einen Bildungsbegriff befördert, dem wir die Tradierung von klassischen Kunstwerken verdanken, ohne die sich auch die ästhetische Moderne nicht hätte entfalten können. Das hat aber auch andererseits zu jener von Nietzsche verhöhnten Karikatur des Bildungsbürgers geführt, der sich über den Rest der Welt erhaben fühlt, weil er seine Klassiker als Zitatenschatz betrachtet, den sinnentstellend zu plündern er keine Gelegenheit auslassen kann. Die ökonomisch mächtige Bourgeoisie, aber auch viele Vertreter der Handels- und Kaufmannschaft hat übrigens diese Ideale nie wirklich anerkannt, und ihre Kinder immer schon lieber auf eine kaufmännische oder technische Schule geschickt, so dass sich das Bildungsbürgertum als eigene Schicht konstituieren musste, deren ökonomische Schwäche durch mitunter höchst bizarre Konstruktionen geistiger Elitenbildung konterkariert wurde.

Das Bildungsbürgertum, das sich so zeitweilig nicht nur als eigener Stand etablieren, sondern auch der bürgerlichen Gesellschaft überhaupt eine mehr oder weniger verbindliche Kultur vorgeben konnte, die zum Maßstab erstrebenswerter Bildung überhaupt geworden war, ist mittlerweile verschwunden. Die Liquidierung des humanistischen Gymnasiums und der Humboldtscher Universität, die Demontage des Beamtenstandes im Zuge der Verschlankung des Staates und die sukzessive Entpragmatisierung der akademischen Professorenschaft zeigen beispielhaft die bildungspolitische und standesrechtliche Seite dieses Prozesses, die Entmachtung der bürgerlichen Kultur als Vorbild und Maßstab kultureller Aktivität überhaupt indiziert die ästhetisch-normative Dimension dieses Bedeutungsverlustes. Mit dem Verschwinden dieses bürgerlichen Kanons und seiner Ersetzung durch ein gültiges Nebeneinander aller ästhetischen Äußerungen, mit der Transformation von Kultur in Lebensstil, hat sich die einstige bürgerliche Leitkultur in ein schmales Segment der globalen Eventkultur verwandelt, das nicht einmal mehr imstande ist, den Resten bürgerlicher Lebensformen Gestalt und Inhalt zu geben.

Immerhin: die Kollision der modernen Mediengesellschaft mit den Idealen und Normen des Bildungsbürgertums hatte jenen Begriff der „Halbbildung“ hervorgebracht, mit dem Theodor W. Adorno die prekär gewordenen Bildungsverhältnisse der Nachkriegsgesellschaft analysierte. Als Theodor W. Adorno im Jahre 1959 – einige Jahre vor der von Georg Picht ausgerufenen ersten deutschen „Bildungskatastrophe“ – seine *Theorie der Halbbildung* schrieb, konnte er dies noch unter der soziologischen Prämisse tun, dass die humanistische Bildung, wird sie zum Ziel von Menschen, denen die dafür notwendigen Voraussetzungen – vorab die Muse – nicht gewährt wird, zur Halbbildung herabsinken muss. Was Moment der Persönlichkeit hätte werden sollen, was Ausdruck des geistigen Gehalts von Bildung war, wird zu einem äußerlichen, verdinglichten Informationspartikel, das, oberflächlich angeeignet, kaum noch ausreicht, einen sozialen Anspruch zu dokumentieren. Die modernen Massenmedien, so Adorno damals, unterstützen strukturell diese Form der Halbbildung, die damit universell wird.

Unter den Bedingungen der Kulturindustrie wird Bildung, so Adorno, zu sozialisierter Halbbildung als allgegenwärtige Erscheinungsform des „entfremdeten Geistes".[15] Wohl mögen die alten Ideale humanistischer Bildung in diesem Stadium noch rhetorisch beschworen werden, tatsächlich werden sie durch eine Vergegenständlichung der Bildung in der Realität konterkariert. Bildung, zumindest theoretisch eine lebendige Auseinandersetzung des Geistes mit sich selbst und der Welt, wird zu einem Sammelsurium von Kulturgütern transferiert, die wohl erworben und konsumiert, aber nicht mehr angeeignet werden können: „Im Klima der Halbbildung überdauern die warenhaft verdinglichten Sachgehalte von Bildung auf Kosten ihres Wahrheitsgehalts und ihrer lebendigen Beziehung zu lebendigen Subjekten."[16]

Solche Verdinglichung sah natürlich auch Adorno in jenen Gymnasien am Werk, in denen etwa der Bildungskanon stur auswendig gelernt wurde, aber immerhin: er wurde noch gelernt. Die Reduktion des Kanons auf einige Schlagworte, die man didaktisch aufbereitet, sich rasch einverleibt, ohne dabei noch irgend einen Zusammenhang verstehen zu können, markierte für Adorno diese Seite der Halbbildung: „Das Halbverstandene und Halberfahrene ist nicht die Vorstufe der Bildung, sondern ihr Todfeind".[17] Halbbildung bleibt solches Unverständnis, weil es sich gleichwohl noch an die traditionellen Kategorien von Bildung klammert, souverän über etwas gebieten will, was sie nicht mehr begreifen kann. Die Elemente von Bildung sind noch da, aber sie sind dem Bewusstsein vollkommen äußerlich geworden. Wo kaum noch etwas verstanden wird, muss es umso hartnäckiger behauptet werden: „Darum ist Halbbildung gereizt und böse; das allseitige Bescheidwissen immer zugleich ein Besserwissen-Wollen".[18] Theodor W. Adorno hatte versucht, an der *Ethik* Spinozas zu demonstrieren, was wahre Bildung sei: Es geht dabei nicht nur um die Kenntnis oder Lektüre dieses Buches, sondern auch um jene Cartesianische Philosophie und deren systematische und historische Kontexte, ohne die Spinoza nicht angemessen verstanden werden kann. Bildung, so könnte man sagen, ist der Anspruch auf angemessenes Verstehen. Für den Halbgebildeten, dem dafür die Voraussetzungen fehlen, wird Spinozas *Ethik* deshalb zu einem Konvolut lo-

---

15 Adorno, Theodor W., Theorie der Halbbildung. Gesammelte Schriften Bd. 8/1, Frankfurt/Main, 1980, 93.

16 Ebd., 103.

17 Ebd., 111.

18 Ebd.,116.

gisch nicht nachvollziehbarer Behauptungen, aus dem er Einzelheiten gerade noch als erstarrtes Bildungsgut zitieren kann.[19]

Keine Frage, dass die Spuren von Halbbildung, wie Adorno sie diagnostizierte, noch allüberall zu sehen sind. Wer in den Jahren der Bildungsreformen seit den 60er Jahren sozialisiert wurde, wuchs in diesem Konzept auf, ohne Chance, ihm zu entgehen. Denn die bildungspolitischen Ansätze dieser Jahre, gleichgültig von welcher Fraktion sie vorgetragen wurden, fühlten sich der Idee von Halbbildung verpflichtet, auch wenn sie diese selten beim Namen nannten. Ablesen ließ sich das daran, dass Bildung als normative Vorstellung noch existierte – so wie das Gymnasium –, aber die Sache selbst allmählich aus dem Blick geriet. Was als notwendiger Demokratisierungsschub und als Öffnung der Bildungssysteme propagiert wurde, hatte seinen Preis: die Institutionalisierung von Halbbildung. Viel von dem, was man unter dem Titel Didaktik rubrizierte, gehorchte einem einfachen Prinzip: die Inhalte klassischer Bildung zu einem äußerlichen, auf die vermeintlichen Bedürfnisse der Jugendlichen zugeschnittenen, halbwegs attraktiven Sammelsurium von Reizen, Zugängen, Anregungen und Aufhängern verkommen zu lassen. Das begann, als man statt Goethes *Werther* Ulrich Plenzdorfs mittlerweile vergessene n*euen Leiden des jungen W.* in der Schule las und endete mit der Substitution des Geschichtsunterricht durch eine Exkursion in Stephen Spielbergs Film *Schindlers Liste.* All diese Strategien kannten noch das Motiv, damit etwas von Bildung zu retten, auch wenn es letztlich die Korruption der Bildung durch ihre Aktualisierung und Medialisierung bedeutete.

„Unbildung“ meint demgegenüber, dass die Idee von Bildung in jeder Hinsicht aufgehört hat, eine normative oder regulative Funktion zu erfüllen. Sie ist schlicht verschwunden. Der entfremdete Geist, der bei Adorno noch in den zu Bildungsgütern herabgesunkenen Versatzstücken einstiger Bildungsansprüche sich umtrieb, ist in akklamierte Geistlosigkeit umgeschlagen. Die in den 80er Jahren mit viel Witz und Aufwand propagierte Vertreibung des Geistes aus den Geistwissenschaften und deren Umbenennung und Transformation in kulturwissenschaftliche Studien gehorchte nicht nur einer Mode, und schon gar nicht einem Erkenntnisfortschritt. Darin sprach sich auch ein Programm aus, das mit jenem Geist, der seit Humboldt und Hegel als Subjekt und Objekt von Bildung fungierte, nichts mehr zu tun haben wollte. Ohne Geist, also ohne den Versuch, die harte Rinde der Empirie zu durchdringen und auf einen reflexiven und selbstreflexiven Begriff zu bringen, also ohne das, was Adorno den Wahrheitsgehalt als letzte Referenz von Bildung nannte, kann von dieser nicht mehr die Rede sein.

---

19 Ebd., 112.

Unbildung meint in unserem Sinn also nicht die Abwesenheit von Wissen oder gar Dummheit. Die Zeiten, als man diese Phänomene nicht nur diagnostizieren, sondern auch verorten konnte und die Differenz von Bildung und Unwissenheit auch eine zwischen den urbanen Zentren und dem mehr oder weniger flachen Lande war, sind vorbei. Dort, wo heute noch wie in den historischen Zeiten der Aufklärung ein heroischer Kampf gegen die Dummheit der Menschen geführt wird, die noch immer zu wenig wissen, unaufgeklärt sind, nicht richtig argumentieren können, ihren Vorteilen verhaftet bleiben, Stereotypen unterliegen und sich von ideologischen Fesseln, Okkultismen, religiösen Fundamentalismen, Mystizismen und Irrationalismen nicht und nicht trennen wollen, muten diese volkspädagogischen Übungen einigermaßen rührend an.[20] Und dies nicht, weil es nichts mehr aufzuklären gäbe, sondern weil das Programm der Aufklärung keine Rechtsgrundlage mehr hat. Denn jede Idee von Mündigkeit, zu der aus einer wie auch immer verschuldeten Unmündigkeit aufgebrochen werden soll, setzt gerade jenes wie immer prekäre Konzept von Bildung voraus, dem gegenwärtig kein Kredit mehr eingeräumt wird.

---

[20] Reutterer, Alois, Die globale Verdummung. Zum Untergang verurteilt? Mit einer Zitatensammlung zum Thema Dummheit, Wien, New York, 2005.

Das humanistische Bildungsideal

Michael Zichy

„Die Abwehrschlacht zur Verteidigung der klassischen Bildung, des Rückbezugs von höherer Schule und Studium auf das römische und griechische Altertum, ist längst geschlagen und verloren worden. Ein pädagogischer Vorrang der humanistischen Bildung dieser Art vor anderen inhaltlichen Ausformungen gymnasialen Schulunterrichts lässt sich mit zwingenden Gründen nicht halten."[1] Diese zum Zeitpunkt der Wende formulierte Feststellung ist auch heute, 20 Jahre später, noch wahr. Und dennoch: Wann immer um Sinn und Ziel von Erziehung und Bildung gestritten wird, ist es zur Beschwörung des humanistischen Bildungsgedankens nicht weit.[2] Doch dann geht es kaum noch um die Reaktivierung des Unterrichts des alten Latein und Griechisch, sondern um die dahinterstehende Geisteshaltung – und um das Abendland schlechthin. Denn wer sich auf den Humanismus beruft, der hat – so scheint es – die altehrwürdige Tradition hinter sich. Ist der Humanismus doch unbestreitbar ein den europäischen Kulturraum zutiefst prägender Geistesstrang. Dies drückt sich nicht zuletzt auch in seiner ausdrücklichen Nennung im gescheiterten EU-Verfassungsvertrag aus, in dem es in den ersten Zeilen der Präambel heißt: „[…] schöpfend aus dem kulturellen, religiösen und humanistischen Erbe Europas, aus dem sich die unverletzlichen und unveräußerlichen Rechte des Menschen sowie Freiheit, Demokratie, Gleichheit und Rechtsstaatlichkeit als universelle Werte entwickelt haben […]"[3]

Doch was ist der Humanismus jenseits vertrauter, wohlklingender Worthülsen überhaupt? Auf was beruft sich der, der sich auf den Humanismus beruft?

---

1 Ruhloff, Jörg, Renaissance, Humanismus, Bildungstheorie der Gegenwart. Einführende Bemerkungen zum Problem und zur Intention der Studie, in: Ders. (Hg.), Renaissance-Humanismus. Zugänge zur Bildungstheorie der frühen Neuzeit, Essen, 1989, 7-41, hier 10. Die Schreibweise der Zitate wurde an die neue Rechtschreibung angepasst.

2 Vgl. etwa Nida-Rümelin, Julian, Humanismus als Leitkultur. Ein Perspektivenwechsel, München 2006.

3 Amtsblatt der europäischen Union 2004/C 310/01, abrufbar unter: http://eur-lex.europa.eu/JOHtml.do?uri=OJ%3AC%3A2004%3A310%3ASOM%3ADE%3AHTML (02.11.2009); vgl. ferner Beckmann, Klaus/Dieringer, Jürgen/Hufeld, Ulrich (Hg.), Eine Verfassung für Europa, Tübingen ²2005.

Verkörpert der Humanismus nicht, wie der Antihumanismus seit der zweiten Hälfte des vorigen Jahrhunderts laut verkündet, ein überaltetes, ja ein gefährliches, aber wenigstens ein zum baldigen Scheitern verurteiltes Denken?[4] Oder muss man im Gegenteil nach dem Scheitern des Antihumanismus wieder mit dem Humanismus rechnen? Ist sein Bildungsideal wieder aktuell, oder im Gegenteil immer noch hoffnungslos reaktionär?

Der vorliegende Beitrag wird diese zweifellos wichtigen Fragen nicht beantworten; er will lediglich ein wenig zu ihrer Klärung beitragen, indem er in kurzen, holzschnittartigen Strichen das humanistische Bildungsideal skizziert. Ziel der Darstellung ist dabei, in idealtypischer und daher notwendig verkürzter Weise die Systematik dieses Bildungsideals und seine Zusammenhänge mit der humanistischen Anthropologie nachzuzeichnen, um dadurch den Blick auf jene Elemente freizulegen, die eventuell auch noch für die heutigen Debatte von Relevanz sein könnten. Zu diesem Zweck wird in einem ersten Schritt der Begriff Humanismus zu definieren versucht (1). Da jede Pädagogik auf einer Anthropologie beruht, werden sodann die wesentlichen Elemente der humanistischen Anthropologie, auf der auch das humanistische Bildungskonzept beruht, herausgearbeitet (2). Auf dieser Basis wird dann im dritten Schritt das humanistische Bildungsideal entfaltet (3). Im letzten Abschnitt werden schließlich angesichts der Kritik am Humanismus einige kurze Überlegungen zur Aktualität des humanistischen Bildungsideals formuliert (4).

1. Zum Begriff Humanismus

Der Begriff Humanismus wurde 1808 von dem deutschen Pädagogen und bayerischen Schulreformer Friedrich Immanuel Niethammer in dessen Schrift *Der Streit des Philanthropismus und des Humanismus in der Theorie des Erziehungsunterrichts unserer Zeit* geprägt. Er bezeichnete damit eine pädagogische Richtung, die die Erziehung am Vorbild Ciceros und mittels antiker Bildungsgüter vornehmen will und die er vom sogenannten Philanthropismus, der die Ausbildung an den Erfordernissen der Praxis und der Gesellschaft ausrichtet, abgrenzt.[5] Karl Hagen verwendete den Begriff 1841 dann zum ersten Mal für eine Geistesbewegung des 14. bis 16. Jahrhunderts.[6] Als Epochenbezeichnung

---

4 Vgl. Ferry, Luc/Renaut, Alain, Antihumanistisches Denken. Gegen die französischen Meisterphilosophen, München/Wien 1987; Faber, Richard (Hg.), Streit um den Humanismus, Würzburg 2003.

5 Siehe dazu Borinski, Ludwig, Das Wesen des europäischen Humanismus, in: Antike und Abendland 14 (1968), 19-35.

6 Hagen, Karl, Deutschlands religiöse und literarische Verhältnisse im Reformationszeitalter. Mit besonderer Berücksichtigung von Wilibald Pirkheimer, Frankfurt am Main ^{2}1868.

wird er 1859 von Georg Voigt in dessen Werk *Die Wiederbelebung des classischen Alterthums oder das erste Jahrhundert des Humanismus* eingeführt.[7]

Von diesen ursprünglich sehr engen und präzisen Definitionen hat sich der Terminus Humanismus spätestens seit dem Ende des 19. Jahrhunderts dank seiner großen Popularität zu einem der unschärfsten Begriffe überhaupt entwickelt, über den sich der Romanist Robert Curtius 1960 bitter zu klagen veranlasst sah: „Wie schattenhaft heute der Begriff Humanismus schon geworden ist, ersieht man daraus, dass sich die meisten Leute nichts Bestimmtes mehr darunter vorstellen können. In der ersten Nachkriegsphase […] wurden wenige Schlagwörter in der öffentlichen Diskussion so abgegriffen wie Humanismus. Hinz und Kunz gaben vor, das Publikum damit beliefern zu können."[8] Etwas Klarheit in diese bis heute andauernde Sprachverwirrung lässt sich bringen, wenn mindestens vier Humanismus-Begriffe voneinander unterschieden werden:

1. Im weitestmöglichen Sinn bezeichnet Humanismus eine Geisteshaltung, der besonders am Menschen gelegen ist und die sich für die Verbesserung des Menschen sowie seiner Lebensumstände praktisch einsetzt: „Über alles in der Welt vom Gesichtspunkte des Menschen aus denken und an allem, was je gedacht, den besonderen menschlichen Anteil wahrzunehmen – so könnte der Humanismus als philosophische Weltanschauung im allgemeinsten Sinne bestimmt werden. Damit ist indessen das Anliegen des Humanisten nicht erschöpft. Denn zu dieser bewusst-humanen Denkweise gehört auch das Streben, die Welt, den Denkenden selbst miteinbegriffen, menschenwürdiger zu gestalten: die Humanität."[9]

2. Ein etwas spezifischerer Humanismusbegriff umfasst jene anthropozentrisch verfassten philosophischen Richtungen, die eine humanistische Geisteshaltung im Sinne von 1. vertreten, diese Geisteshaltung aber in einer philosophischen Anthropologie verankern. Von einem wie auch immer gearteten Wesen des Menschen, dem *humanum*, werden sowohl der hohe Wert des Menschen, seine Erhabenheit und Würde, als auch bestimmte (Selbst-)Verpflichtungen moralischer und ästhetischer Art abgeleitet. Neben dem klassischen Humanismus im Sinne der folgenden dritten Definition fallen unter diesen Begriff des Humanismus vor allem all die im 19. und 20. Jahrhundert entstandenen neuen Humanismen wie etwa der atheistische Humanismus eines Ludwig Feuerbachs, der marxistische Humanismus, der positivistische Humanismus eines Auguste Comtes und Jean-Marie Guyaus, der pragmatische Humanismus eines Ferdinand

---

7 Voigt, Georg, Die Wiederbelebung des classischen Altertums oder das erste Jahrhundert des Humanismus, 2. Bd., Berlin 1895.

8 Curtius, Ernst Robert, Büchertagebuch, Bern 1960, 66.

9 Kerényi, Karl, Grundbegriffe und Zukunftsmöglichkeiten des Humanismus. Ein Brief an junge Humanisten, in: Ders., Humanistische Seelenforschung, Werke in Einzelausgaben, Bd.3, Stuttgart 1996, 387-397, hier 387f.

Canning Scott Schillers, der existentialistische Humanismus eines Jean-Paul Sartres und Albert Camus', der christliche *humanisme intégrale* eines Jacques Maritains usw.[10]

3. Der klassische, auf Niethammer zurückgehende Humanismusbegriff definiert den Humanismus noch enger als eine Geistesbewegung, die eine humanistische Geisteshaltung im Sinne von 1. aufweist und die im Sinne von 2. diese Geisteshaltung in einer Anthropologie gründen lässt, die aber darüber hinaus den vollendeten Sinn des *humanum* und das Maß für das *humanum* in der griechischen und römischen Antike erblickt. Der klassische Humanismus ist aus diesem Grunde eine Bildungsbewegung, denn nur in der schöpferischen Wiederaneignung der klassischen Antike kann die aus dem Wesen des Menschen erwachsende Verpflichtung zur Selbstvervollkommnung erfüllt werden. Humanismus in diesem Sinne umfasst im Wesentlichen all jene Bildungsbewegungen, die auf die römische und griechische Antike als Vorbilder voll entfalteten Menschseins zurückgreifen: der – nach Heidegger[11] – erste, römische Humanismus des Scipionenkreises, eines Ciceros, eines Senecas und anderer, der Renaissancehumanismus, der Neuhumanismus eines Friedrich Schillers, Johann Gottfried Herders, Wilhelm von Humboldts und weiterer sowie der im Wesentlichen eine utopische Gelehrtenangelegenheit verbleibende dritten Humanismus eines Werner Jägers.

4. In seiner engsten Verwendung schließlich ist der Humanismus eine Epochenbezeichnung. Er bezeichnet den Renaissancehumanismus als eine Bildungsbewegung, die sich zu Beginn der Neuzeit in Italien entwickelt, sich von dort über ganz Europa ausbreitet und für Jahrhunderte dessen Kultur und Bildungsidee mitbestimmt. Der Renaissancehumanismus ist dabei gewissermaßen die paradigmatische Ausprägung dessen, was Humanismus im Sinne der dritten Definition umfasst.[12]

Ist vom Humanismus in Kontexten der Bildung und Erziehung die Rede, dann wird der Begriff in der Regel im Sinne der hier vorgestellten dritten Definition verwendet, so wie er sich auch im Term des humanistischen Gymnasiums als einer pädagogischen Ausbildungsstätte bewahrt hat, die – etwas verkürzt gesprochen – auf die Vermittlung der Sprachen und Kulturen der antiken Römer

---

10 Zu den verschiedenen Humanismen vgl. den Überblick bei Rüegg, Walter, Humanismus, Studium Generale und Studia Humanitatis in Deutschland, Genf/Darmstadt 1954.

11 Vgl. Heidegger, Martin, Brief über den Humanismus, in: Ders., Wegmarken, Gesamtausgabe, Bd. 9, Frankfurt am Main 1976, 313-364, hier 320.

12 Allerdings ist zu beachten, dass die verschiedenen Interpretationen des Renaissancehumanismus in der Forschung zum Teil erheblich differieren; für einen knappen Überblick vgl. Müller, Gregor, Mensch und Bildung im italienischen Renaissancehumanismus. Vittorino da Feltre und die humanistischen Erziehungsdenker, Baden-Baden 1984, 15-34.

und Griechen besonderen Wert legt. Auch die Rede vom humanistischen Bildungsideal gehört in dieses Sprachspiel; es ist diejenige Idee, an der sich insbesondere das Konzept das humanistischen Gymnasiums orientiert, auch wenn es sie in realiter oft genug pervertiert hat. Wenn im Folgenden vom Humanismus die Rede ist, dann stets im Sinne der angeführten dritten Definition.

2. Elemente humanistischer Anthropologie

Wie jede Pädagogik ist auch das humanistische Bildungsideal Ausfluss eines bestimmten Verständnisses des Menschen, es basiert auf gewissen anthropologischen Annahmen. Obzwar es die eine humanistische Anthropologie ebenso wenig gibt wie das eine humanistische Bildungsideal, da dazu die Ansätze der dem Humanismus zugerechneten Denker zu heterogen sind, findet sich wohl eine Reihe an gemeinsamen anthropologischen Überzeugungen. Diese Überzeugungen, die bei jedem humanistischen Denker in je eigener Fassung und Gewichtung vorliegen, lassen sich herausarbeiten und in relativ abstrakter und allgemeiner Form idealtypisch darstellen. Mindestens zehn solcher – eng miteinander zusammenhängender und sich gegenseitig stützender – Überzeugungen können als gemeinsames anthropologisches Gut des Humanismus gelten; sie zählen, wenig überraschend, mehrheitlich zum *common sense* des westlichen Denkens überhaupt:

1. Menschsein ist ein alles überragender Wert. Diese Überzeugung hat seinen Ausdruck in dem Geschichte machenden Begriff der Würde des Menschen gefunden, der dem Gedanken nach bekanntlich zum ersten mal deutlich in der Philosophie der Stoa und dem Begriff nach zum ersten Mal bei Cicero auftritt. In den Renaissancetraktaten der *dignitas-hominis*-Literatur kommt er zu seiner ersten vollen Blüte und hat sich von da ausgehend unwiderruflich in das Bewusstsein der europäischen Kultur eingeschrieben.[13] Das berühmteste dieser Loblieder auf die Würde des Menschen ist das von Jacob Burckhard als eines der „edelsten Vermächtnisse der Renaissance“ gepriesene Traktat *De dignitate hominis* von Giovanni Pico della Mirandola,[14] der darin die Würde des Men-

---

13 Vgl. dazu z.B. die Titel: Facio, Bartolomeo, De excellentia ac praestantia homonis, 1447/48; Manetti, Gianozzo, De dignitate et excellentia hominis, 1452; Pico della Mirandola, Giovanni, De dignitate hominis, 1487; Vives, Juan Luis, Fabula de Homine, 1518; Boaistuau, Pierre, Bref Discours de l'Excellence et Dignité de l'Homme, 1558. Zur *dignitas-homines*-Literatur vgl. Buck, August, Einleitung, in: Manetti, Gianozzo, Über die Würde und Erhabenheit des Menschen, hg. v. August Buck, Hamburg 1990, VII-XXXIV; ferner Trinkaus, Charles, In Our Image and Likeness. Humanity and Divinity in Italian Humanist Thought, 2 Bd., Notre Dame 1995.

14 Vgl. Burckhardt, Jacob, Die Kultur der Renaissance in Italien, Stuttgart 1952, 330.

schen in einem modern-existentialistisch anmutenden Freiheitsverständnis verankert. In der Schrift lässt Pico den Schöpfergott zu Adam sagen: „‚Wir haben dir keinen festen Wohnsitz gegeben, Adam, kein eigenes Aussehen noch irgendeine besondere Gabe, damit du den Wohnsitz, das Aussehen und die Gaben, die du selbst dir ausersiehst, entsprechend deinem Wunsch und Entschluss habest und besitzest. Die Natur der übrigen Geschöpfe ist fest bestimmt und wird innerhalb von uns vorgeschriebener Gesetze begrenzt. Du sollst dir deine ohne jede Einschränkung und Enge, nach deinem Ermessen, dem ich dich anvertraut habe, selber bestimmen. Ich habe dich in die Mitte der Welt gestellt, damit du dich von dort aus bequemer umsehen kannst, was es auf der Welt gibt. Weder haben wir dich himmlisch noch irdisch, weder sterblich noch unsterblich geschaffen, damit du wie dein eigener, in Ehre frei entscheidender, schöpferischer Bildhauer dich selbst zu der Gestalt ausformst, die du bevorzugst. Du kannst zum Niedrigen, zum Tierischen entarten; du kannst aber auch zum Höheren, zum Göttlichen wiedergeboren werden, wenn deine Seele es beschließt.‘ Welch unübertreffliche Großmut Gottvaters, welch hohes und bewundernswertes Glück des Menschen! Dem gegeben ist zu haben, was er wünscht, zu sein, was er will. [...] Wer sollte dies unser Chamäleon nicht bewundern? Oder wer sollte gar irgendetwas anderes mehr bewundern.“[15]

Im renaissancehumanistischen Begriff der Würde des Menschen schwingt noch mehr mit als in dem von Kant eingeführten modernen moralphilosophischen Würdekonzept.[16] Ist in diesem Würde darauf reduziert, den höchsten moralischen Wert als das „was keinen Preis hat“ anzuzeigen, so ist in jenem ein vollerer Bedeutungsgehalt des Begriffs Würde noch erhalten. Der Mensch ist nicht nur höchster moralischer Wert, er ist auch insofern würdevoll, als er großartig, schön, bewundernswert und über alles in der Welt erhaben ist. Auch dort, wo man ein Bewusstsein des vor allem im Mittelalter präsenten Elends des Menschen, der *miseria hominis*, bewahrt hat, wird sie von der *excellentia hominis* bei weitem überstrahlt. Doch selbst noch im gegenwärtigen Gebrauch des Begriffs der Würde des Menschen hat sich, bei aller Abgeklärtheit, dieser Aspekt menschlicher Erhabenheit als pathetisch-emotionale, beinahe kitschige Konnotation bewahrt.

2. Die Würde und Erhabenheit des Menschen ruht auf denjenigen herausragenden Wesenseigenschaften, die den Menschen als Menschen auszeichnen und ihn vom Tier unterschieden.

3. Zu diesen Eigenschaften zählt, in jeweils unterschiedlicher Bedeutung und Gewichtung, zunächst die Vernunft- und Sprachfähigkeit des Menschen. Diese

---

15 Pico della Mirandola, Über die Würde des Menschen, 5-7.

16 Vgl. Kant, Immanuel, Grundlegung zur Metaphysik der Sitten, hg. v. Theodor Valentiner, Stuttgart 1961.

Definition des Menschen als *animal rationale* oder *zoon logon echon*, die dem Großteil des abendländischen Denkens zurechenbar ist, bekommt durch das spezifisch humanistische Verständnis von Vernunft und Sprache ihre eigenen Note. Im Renaissancehumanismus entwickelt sich in Anschluss an den mittelalterlichen Universalienstreit die von der Antike übernommene und gegen die Scholastik gerichtete Auffassung, dass die Sprache kein dem Denken und Erkennen äußerliches, rein vermittelndes Element ist, sondern vielmehr eine schöpferische, erkenntnis- und wahrheitskonstituierende Funktion der Welt- und Selbsterschließung hat. Dieser Gedanke, den später auch Johann Georg Hamann kritisch gegen Kant in Stellung bringt[17], kommt, wie so vieles, im Sprachdenken der Neuhumanisten Herder und Humboldt zur vollen Entfaltung. Er erklärt die wichtige Rolle, die im humanistischen Bildungskonzept der Rhetorik und dem Studium der Literatur zukommen.

4. Neben der Vernunft- und Sprachfähigkeit ist es die Freiheit bzw. Autonomie, d.h. Selbstbestimmung, die den Menschen als Menschen auszeichnet. Im Renaissancehumanismus insbesondere bei Pico della Mirandola vorgezeichnet, beginnt dieser Gedanke dann im Zusammenhang von Aufklärung, deutschem Idealismus und Neuhumanismus seine größten Früchte zu tragen.

5. Unmittelbar mit Freiheit und Autonomie hängt die Fähigkeit zur Sittlichkeit bzw. die Fähigkeit, moralisch zu handeln zusammen sowie

6. die Fähigkeit, sich selbst aus eigener Kraft zu formen und zum Besseren zu erheben, d.h. die Perfektibilität des Menschen.

7. Eng verknüpft mit der Perfektibilität, zu der nach humanistischer optimistischer Überzeugung jeder Mensch selbst – ohne die Hilfe eines gnadenvollen Gottes – fähig ist, ist ein weiteres wesentliches Element des Menschseins: die Individualität, die nach der bekannten These Burckhardts die zentrale Entdeckung der Renaissance war.[18] Jeder Mensch ist eine einzigartige Persönlichkeit, die gerade in ihrer Einzigartigkeit und je höchst individuellen Subjektivität – und nicht als ein Teil eines übergeordneten Ganzen – Träger von Würde ist. Auch dieser Gedanke erfährt im Neuhumanismus' Humboldts, Schlegels, Goethes, Hölderlins und Schillers seine höchste Vollendung, besteht doch diesen Denkern zufolge der letzte Zweck des Universums überhaupt in der Bildung von Individualität.

8. Dass die Individualität nicht in einen Atomismus einander nicht tangierender Monaden ausartet, dafür sorgt im humanistischen Denken die Überzeugung, dass der Mensch ein wesentlich in sozialen Bezügen lebendes und gedeihendes Lebewesen, ein *animal sociale*, ist.

---

17 Vgl. Hamann, Johann Georg, Metakritik über den Purismus der reinen Vernunft, in: Ders., Hamann's Schriften, hg. v. Friedrich Roth, Bd. 7, Leipzig 1825.

18 Vgl. Burckhardt, Kultur der Renaissance in Italien.

9. Aus seinem Wesen erwächst dem Menschen nicht nur seine Würde, sondern zugleich auch eine doppelte Verpflichtung: Erstens die Verpflichtung, seiner Würde und seinem Wesen gerecht zu werden, es zu verwirklichen und zur Vervollkommnung zu bringen, und zweitens die Verpflichtung zur sittlichen Lebensführung und zur allgemeinen, der menschlichen Sozialnatur entsprechenden Menschenliebe. In gewisser Weise ist diese Verpflichtung ebenfalls ein Aspekt der Selbstvervollkommnung, da sie eben der Sozialnatur des Menschen entspringt. Aus diesen beiden Verpflichtungen folgt die Notwendigkeit der Bildung als einem Mittel der Selbstperfektionierung.

10. Der Humanismus ist der Überzeugung, dass die antike griechische und römische Kultur einen überzeitlichen Wert hat, da es in ihr zu einem hohen – oder überhaupt dem höchsten – Grad der Vervollkommnung des Menschen gekommen ist. Der Mensch findet in der griechischen und römischen Hochkultur das Maß seiner Menschlichkeit. Insofern liegt in der kreativen Wiederaneignung antiken Bildungsgutes und in der Zwiesprache mit antiken Autoren der Weg zur eigenen Selbsterhöhung.

3. Das humanistische Bildungsideal

Der Mensch ist kraft seines Wesens würdevoll und erhaben, davon sind die Humanisten überzeugt. Diese Würde des Menschen ist jedoch zweierlei zugleich: sie ist Besitz und Auftrag. Sie ist Besitz, weil der Mensch bereits all die wundervollen Fähigkeiten hat, die ihn zu einem besonderen Lebewesen machen. Sie ist Auftrag, weil der Mensch diese Fähigkeiten erst in der richtigen Weise einsetzen muss, um sich selbst zu dem zu machen, was seine hohe Bestimmung ist. „Du kannst zum Niedrigeren, zum Tierischen entarten; du kannst aber auch zum Höheren, zum Göttlichen wiedergeboren werden, wenn deine Seele es beschließt." So lässt Pico Gott zu Adam sprechen. Welche der beiden Optionen der Mensch zu wählen hat, weil sie die ihm angemessene ist, steht außer Zweifel.

Doch worin besteht nun die wahre Menschlichkeit, die *humanitas*, mit der der Mensch sich zum wahrhaft menschlichen Menschen, zum nahe am Göttlichen residierenden *homo humanus* erheben kann? Auch dies ergibt sich aus dem Wesen des Menschen. So gebietet die Fähigkeit zu Vernunft und Sprache die Kultivierung und Ausweitung dieser Fähigkeiten. Dies umfasst das Streben nach Wissen und Weisheit, verstanden als praktische Lebensklugheit, die Unterwerfung der Lebensführung unter die Vernunft, d.h. die Kontrolle der Leidenschaften und die Überwindung der triebhaften Animalität, sowie die Ausbildung von Eloquenz. Alle drei, Weisheit, vernunftbestimmte Lebensführung und Eloquenz, hängen dabei aufs engste miteinander zusammen. Ist Sprache wie dargestellt die Form der Vernunft und konstitutives Element des Denkens, dann läuft die Kultivierung des Denkens und mithin die Zivilisierung des Menschen ganz wesentlich über das schöne, wohlgeformte Wort.

Freiheit und Autonomie fordern getreu der aufklärerischen Losung, sich seiner Vernunft zu bedienen, sie fordern die Eigenständigkeit des Denkens, die Loslösung von den inneren Zwängen der Leidenschaften und die Unterwerfung unter die eigene Vernunft als das Medium dieser Freiheit.

Die Fähigkeit zum moralischen Handeln fordert ebenso wie die Sozialnatur des Menschen (und wie auch die Vernunft) eine sittliche Lebensführung. Dies umfasst einerseits die Ausbildung klassischer moralischer Tugenden, darunter insbesondere die der allgemeinen Menschenliebe, wie etwa Milde, Barmherzigkeit, Wohlwollen, andererseits aber auch die Kultivierung eher ästhetischer Verhaltensweisen, die ihren sittlichen Wert darin haben, dass sie das Leben der Menschen miteinander erträglicher gestalten. Zu diesen Verhaltensweisen zählen Höflichkeit, städtische Eleganz und Gewandtheit in Auftreten und Rede, Frohsinn, Heiterkeit, urbaner Witz und Charme, Anmut usw. Die konkrete Form dieser Forderung ist hochgradig historisch und kulturell bedingt und hat sich in der Ausbildung unterschiedlicher Rollenbilder wie etwa dem *cortegiano*,[19] dem *honnête homme* und dem *gentleman* niedergeschlagen.

Aus der Individualität schließlich erwächst die Verpflichtung, die eigene Persönlichkeit, den eigenen Charakter und Geist zu erkunden, zu pflegen, zu formen und in angemessener Form zum Ausdruck zu bringen. Der Neuhumanismus rückt diesen Aspekt stark in den Vordergrund, gilt ihm doch die Individualität jedes einzelnen Menschen als eine Facette des Reichtums der Menschheit insgesamt. Aus diesem Grund muss die Individualität jedes Menschen durch Bildung zu ihrem vollendeten Ausdruck gebracht werden.

Ziel der humanistischen Bildungsanstrengungen ist also der *homo humanus*, der wahrhaft menschliche Mensch. Zu einem solchen wird, wer es in allen Dimensionen, die den Menschen als Menschen auszeichnen, zur Vortrefflichkeit bringt: in der von der Vernunft bestimmten aleatorischen Dimension der Wahrheit und Erkenntnis, in der ethischen Dimension der sittlichen Lebensführung und der ästhetischen Dimension seines Wesens. Der *homo humanus* ist die Verkörperung der Trias des Wahren, Guten und Schönen: er ist weise und vernünftig, tugendhaft und menschenliebend, elegant und anmutig, dies aber aus eigenen Stücken, d.h. frei und ganz aus sich selbst heraus. Im Neuhumanismus hat diese Überzeugung ihren höchsten Ausdruck in der berühmten Idee der proportionierlichen Bildung des Menschen zu einem Ganzen gefunden: „Der wahre Zweck des Menschen, nicht der, welchen die wechselnde Neigung, sondern

---

19 Vgl. Castiglione, Baldessare, Das Buch vom Hofmann, Bremen 1960.

welche die ewig unveränderliche Vernunft ihm vorschreibt, ist die höchste und proportionierlichste Bildung seiner Kräfte zu einem Ganzen."[20]

Bildung hat für den Humanismus den vorrangigen Zweck, die Ausbildung des *homo humanus* zu fördern. Zum Bildungskanon der den *homo humanus* fördernden *studia humanitatis* der Renaissancehumanisten zählten, in Anlehnung an Cicero: „[…] Grammatik, Rhetorik, Geschichte, Dichtkunst (Poetik) und Moralphilosophie. Das Studium jedes dieser Fächer umfasste automatisch das Lesen und Interpretieren der dafür zuständigen antiken Autoren mit ein. Die Schwerpunkte lagen auf der Rhetorik und der Moralphilosophie."[21] Das Gewicht, das den geisteswissenschaftlichen Studien (engl.: *humanities*) vor allem der Sprache, der Literatur, der Geschichte und der Moralphilosophie, zukommt, basiert auf anthropologischen und sprachphilosophischen Überlegungen. Die Betonung der Auseinandersetzung mit der Moralphilosophie ergibt sich aus ihrem angeblich unmittelbaren Nutzen für ein tugendhaftes Leben. Moralphilosophie, verstanden als Lehre der rechten Lebensführung, stellt für die Humanisten die paradigmatische Weisheitslehre dar. Ähnliches gilt von der Geschichte, die – gemäß dem Ciceronianischen Verständnis der Geschichte als *magitra vitae* – mit ihren Erzählungen über die vorbildhaften oder abschreckenden Handlungen von Individuen wesentlich zur sittlichen Lebensführung beiträgt.[22] Die Bedeutung der sprachlichen und literarischen Studien, der Grammatik, Rhetorik, Poetik und Literatur wiederum erschließt sich aus der oben erwähnten engen Verbindung von Sprache und Denken. Sprache ist nach humanistischer Auffassung kein dem Denken äußerliches Element, sondern vielmehr ein für das Denken konstitutiver Faktor. Der Mensch denkt in seiner und durch seine Sprache. Die Kultivierung der Sprache ist daher gleichbedeutend mit der Bildung des Denkvermögens. Hinzu kommt ein weiterer Aspekt: Sprache ist nach humanistischer Überzeugung unmittelbar mit der Art der Lebensführung verbunden. Dies hängt nicht nur damit zusammen, dass man mit Worten Menschen emotional berühren und sie dadurch zur sittlichen Lebensführung bewegen kann. Will sich der Mensch verbessern, muss er sich zunächst erkennen. Dies tut er, indem er sein Inneres, seine Seelenbewegungen, das, was er in der Introspektion wahrnimmt, in Worte kleidet und zu artikulieren versucht. Durch die Artikulation geschieht nun ein Zweifaches: Erstens erhält das Innenleben eine Form, d.h. die Artikulation wirkt strukturierend auf das zurück, was artikuliert wird, und zweitens kommt durch

---

20 Humboldt, Wilhelm von, Ideen zu einem Versuch, die Grenzen der Wirksamkeit des Staates zu bestimmen, hg. v. Dietrich Spitta, Stuttgart 1962, 64.

21 Müller, Mensch und Bildung im italienischen Renaissancehumanismus, 36.

22 Dieser Gedanke erlebt in den gegenwärtigen Ansätzen der narrativen Ethik eine gewisse Renaissance. Vgl. dazu etwa Nussbaum, Martha, Poetic Justice. The Literary Imagination and the Public Life, Boston 1995; Dies., Love's Knowledge, Oxford u. a. 1990; ferner Joisten, Karen (Hg.), Narrative Ethik. Das Gute und das Böse erzählen, Berlin 2007.

das Wort das Innere an die Öffentlichkeit und setzt sich so der Kontrolle durch die Mitmenschen aus. Das Wort hat aus diesem Grund eine züchtigende Wirkung. Je schöner es ist, desto schöner und wahrer werden auch Geist und Seele, die es formt: die Sprache ist das Maß der Seele. Da Denken, Sprechen und Lebensführung auf diese Weise aufs Engste miteinander verbunden sind, ist die Kultivierung der Sprache nicht nur Bildung des Denkens, sondern unmittelbare Ausbildung von Sittlichkeit.

Das Mittel für die Erreichung all dieser Bildungsziele liegt nach humanistischer Überzeugung in der Auseinandersetzung mit und der Aneignung von dem antiken griechischen und römischen Schrifttum. In seinem Aufsatz über den abendländischen Humanismus bringt Hugo Friedrich diesen Gedankenkomplex im folgenden längeren Zitat so auf den Punkt: „Im Nachdenken über den Menschen und seine Rangstellung haben die Griechen eine Idee entwickelt, die von den Römern übernommen wurde und, mit spätantiken Zusätzen befruchtet, im nachantiken Abendland weiterlebte. Man findet diese Idee in der Rhetorik. In ihrem vollen Umfang ist die antike Rhetorik die Lehre von der Sprachkunst überhaupt. Dieser so verstandenen Rhetorik wohnt die Idee inne, dass der Mensch das logoshabende Wesen ist. Logos heißt Vernunft im Sinne der geistigen Ordnung, zugleich aber auch die im Wort hervortretende und wirkende Vernunft, also Sprache. Jene Idee besagt, dass der Mensch allein kraft des Logos seine Würde habe und seine Überlegenheit über das Tier. Sie besagt aber auch, dass er erst im hochgeformten Wort diejenige Selbsterfüllung erreicht, in der sein eigenes Wesen wie die Wahrheit der Dinge völlig gelichtet und geordnet zur geistigen Erscheinung gelangt. Da nach antikem Denken Schönheit die erscheinende Seite der Wahrheit und des sittlich Guten ist, galt den Alten das geordnete und schöne Wort als die würdigste Weise des humanen Menschentums. Ein Menschentum, das nicht zum Wort durchgefunden hat, ist keines. Mit dieser Idee hängt die Überzeugung der Römer zusammen, dass vollendetes Menschsein – *humanitas* – nicht erst zu suchen sei, sondern schon vorliege in der reinen Sprachgestalt übermittelten Schrifttums, so dass der Umgang mit solchem Schrifttum zur Erwerbung des Menschseins führt, zur *humanitas*. Daher Ciceros Gleichsetzung von *studium litterarum* mit *studium humanitatis*. Das ist die Überzeugung des gesamten abendländischen Humanismus geblieben. *Bonae litterae reddunt homines*, lautet sie bei Erasmus. Daher begreift man, warum dieses ganze Verhalten überhaupt Humanismus heißt: es ist die Ehrfurcht davor, dass in den antiken Texten die höchste Stufe des Menschseins verwirklicht ist, dass sie nicht vor uns liegt, sondern hinter uns, in einem Ursprung, der überzeitlichen Bestand hat."[23]

---

[23] Friedrich, Hugo, Abendländischer Humanismus (1955), in: Ders., Romanische Literaturen, Aufsätze 1 – Frankreich, hg. v. Brigitte Schneider-Palachy, Frankfurt am Main 1972, 1-17, hier10f.

Dass nun für die Humanisten gerade die griechische und römische Antike sowohl zur unübertroffenen Norm der wahren *humanitas* als auch zum Mittel der Bildung für die *humanitas* werden, hat verschiedene Gründe: Erstens finden sich in der griechischen und römischen Antike die Ursprünge eben des humanistischen Denkens in hochentwickelter und schön ausgearbeiteter Form. Nichts liegt daher näher, als – schon allein, um die Bedeutung des eigenen Denkens herauszustreichen – diese Ursprünge zu überhöhen. Zweitens fungiert das antike Athen und Rom als ideale Projektionsfläche, auf der das Unbehagen an der eigenen Zeit seine Gegenmodelle entwerfen kann. Drittens haben die Humanisten um die pädagogische Effizienz eines als real dargestellten Vorbildes, das es nachzueifern und sogar zu übertreffen gilt, wohl gewusst. Viertens bietet die römische und griechische Antike, der nun einmal das Abendland entspringt, so etwas wie eine gemeinsame geistige Wurzel, die über alle Verschiedenheit hinweg an eine höhere Einheit zu glauben erlaubt. Und fünftens schließlich waren die Humanisten schlicht beeindruckt von der geistigen Höhe und dem kulturellen Reichtum der Griechen und Römer. Sie waren überzeugt davon, dass sich in ihnen die Menschheit tatsächlich in einer bislang unübertroffenen Form realisiert hat. So schreibt etwa Humboldt: „Es gibt außer allen einzelnen Studien und Ausbildungen des Menschen noch eine ganz eigene, welche gleichsam den ganzen Menschen zusammenknüpft, ihn nicht nur fähiger, stärker, besser von dieser und jener Seite, sondern überhaupt zum größeren und edleren Menschen macht, wozu zugleich Stärke der intellektuellen, Güte der moralischen und Reizbarkeit und Empfänglichkeit der ästhetischen Fähigkeiten gehört. Diese Ausbildung nimmt nach und nach mehr ab, und war in sehr hohem Grade unter den Griechen. Sie nun kann dünkt mich nicht besser befördert werden, als durch das Studium großer und gerade in dieser Rücksicht bewundernswürdiger Menschen, oder, um es mit einem Worte zu sagen, durch das Studium der Griechen."[24]

4. Schlussbemerkung

Am Humanismus und seinem Bildungskonzept wurde seit dem 19. Jahrhundert zum Teil heftige Kritik geübt. So erschütterte die historisch-wissenschaftliche Betrachtung der Antike, die mit Beginn des 19. Jahrhunderts zunehmend die spekulativen ästhetischen und ethischen Betrachtungen dieses Zeitalters ablöste, nachhaltig das humanistische Ideal des klassischen Altertums. Der Vorrang der griechischen und römischen Antike, auf dem die humanistischen Studien aufbauten, ließ sich daher weder historisch noch philosophisch weiter aufrechterhalten. Bemängelt am Humanismus wurde des Weiteren, dass er die wichtigen

---

[24] Humboldt, Wilhelm von, Briefe an Friedrich August Wolf, hg. v. Philip Mattson, Berlin/New York 1990, 25f.

Bereiche der Wirtschaft und der Politik und zum Teil auch der Naturwissenschaften ausklammerte. Auch das Bildungsziel der gleichmäßig-harmonischen Entfaltung der Persönlichkeit bzw. überhaupt das Bestreben nach Selbstvervollkommnung kam in die Kritik. Dieses laufe auf eine bloß ästhetische Verklärung des Ich hinaus und leiste letztlich der Atomisierung der Individuen und dem Egoismus Vorschub. Liege in der Selbstperfektionierung Sinn und Ziel menschlicher Anstrengungen, bestehe zudem die Gefahr, dass schlicht alles zum bloßen Mittel dieser Anstrengungen werde. Außerdem führe der Humanismus, trotz seines egalitären Grundzuges, durch seinen Bildungssnobismus zu einem neuen Elitedenken, dass zwischen dem gebildeten wahren Menschen und dem ungebildeten Unmenschen unterscheidet: „Ein einziger Tag im Leben eines Gelehrten ist wahrhaft dem ganzen langen Leben der Menschen ohne Ausbildung vorzuziehen. Ein einziger Gebildeter ist höher zu schätzen als sechshunderttausend Ungebildete.“[25] Auch liege möglicherweise gerade in der humanistischen Fixierung auf sich selbst die eigentliche Misere des Menschen, verstelle ihm dies doch gerade den Zugang zum Eigentlichen. Muss das Ich nicht überhaupt als Produkt gesellschaftlicher Zwänge angesehen werden? Dann aber verstärkt der Humanismus noch das Problem, das er zu lösen vorgibt, und verstärkt die Unfreiheit, deren Produkt er ist. Hat der Mensch überhaupt die Fähigkeit zu Selbstformung und -behauptung, wie der Humanismus glaubt? Und ist schließlich der Humanismus angesichts der technischen Zivilisation nicht ein hoffnungslos veraltetes und wirkungsloses Konzept? Ist er nicht an der Zähmung der Menschen Bestialität gescheitert?[26]

Diese und andere Kritiken am Humanismus sind zum Teil sicherlich berechtigt, zum Teil richten sie sich aber auch gegen ein allzu schlichtes Zerrbild. Doch was bleibt vom humanistischen Bildungsideal? Sehr viel kann es nicht sein, da der liberale demokratische Rechtsstaat westlicher Prägung auch in seiner Pädagogik zur weltanschaulichen Neutralität verpflichtet ist, die sich generell nicht gut mit Idealen verträgt. Und so verbleiben fünf Aspekte, die vielleicht nicht mehr als streng humanistisch, aber sicherlich als durch den Humanismus inspiriert gelten können. Mit ihnen ist kein vollständiges Bildungskonzept formuliert, wohl aber humanistische, in der Tradition des abendländischen Denkens stehende Minimalforderungen, die zu missachten sich kein liberalen Rechtsstaat leisten kann und die in keinem seiner Bildungsprogramme fehlen dürften, sind sie doch essentieller Bestandteil des westlichen anthropologischen und ethischen *common sense*:

---

[25] Beroaldo il Vecchio, Filippo, Brief an die Mailänder Fürstenschreiber, in: Garin, Eugenio, Geschichte und Dokumente der abendländischen Pädagogik II: Humanismus, Reinbeck 1966, 240f, hier 241.

[26] So etwa Sloterdijk, Peter, Regeln für den Menschenpark. Ein Antwortschreiben zu Heideggers Brief über den Humanismus, Frankfurt am Main 1999.

1. Der Mensch ist ein mit Würde ausgestattetes Individuum, dem mit Respekt und Achtung zu begegnen ist.

2. Des Menschen Fähigkeit zu Freiheit und Autonomie sind zu stärken, aus Respekt vor seiner Würde, im Interesse seiner Individualität und aus dem Selbstverständnis des liberalen demokratischen Rechtsstaats heraus, der auf freie und autonome Bürger angewiesen ist.

3. Des Menschen Vernunft und Urteilsfähigkeit ist zu stärken; sie sind Ausdruck und Voraussetzungen von Freiheit und Autonomie sowie Grundlage der liberalen Demokratie.

4. Die Entfaltung der menschlichen Individualität ist zu unterstützen, aus Respekt vor der Menschenwürde sowie aus Respekt vor und zur Sicherung von Freiheit und Autonomie.

5. Die Ausbildung der für eine funktionierende liberale demokratische Gesellschaft notwendigen sittlichen Tugenden ist zu fördern.

Unter der Voraussetzung, dass das humanistische Sprachdenken in seinen Grundgedanken richtig ist – wofür gute Gründe sprechen –, folgt aus diesen fünf Minimalforderungen ein geisteswissenschaftliches Bildungsprogramm, das der Ausbildung von Sprache(n) und Moral viel Gewicht einräumt. Denn eine reichere Sprache und generell eine breitere Bildung schlagen sich in einem differenzierteren Denken und mithin einer besseren Urteilsfähigkeit nieder. Dies wiederum wirkt sich in größeren Entfaltungsmöglichkeiten für die Individualität sowie – im Zusammenhang mit einem gebildeten Moralempfinden – in breiteren und verantwortungsvoller genutzten Freiheitsspielräumen aus. Das wahre Erbe des Humanismus in der Erziehung würde dann darin liegen: auf Moralkompetenz und Sprachkompetenz als Voraussetzungen von Denkkompetenz sowie Freiheits- und Autonomiekompetenz besonderen Wert zu legen.

Bildung und Frauen
Geschlechterverhältnisse im Bildungssystem des 17. Jahrhunderts bis heute

Ingrid Schmutzhart

Bildung ist und war das zentrale Thema unserer Gesellschaft. Blieb der Zugang zu schulischer und beruflicher Bildung für Mädchen und Frauen über Jahrhunderte sehr eingeschränkt, sind Frauen hingegen heute so gut qualifiziert, wie nie zuvor. (Aus-)Bildung ist auch für Mädchen inzwischen zur Selbstverständlichkeit geworden.[1] Aber nur ein geschlechtergerechtes Bildungs- und Ausbildungssystem garantiert auch künftigen Generationen von Frauen und Männern die gleiche faire Chance, den sich in globalisierten ökonomischen Verhältnissen rasant verändernden Anforderungen ihrer Berufs- und Arbeitswelt gleichermaßen zu entsprechen und sich im Wettbewerb zu behaupten. Deshalb gilt es, das Bildungs- und Ausbildungssystem ständig an neueste wissenschaftliche Erkenntnisse, sowie an veränderte soziale, gesellschaftliche und wirtschaftliche Rahmenbedingungen anzupassen.[2]

Im alltäglichen Sprachgebrauch wird mit dem Begriff Bildung meist die potentielle Möglichkeit umfasst, sich am Arbeitsmarkt besser platzieren zu können. Insofern steht die ökonomische Verwertbarkeit des Erlernten im Mittelpunkt, was sich auch in der Bewertung von (Aus-)Bildung niederschlägt.

Bildung wird heutzutage als wirtschaftlich nutzbares Potential, auch von bildungsfernen Schichten gesehen, wohingegen die Bildungsqualifikation der sozialen Kompetenzen nur von Menschen des bildungsnahen Milieus als Notwendigkeit für die berufliche Karriere anerkannt wird.[3] Auf Bildungsprozesse wirkt sich vorrangig die Sozialisation in der Familie aus. Bildung ist somit ein Prozess systematischer Strukturierung von Handlungs- und Erfahrungswissen,

---

1 Vgl. Bruchhagen, Verena, Lebenslänglich! – Chancengleichheit als ideales Ziel feministischer wissenschaftlicher Weiterbildung – eine Polemik ohne happy end…, in: Kampshoff, Marita/ Lumer, Beatrix (Hg.), Chancengleichheit im Bildungswesen, Opladen 2002, 91.

2 Siehe Riemer, Gerhard (Hg.), Hochschulen für die Zukunft, Hochschulstrategie neu, IV Industriellenvereinigung, Jänner 2008, 2.

3 Vgl. Becker, Rolf/ Lauterbach, Wolfgang (Hg.), Bildung als Privileg. Erklärungen und Befunde zu den Ursachen der Bildungsungleichheit (3. Auflage), Wiesbaden 2008, 53.

welcher ursprünglich im Rahmen der Familie entsteht und gefördert wird und einen maßgeblichen Einfluss auf die Bildungschancen von Jugendlichen ausübt. Bildungsprozesse in Bildungseinrichtungen, wie Schule und Berufsbildungsinstitutionen werden durch die Sozialisation innerhalb der Familie gestärkt oder beeinträchtigt. Lernen findet somit den Ausgangspunkt im familiären Kontext, in dem Wissen und Fähigkeiten als essentielle Basis für die Lebensführung angeeignet werden, um innerhalb des Bildungssystems Fuß zu fassen.[4]

Ebenso spielt die Geschlechtertrennung von Kindheit an und die damit einhergehende unterschiedliche Sozialisation von Mädchen und Buben innerhalb der Familie eine bedeutende Rolle, ob später angebotene Bildungsmöglichkeiten angenommen und genutzt werden. Doing gender in der Familie kann somit entweder eine Grundsteinlegung für eine zukünftige Nutzung schulischer Bildungsangebote bewirken oder aber auch das Fehlen notwendigen Handlungswerkzeuges zur Verwertung abstrakter Bildungsinhalte. Zu unterscheiden sind hier einerseits Bildungsbarrieren von Frauen (aber auch Männern) aus bildungsfernen Schichten, andererseits die Vorgabe bestimmter Bildungsziele als Auswirkung von Geschlechterzuschreibungen.

Welchen Einfluss hatten nun Geschlechterstereotypisierungen bereits im 17. Jahrhundert auf die Bildung von Frauen und wie haben sich diese Vorstellungen im Laufe der Jahrhunderte gewandelt?

Durch gut erhaltene Erbauungsbücher, moralisch belehrende Schriften wie weibliche Anstandsbücher, Sittenlehren in Form von Abhandlungen, Predigten, Vorlesungen als Schriften der Mädchenbildung, die meist von PädagogInnen, LehrerInnen, ErzieherInnen verfasst wurden, können wir heute noch Rückschlüsse auf Bildung von Frauen im 17. bis ins 19. Jahrhundert ziehen.[5] Ebenso gewähren uns im angehenden 19. Jahrhundert eine Reihe von Mädchen- und Frauenbüchern, die belehren wollen und zugleich über die (außer)häuslichen Tätigkeiten im Rahmen des den Frauen gewährten bzw. zugeschriebenen Raumes berichten, Einblick in die Bildungsangebote für Mädchen.

Solange Arbeits- und Wohnstätte eine Einheit bildeten, war die Stellung der Frau als „Hausmutter“, trotz rechtlicher Unterordnung unter den Mann, im alltäglichen Leben eine dem Manne ebenbürtige.[6] Diese Position der Frau blieb insbesondere in der bäuerlichen Bevölkerung noch längere Zeit erhalten. Im Zuge der Industrialisierung und mit Beginn der außerhäuslichen Erwerbsarbeit des Mannes entstand Mitte des 18. Jahrhunderts die Polarität von Öffentlichkeit und Privatheit. Es entwickelte sich ein Rollenkonzept, welches auf einer strikten

---

4 Vgl. ebd., 47-50.

5 Vgl. Häntschel, Günter (Hg.) Bildung und Kultur bürgerlicher Frauen 1850-1918, Tübingen 1986, 10.

6 Vgl. ebd., 5.

Zweiteilung beruht: der Bestimmung des Mannes für Außenwelt und Öffentlichkeit gegenüber Häuslichkeit und Innenleben der Frau. Willenskraft, Stärke, Rationalität und Wissen wurden dem Mann zugeordnet, passives Verhalten, Schwäche, Emotionalität und Fürsorge hingegen der Frau. Frauen und Männer wurden nicht mehr aufgrund der Standesfunktionen unterschieden sondern aufgrund von Charakterdefinitionen[7], nämlich geschlechtsspezifischen Zuweisungen, die in der jeweiligen Aufgabenverteilung ihre Begründung fanden. Karin Hausen spricht von kulturell vorgegebenen Verhaltensmustern, an denen sich soziales Verhalten orientierte und deren Einhaltung durch sozialen Konsens oder Zwang kontrolliert wurde.[8] Aussagen über „Geschlechtercharaktere" sollten die Natur bzw. das Wesen von Mann und Frau erfassen.

Das Theorem der Verschiedenheit der biologischen und sozialen Geschlechterrollen, bekräftigt von Vertretern der Aufklärung wie Rousseau, erlangte allgemeine Gültigkeit, wohingegen dasjenige der Egalität der Geschlechter (vertreten z.B. durch Olympe des Gouges) in der Französischen Revolution mit dem Sieg des bürgerlichen Lagers über die Volksbewegung auf lange Zeit zurückgedrängt wurde.[9]

Erziehungsschriften und Anstandsbücher, sowie auch christliche Ratgeber lassen erkennen, wieweit die Mädchen bereits von Kindesbeinen an zu Anpassung, Gehorsam, Ordnung und Sauberkeit erzogen wurden, während den Buben Freiraum gewährt und ihre Selbständigkeit gefördert wurde.[10]

Die Pädagogik des 18. Jahrhunderts sah in erster Linie Knabenbildung vor. Mädchen vom Land oder aus Arbeiterfamilien erhielten meist keinerlei schulische Bildung. Mädchen der bürgerlichen Schicht hatten oft Hauslehrer für bildende Kunst, Musik, Literatur, Handarbeiten etc. Darüber hinaus gab es Höhere Töchterschulen, die sich an dem gesellschaftlichen Frauenbild orientierten und Mädchen auf ihren zukünftigen traditionsgebundenen Beruf der Gattin, Hausfrau und Mutter vorbereiteten. Diese Schulen gingen vielfach auf die Initiative der Kirche zurück, es entstanden Klosterschulen wie z. B. die Ursulinen-Schule in Salzburg, deren erste Unterrichtsanstalt für Mädchen sogar auf das Jahr 1695

---

7 Vgl. Hausen, Karin, die Polarisierung der „Geschlechtercharaktere" – eine Spiegelung der Dissoziation von Erwerbs- und Familienleben, in: Conze. Werner (Hg.), Sozialgeschichte der Familie in der Neuzeit Europas, Stuttgart 1976, 370.

8 Vgl. ebd., 364.

9 Siehe Stübig, Frauke, Was geschah eigentlich vor 200 Jahren? Ein Rückblick auf die französische Revolution, in: Gerhard, Ute et al. (Hg.), Differenz und Gleichheit. Menschenrechte haben (k)ein Geschlecht, Frankfurt 1990, 43.

10 Häntschel, Günter (Hg.) Bildung und Kultur bürgerlicher Frauen 1850-1918, Tübingen 1986, 17-18.

zurückgeht.[11] Ermöglicht wurde in diesen Schulen aber nur eine begrenzte Bildung, denn als Ziel galt vorrangig eine künftige Ehe der Mädchen, für die eine schulische Ausbildung nicht als notwendig erachtet wurde. Daher stand immer die hauswirtschaftliche und schöngeistige Bildung im Vordergrund.[12]

Zur Hebung von Sittlichkeit und Religiosität in der Gesellschaft wurden einige private Mädchen-Volksschulen und Bürgerschulen Mitte des 19. Jahrhunderts gegründet.[13]

Die unterschiedliche Schulbildung der Buben und Mädchen verstärkte die Distanz zwischen den Geschlechtern. War es zwar einerseits die katholische Kirche, die sich für eine Schulbildung von Mädchen einsetzte, stellte sie sich andererseits gegen eine Koedukation von Mädchen und Buben aus Angst vor zwischengeschlechtlichen Kontakten und aufgrund eines verfestigten Rollenbildes von Mann und Frau.[14] Während in den Gymnasien also Knaben auf Studium und Beruf vorbereitet wurden, auch alte Sprachen (Latein und Griechisch) und naturwissenschaftliche Fächer gelehrt wurden, standen in den höheren Töchterschulen musische Fächer und der Deutschunterricht im Mittelpunkt, aber auch nur in einem Ausmaß und Inhalt, welcher sich für heranwachsende Mädchen „ziemte“.

Da die Ehe als „Beruf“ und Bildungsziel gesehen wurde, war die Stellung der unverheirateten Frau in der Gesellschaft und im Staate zu einer sozialen Frage geworden.[15] Die Nationalökonomie betrachtete unverheiratete Frauen als brachliegendes Kapital an Arbeitskraft, welches auf Verwertung wartet, hingegen wurde im Namen des Humanismus für die Unvermählten ein Beruf verlangt, der sie mit ihrem Geschicke versöhnen sollte.[16] Da es aber unmöglich war den zukünftigen Beruf (Ehefrau oder notgedrungen anderen, dem weiblichen Geschöpfe nicht abträglich erscheinenden) vorherzusehen, sollten bei der Ausbildung beide Berufsarten ins Auge gefasst werden, mit der Begründung: Auch

---

11 Vgl. Friedrich, Margret/ Mazohl-Wallnig, Brigitte, Die Erziehung der Mädchen in: Mazohl-Wallnig, Brigitte (Hg.), Die andere Geschichte 1. Eine Salzburger Frauengeschichte von der ersten Mädchenschule (1695) bis zum Frauenwahlrecht (1918), Salzburg 1995, 103.

12 Siehe Häntschel, Günter (Hg.) Bildung und Kultur bürgerlicher Frauen 1850-1918, Tübingen 1986, 17.

13 Vgl. Friedrich, Margret/ Mazohl-Wallnig, Brigitte, Die Erziehung der Mädchen in: Mazohl-Wallnig, Brigitte (Hg.) Die andere Geschichte 1. Eine Salzburger Frauengeschichte von der ersten Mädchenschule (1695) bis zum Frauenwahlrecht (1918), Salzburg 1995, 109.

14 Vgl. Marry, Catherine, Mehr Bildung für Mädchen in Europa: das Ziel ist noch nicht erreicht, in: Ockrent, Christine (Hg.) Das Schwarzbuch zur Lage der Frauen, München, 2007, 498-499

15 Bölte, Amely, Wie erzieht man Mädchen? in: Häntschel, Günter (Hg.) Bildung und Kultur bürgerlicher Frauen 1850-1918, Tübingen 1986, 107

16 Vgl. ebd.

eine weitere Bildung könne doch dem Beruf der Hausfrau und Mutter nicht abhold sein.[17] Zusätzlich würde „die bessere Erziehung der Mädchen (...) für die Männer das werthvolle Resultat liefern, dass die Wahl derselben durch aufrichtige Neigung bestimmt wird, weil sie den Versorger nicht länger zu suchen brauchen, dem man allenfalls Liebe heucheln müsste."[18] Mit diesen Begründungen wurde versucht eine schulische Bildung für Frauen, die zwar nicht für notwendig erachtet wurde, dennoch zu rechtfertigen und in Anbetracht der nicht gleichen „beruflichen" Möglichkeiten, insbesondere auch aufgrund des Frauenüberschusses, für Frauen zu befürworten. Denn so heißt es in einem Ratgeber für Mädchen: Einige junge Mädchen sind durch die äußeren Verhältnisse angewiesen, sich eine Berufsarbeit zu wählen, sei es nun in der Schule oder in einer Familie oder auf einem der Erwerbsgebiete, die heute für junge Mädchen erschlossen sind (wie z.B. Lehrberufe, Pflegeberufe).[19] Neben den Töchterschulen entstanden Lehrerinnenbildungsanstalten, die unverheirateten Frauen einen künftigen Broterwerb als Lehrerinnen, Erzieherinnen in einer Mädchenschule ermöglichen sollten. Aber auch diejenigen, die keine eigene Berufsarbeit haben, wurden angewiesen, ihre Arbeitskraft zu betätigen, nämlich im Haushalt (Aufsicht der Dienstboten), in Handarbeiten mit künstlerischem Wert, in geistiger Weiterbildung (in Religion, Weltgeschichte, Literatur und Kunstgeschichte) und in der Verrichtung von karitativen Werken.[20]

Die vermeintlich naturgegebene Dichotomie zwischen männlichem und weiblichem Geschlecht wurde sowohl von Männern als auch von Frauen als gegeben betrachtet, was sich in vielen Schriften dieser Zeit zeigt. Frauen wurden auf ihre „natürliche Bestimmung" festgeschrieben. Der bekannte Professor Karl Biedermann[21] erklärte in seiner ersten kulturgeschichtlichen Vorlesung für Frauen zum Thema: Ueber Wesen, Werth und Mittel wahrer Frauenbildung: „wahre Bildung muß Bildung für's Leben sein" und vergleicht wahre Bildung mit geistiger Gesundheit.[22] „Die Frauenbildung ist in dieser Hinsicht von der Bildung der Männer nicht wesentlich unterschieden. Nur insofern ist sie es, als die Lebens- und Berufssphäre der Frau eine beschränktere ist, als die des Mannes."[23] Biedermann

---

17 Siehe Bölte, Amely, Wie erzieht man Mädchen? in: Häntschel, Günter (Hg.) Bildung und Kultur bürgerlicher Frauen 1850-1918, Tübingen 1986, 108.

18 Bölte, Amely, Wie erzieht man Mädchen? in: Häntschel, Günter (Hg.) Bildung und Kultur bürgerlicher Frauen 1850-1918, Tübingen 1986, 110.

19 Von Lindemann, Marie, Arbeit, in: Häntschel, Günter (Hg.) Bildung und Kultur bürgerlicher Frauen 1850-1918, Tübingen 1986, 267.

20 vgl. ebd., 267-269.

21 Publizist, Politiker, Literatur- und Kunsthistoriker, Professor für Philologie in Leipzig.

22 Biedermann, Karl, Ueber Wesen, Werth und Mittel wahrer Frauenbildung, in: Häntschel, Günter (Hg.) Bildung und Kultur bürgerlicher Frauen 1850-1918, Tübingen 1986, 79.

23 Ebd.

meint, bereits nach der äußeren Erscheinung die wahrhaft gebildete von der ungebildeten, der halbgebildeten, verbildeten oder überbildeten Frau unterscheiden zu können, denn Erkennungszeichen „für wahre, ächte Frauenbildung sind Anmuth, Sicherheit des Auftretens und der Haltung, Ruhe", sowie auch leichte Erregbarkeit und Beweglichkeit. „Was vielmehr diese (die gebildete Frau) kennzeichnet, ist die Fülle inneren Geistes- und Gemüthslebens, die, wie durch einen tiefen Drang der eigensten Natur, ohne Affectation und Künstelei, frisch und frei, bei der leisesten Anregung hervorquillt."[24] In unzähligen Schriften wird die Frau immer wieder auf ihre Berufung als Ehefrau und Mutter festgeschrieben: „Der erhabenste und beglückendste Beruf des Weibes beginnt, da nämlich, wo für die Jungfrau der Zeitpunkt erschienen ist, zu wählen und gewählt zu werden. Und unter der sicheren Leitung wahrer Bildung wird diese Wahl fast immer zum Heil."[25]

Zur Stellung der Frauen meint Karl Biedermann ebenfalls: „Von allen Berufsarten der Frau ist keine so entschieden durch die Natur ihrer Anlagen und ihres ganzen Wesens ihr vorgezeichnet, als der Beruf für's Haus, für die Wirthschaft."[26] Immer wieder wird betont „das Weib solle wohl streben nach erhöhter Leistungsfähigkeit, aber nur innerhalb der eigentlichen weiblichen Sphäre"[27] und an Frauen appelliert „weibliche Arbeiten sind ihrer Natur nach Werke der Liebe, und wollen als solche aufgefasst und verrichtet werden."[28]

Die Aufgabe der Frau innerhalb der Familie wurde glorifiziert und die Familie als Grundlage des Staatsverbandes angesehen („aus ihrem Schooße blüht alle Kraft und Schönheit des Menschenthums hervor")[29]. „Das Weib also, obwohl ausgeschlossen von aller öffentlichen Wirksamkeit, legt den Grund zum Glücke der Menschheit und sie kann diesen Lebensberuf nicht für zu klein halten, sobald sie sich dessen klar bewusst wird."[30]

In derartigen Schriften wurde die heile Welt der Familie propagiert, die nicht der Realität vieler Mädchen entsprach, sondern ihre Abhängigkeit förderte, sowie auch ihre Zurückdrängung in die Privatheit. Die Rolle der Tochter wurde als Lehrlingszeit für den Beruf der künftigen Hausfrau und Mutter gesehen. „Das Vaterhaus ist die Schule, die Übungsstätte für alle häuslichen Tugenden, die sie befähigen soll, ihr eigenes Haus einst mit Weisheit zu regieren." Für den

---

24 Ebd., 80.
25 Ebd., 81.
26 Ebd., 65.
27 Von Lindemann, Marie, Arbeit in: Häntschel, Günter (Hg.) Bildung und Kultur bürgerlicher Frauen 1850-1918, Tübingen 1986, 266.
28 Burow, Julie, Ueber die Erziehung des weiblichen Geschlechts in: Häntschel, Günter (Hg.) Bildung und Kultur bürgerlicher Frauen 1850-1918, Tübingen 1986, 94.
29 Ebd., 95.
30 Ebd.

Knaben hingegen wurde das Studium der Rechte, der Medizin als Lehrjahre für den späteren Beruf des Juristen, Mediziner usw. betrachtet.[31]

Die Höhere Töchterschule war das, was Staat und Kirche den Frauen an geistiger Bildung angedeihen ließen. Nach und nach wurde deshalb auch Kritik an dieser eingeschränkten Bildungsmöglichkeit für Frauen geübt. Anny Wothe (1886) spricht im Zusammenhang mit Höheren Töchterschulen über Verbildung und Halbwissen und begründet dies damit, dass sich in der kurzen Schulzeit kein grundlegendes Wissen aneignen ließe und sich der Unterricht noch dazu auf viele nutz- und zwecklose Gegenstände erstrecke.[32] Ebenso äußert sich die Salzburger Schriftstellerin Irma von Troll-Borostyáni negativ darüber, dass der Jugend allerlei Nützliches und Unnützliches an- und eingelernt werde, aber nicht die Fähigkeit des selbständigen Denkens.[33]

Einige Frauen setzten sich daraufhin für eine erweiterte Bildung für Frauen ein. In Deutschland wurde unter Louise Otto der „Allgemeine Deutsche Frauenverein“ gegründet (1865), der es sich zum Ziel gesetzt hatte, weibliche Bildungsmöglichkeiten zu verbessern und das Recht der Frauen auf Erwerb zu erwirken. In Wien entstand der „Wiener Frauenerwerbsverein“ 1866, der die Möglichkeit zu einer guten Ausbildung in die Hand nehmen wollte. Um Jahrzehnte später trat auch eine der führenden Frauenrechtlerinnen, Marianne Hainisch, für ein Frauenbildungsprogramm ein und gründete schließlich 1902 den „Bund Österreichischer Frauenvereine“.

Erst zu Beginn des 20. Jahrhunderts wurde durch die Änderung und Verbesserung der Ausbildung in Höheren Mädchenschulen und der Errichtung von Mädchen-Real-Gymnasien auch der Zugang für Frauen zur Universität ermöglicht. 1904 entstand das erste Mädchenlyzeum in Salzburg, ursprünglich nur mit vier Klassen Unterstufe konzipiert, wurde dieses erst 1918 zur vollwertigen achtklassigen Mädchenmittelschule ausgebaut mit Möglichkeit zur Ablegung einer Matura. Dahinter stand die Idee der konservativ bürgerlichen und der katholischen Frauenbewegung durch eine höhere Bildung von Frauen deren Chancen zum Broterwerb zu erhöhen und den Männern ebenbürtige Gattinnen, sowie befähigte Erzieherinnen zu schaffen.[34]

---

31 Vgl. Burow, Julie, Ueber die Erziehung des weiblichen Geschlechts in: Häntschel, Günter (Hg.) Bildung und Kultur bürgerlicher Frauen 1850-1918, Tübingen 1986, 93.

32 Vgl. Wothe, Anny, Die höheren Töchterschulen in: Häntschel, Günter (Hg.) Bildung und Kultur bürgerlicher Frauen 1850-1918, Tübingen 1986, 125.

33 Siehe Friedrich, Margret/ Mazohl-Wallnig, Brigitte, Die Erziehung der Mädchen in: Mazohl-Wallnig, Brigitte (Hg.), Die andere Geschichte 1. Eine Salzburger Frauengeschichte von der ersten Mädchenschule (1695) bis zum Frauenwahlrecht (1918), Salzburg 1995, 148.

34 Vgl. ebd., 124.

1897 promovierte Gabriele Possanner als erste Frau im Fach Medizin an der Universität Wien, zu dieser Zeit waren allerdings in Österreich noch keine Frauen zum Medizin-Studium zugelassen.[35] Diese Möglichkeit eröffnete sich erst ab dem Jahre 1900. Gabriele Possanner hatte zuvor in Zürich Medizin studiert und promovierte dort im Jahre 1893.[36] Da sie aber diesen Beruf in Österreich ausüben wollte, ersuchte sie um Nostrifikation ihres Schweizer Doktordiploms in Österreich, musste aber zuvor ihre Rigorosen nochmals ablegen. Am 2. April 1897 hatte sie es dann nach einem mühseligen Weg geschafft, als erste Frau in Österreich zu promovieren und somit eine Vorreiterrolle einzunehmen. Ein großer Durchbruch war erzielt und nach und nach wurde der Weg für Frauen zur Universität geöffnet. Wurden Frauen ab dem Jahre 1897 in Österreich zum philosophischen Studium zugelassen, konnte ein Medizin-Studium von Frauen ab dem Jahre 1900 absolviert werden und zu den Rechtswissenschaften sind Frauen erst seit 1919 zugelassen.

Dennoch stand der Großteil der Gesellschaft, sowohl Frauen als auch Männer, dieser Entwicklung skeptisch gegenüber. In einem Ratgeber für junge Mädchen plädierte Marie von Lindemann (1907) an Frauen, falls sie ein Studium wählen sollten, dann so, „„...daß die edelste Krone der Frauen die reine sittige Weiblichkeit, dabei nicht verloren gehen möge. (...) eine erweiterte, tiefere Bildung muß die daran Beteiligten die Verhältnisse und die Lebensaufgabe der Frau immer klarer und richtiger erkennen lassen. (...) dass es nur Ausnahmen sind, wenn eine Frau die wissenschaftliche Laufbahn einschlägt; für gewöhnlich zeigen die Wegweiser des Lebens nach einer ganz anderen Richtung.“[37]

Nach wie vor wurde also auf die Ausbildung von Mädchen weniger Wert gelegt, „da diese ohnehin heiraten“ und der Großteil der Mädchen absolvierte deshalb lediglich eine Volksschule. Weiterführende, berufsbildende Schulen für Mädchen entstanden nach und nach in größeren Städten, aber die Anzahl dieser Bildungsanstalten war gering. Diese bildeten zu Lehrerinnen, Kindergärtnerinnen, Schneiderinnen und in Handarbeiten aus und waren einer privilegierten Schicht vorbehalten.[38]

Während Frauen der unteren Schichten aus wirtschaftlicher Not gezwungen waren zu arbeiten, waren für die Frauen des gebildeten Mittelstandes Möglichkeiten zu unabhängiger Berufsausübung nur selten gegeben. Der erste Weltkrieg

---

35 Arbeiterinnen-Zeitung, 8/1897, 7f.

36 Vgl. Heindl, Waltraud/ Tichy, Marina, durch Erkenntnis zu Freiheit und Glück.... Frauen an der Universität Wien (ab 1987), Schriftenreihe des Universitätsarchiv Universität Wien, 5, 2. Auflage, Wien 1993.

37 Von Lindemann, Marie, Gelehrte Frauen in: Häntschel, Günter (Hg.) Bildung und Kultur bürgerlicher Frauen 1850-1918, Tübingen 1986, 77-78.

38 Vgl. Ellmauer, Daniela/ Kirchmayr, Birgit, Zwischen den Kriegen: Frauenleben in Salzburg 1918 bis 1938, in: Thurner, Erika/ Stranzinger, Dagmar (Hg.), Die andere Geschichte 2. Eine Salzburger Frauengeschichte des 20. Jahrhunderts, Salzburg 1996, 36.

brachte für Frauen kurze Zeit eine Wende, denn plötzlich wurden ausgebildete Frauen nachgefragt und Bildung für Mädchen erfuhr eine wesentliche Aufwertung. So schnell Frauen „männliche" Berufe ergreifen konnten, wurden sie auch wieder von diesen verdrängt. Auch der zweite Weltkrieg änderte wieder das Bild der geschlechtsspezifischen Arbeitsteilung der Industriegesellschaft und Frauen eroberten wiederum für Männer vorbehaltene Arbeitsplätze auf Zeit.[39] Eine neuerliche Wende brachte der steigende Bedarf an Arbeitskräften Anfang der 1960er Jahre. Als Lebensmodell wurde den Frauen eine Berufsausbildung und Berufstätigkeit bis zur Geburt des ersten Kindes empfohlen, anschließende Familienarbeit und eventuell Wiedereinstieg ins Erwerbsleben.[40]

Einen wahren Bildungsschub erlebten Frauen erst ab den 1970er Jahren. Der wirtschaftliche Aufschwung, geänderte politische Verhältnisse, neue Gesetze und die Einflüsse der Frauenbewegung erleichterten den Frauen den Zugang zu mehr Bildung und zum Arbeitsmarkt. Während noch in den 1960er Jahren im Hinblick auf Bildungsabschlüsse Mädchen den Buben unterlegen waren, hat sich dieses Bild heute gravierend geändert und Mädchen befinden sich hinsichtlich des Zuganges zu allgemeinbildenden höheren Schulen und Universitäten auf der Überholspur, wie dies zahlreiche Statistiken belegen. Es lässt sich in diesem Bereich deshalb auch nicht mehr von struktureller Ungleichheit aufgrund des Geschlechts sprechen.[41] Allerdings sind Mädchen zwar in der Schule erfolgreich, was das Berufsleben anbelangt aber noch im Hintertreffen. In gut bezahlten Stellen und Führungspositionen, ob in der Privatwirtschaft, im öffentlichen Dienst oder an der Universität, finden wir vorwiegend Männer. Die geschlechtsspezifische Verteilung von Produktions- und Reproduktionsarbeit, die frauenspezifische Berufswahl, die vertikale und horizontale Segregation, atypische Beschäftigungsverhältnisse, familienbedingte Unterbrechungen der Berufkarriere, sowie die unbezahlte Haus- und Familienarbeit (Kinderbetreuung, Altenpflege) sind ausschlaggebend für die schlechtere Stellung der Frauen am Arbeitsmarkt, ihr niedrigeres Einkommen und die Tatsache, dass Frauen öfter von Arbeitslosigkeit betroffen sind als Männer.[42]

---

39 Vgl. ebd., 116.

40 Vgl. Wurms, Renate, „Von heute an gibt's mein Programm" – Zur Entwicklung der politischen Frauenbildungsarbeit, in: Führenberg, Dietlinde ua. (Hg.), von Frauen für Frauen, Ein Handbuch zu politischer Frauenbildungsarbeit, Zürich 1992, 26.

41 Vgl. Hof, Christiane, Das Geschlecht der Bildung: Gender in Pädagogik und Erziehungswissenschaft in: Bußmann, Hadumod/ Hof, Renate (Hg.), Genus. Geschlechterforschung/ Gender Studies in den Kultur- und Sozialwissenschaften, Stuttgart 2005, 301-302.

42 Siehe Schmutzhart, Ingrid, Frauenförderung als Mittel zur Gleichstellung, Salzburg 2007, 17.

Da nicht zuletzt aufgrund der Gleichbehandlungsgesetzgebung sowohl Mädchen als auch Buben die Möglichkeit geboten werden soll, gleichermaßen ihre Fähigkeiten und Interessen zu entwickeln, ohne dabei von Geschlechterzuweisungen und Geschlechterhierarchien behindert zu werden, werden unterschiedliche Konzepte und Methoden der Frauen- und Mädchenbildung (wie auch der Jungenerziehung) überdacht.

Laut der Internationalen Schulleistungsstudie PISA weisen Mädchen durchschnittlich eine höhere Lesekompetenz auf als Jungen, bei mathematischen Aufgaben schneiden wieder Jungen besser ab[43], wobei allerdings in der naturwissenschaftlichen Grundbildung die Leistungen von Mädchen und Jungen wiederum ausgeglichen sind. Es schließen zwar mehr Frauen als Männer Mittelschulen, Kollegs und Universitäten bzw. Fachhochschulen erfolgreich ab[44], einen Postgraduiertenabschluss erlangen allerdings mehr Männer als Frauen. Große Unterschiede bestehen weiterhin zwischen den von Frauen und Männern gewählten Studienfächern und Berufen.[45] Hier ist die geschlechtsspezifische Segregation nach wie vor hoch: Frauen wenden sich vermehrt den Fachgebieten Gesundheit, Lehramt, Pädagogik, Betriebswirtschaft, Rechtswissenschaften und vor allem auch den Sozialwissenschaften, Publizistik, Geisteswissenschaften und Kunst zu. Männer wiederum widmen sich vermehrt den Bereichen Technik, Fertigung und Bauwesen, sowie den naturwissenschaftlichen Studiengängen, Mathematik und Informatik.[46]

Je nachdem aufgrund welcher Theorie[47] nun das Verhältnis der Geschlechter im Bildungszusammenhang gesehen wird, werden auch Lösungsansätze unterschiedlich diskutiert.[48] Wurde in den 1980er Jahren als Ziel feministischer Bildungsarbeit anstelle einer Angleichung der Frauen an Männer die Förderung

---

43 Vgl. Recktenwald, Joachim (Hg.) Bildung und Informationsgesellschaft, in: Eurostat, Das Leben von Frauen und Männern in Europa. Ein statistisches Porträt, Luxemburg 2008, 29.

44 Vgl. ebd., 31-35.

45 Siehe auch Dyk-Ploss, Irene, Frauenarbeit und Frauenleben: Eine kritische Analyse im Überblick, in: Stelzer-Orthofer, Christine/ Schmidleithner, Irmgard/ Rolzhauser-Kantner, Elisabeth, Zwischen Wischmopp und Laptopp. Frauenerwerbstätigkeit und Prekarität, Wien 2008, 58-59.

46 Vgl. Recktenwald, Joachim (Hg.) Bildung und Informationsgesellschaft, in: Eurostat, Das Leben von Frauen und Männern in Europa. Ein statistisches Porträt, Luxemburg 2008, 36-39.

47 Gleichheit, Differenz, Queer usw.

48 Stürzer, Monika, Zur Debatte um Koedukation, Monoedukation und reflexive Koedukation, in: Stürzer, Monika/ Roisch, Henrike/ Hunze, Annette/ Cornelißen, Waltraud, Geschlechterverhältnisse in der Schule. Opladen 2003, 171-186.

„weiblicher" Stärken in den Vordergrund gestellt[49], kann heute grundlegend festgehalten werden: Bildungsinhalte sollten vermehrt auf ihre Geschlechtergerechtigkeit überprüft werden, sowie auch Lehrende über das nötige Gender-Wissen (das Wissen über genderspezifische Zusammenhänge) verfügen sollten. Denn Gender-Kompetenz, die Fähigkeit gendersensibel zu handeln (also Ungleichbehandlungen der Geschlechter im sozialen Kontext zu erkennen und entsprechende Gegenmaßnahmen zu setzen), stellt eine notwendige Grundlage für erfolgreiches Lehren dar. Für eine geschlechtergerechte Bildung für Frauen und Männer ist nicht eine Sonderbehandlung von Mädchen oder Buben notwendig, sondern eine faire, unabhängig vom jeweiligen Geschlecht praktizierte Erziehung, die bereits im Kindergarten beginnt und sowohl für Mädchen als auch für Buben sämtliche Zugänge zu Bildungsmöglichkeiten gleichermaßen offen lässt, ohne Festschreibung von gesellschaftlichen Rollenbildern und Stereotypen. Dazu ist aber auch ein gesellschaftlicher Wandel von Nöten. Dieser vollzieht sich nur langsam, kann aber durch gendersensibilisierte Lehrende, geschlechtergerechte Bildungsinhalte, gezielte Bewusstseinsbildung auch in der Öffentlichkeit, sowie weibliche und männliche Role Models in nicht traditionellen Bereichen beschleunigt werden.

---

49 Vgl. Hof, Christiane, Das Geschlecht der Bildung: Gender in Pädagogik und Erziehungswissenschaft in: Bußmann, Hadumod/ Hof, Renate (Hg.), Genus. Geschlechterforschung/ Gender Studies in den Kultur- und Sozialwissenschaften, Stuttgart 2005, 304.

„Wer die Enge seiner Zeit ermessen will, studiere Geschichte“ Warum in Österreich englische Geschichte erforschen?

Lena Oetzel

Mit dem Stellenwert der Geschichte in der heutigen Gesellschaft verhält es sich paradox: Einerseits findet sich in den Buchläden eine Flut historischer Unterhaltungsliteratur – der Booker Prize ging dieses Jahr sogar an einen Roman über den englischen König Heinrich VIII.[1] – die Kinos sind voll von historischen Spielfilmen und das Fernsehen bringt eine Vielzahl historische Dokumentationen. In der Unterhaltungskultur ist Geschichte längst allgegenwärtig. Dabei ist das Interesse nicht etwa auf zeitgeschichtliche Themen beschränkt; es werden alle Kulturen und Epochen abgedeckt:[2] Von „Die Päpstin“[3] bis hin zu „Der Mann aus der Pfalz. Helmut Kohl – Der Film“[4].

Andererseits wird man aber belächelt, beschäftigt man sich wissenschaftlich mit Geschichte. Ein Geschichtsstudium? Interessant, aber was kann man denn damit machen?

Arbeitet man nun wie ich an einer österreichischen Universität über Elisabeth I. von England, wird die Verwunderung noch größer. So gerne auch die Filme über Elisabeth im Kino[5] gesehen werden, die Frage nach dem Sinn und Zweck einer wissenschaftlichen Auseinandersetzung mit englischer Geschichte in Österreich bleibt. Immer schwingt das „Warum? Wozu?“ mit. Welchen Sinn macht es, sich in Österreich mit englischer Geschichte zu beschäftigen?

Allein diese Frage „Wozu?“ bestätigt Konrad Paul Liessmanns[6] Diagnose, dass es in der heutigen Gesellschaft mehr um den Erwerb von Qualifikationen

---

1 Mantel, Hilary, Wolf Hall, London 2009.

2 Vgl. Grütter, Heinrich Theodor, Warum fasziniert die Vergangenheit? Perspektiven einer neuen Geschichtskultur, in: Füßmann, Klaus/Grütter, Heinrich Theodor/Rüsen, Jörn (Hg.), Historische Faszination. Geschichtskultur heute, Köln/Weimar/Wien 1994, 45-57, 47-50, der dieses unspezifische Geschichtsinteresse schon vor 15 Jahren feststellte.

3 Wortmann, Sönke, Die Päpstin, Deutschland/Großbritannien/Spanien/Italien 2009.

4 Schadt, Thomas, Der Mann aus der Pfalz. Helmut Kohl – Der Film, Deutschland 2009.

5 Die jüngsten Filme zu Elisabeth: Kapur, Shekhar, Elizabeth, Großbritannien 1998. sowie: Ders., Elizabeth: Das goldene Königreich (Orig.: Elizabeth: The Golden Age), Großbritannien/Frankreich 2007.

6 Zur Position Liessmanns vgl. Liessmann, Konrad Paul, Theorie der Unbildung. Die Irrtümer der Wissensgesellschaft, Wien 2006, 52f.

und Fähigkeiten geht, als um den Erwerb von Wissen. Geschichte mag der Unterhaltung dienen, aber „nützlich“ ist sie nicht. Und besteht nicht tatsächlich die Gefahr, dass Geschichte als Wissenschaft zum Selbstzweck einer kleinen Gruppe von Historikern wird, „die in blinder Sammelleidenschaft alles Da-gewesene rastlos zusammentragen“[7]?

Aber vielleicht ist das große Interesse an Geschichte – trotz der Belächelung von Geschichte als Wissenschaft – ja doch zumindest ein Indiz dafür, dass Geschichte noch einen tiefergehenden Wert für die Gesellschaft und die Individuen hat, sowohl auf populärer Ebene als auch auf wissenschaftlicher.

I. Warum Geschichte?

Die Frage nach dem Sinn der Geschichtswissenschaft hat schon Friedrich Nietzsche gestellt[8], der zwar den grundlegenden Wert von Geschichte für das Leben anerkannte, aber konstatierte, „dass ein Uebermaass der Historie dem Lebendigen schade“[9]. Und auch Historiker selbst haben sich immer wieder kritisch mit dem Sinn und Zweck ihres eigenen Faches auseinandergesetzt – auch wenn Jürgen Kocka darauf hinweist, dass die Selbstreflexion selten Eingang in die wissenschaftliche Arbeitspraxis fand.[10]

---

7 Wischke, Mirko, Ist es notwendig, die Vergangenheit zu verstehen? Über Anspruch und Sinn geschichtsphilosophischer Betrachtungen, in: Depkat, Volker (Hg.), Wozu Geschichte(n)? Geschichtswissenschaft und Geschichtsphilosophie im Widerstreit, Stuttgart 2004, 31-47, 40.

8 Vgl. Nietzsche, Friedrich, Vom Nutzen und Nachteil der Historie für das Leben [1874], in: Nietzsche Werke. Kritische Gesamtausgabe, hg. v. Colli, Giorgio/Montinari, Mazzino, 3. Abt. 1. Band, Berlin/New York 1972, 239-330.
Die Frage nach dem Sinn der Geschichtswissenschaft ist von der Frage nach dem Sinn und Zweck der Geschichte zu unterscheiden, sprich, ob die Geschichte in ihrem Verlauf zweckgerichtet ist. Mit den verschiedenen Bedeutungsebenen des „Sinns“ von Geschichte beschäftigt sich Emil Angehrn, Vom Sinn der Geschichte, in: Depkat, Volker (Hg.), Wozu Geschichte(n)? Geschichtswissenschaft und Geschichtsphilosophie im Widerstreit, Stuttgart 2004, 15-30. Außerdem zum Sinn der Geschichte vgl. Stückrath, Jörn, "Der Sinn der Geschichte". Eine moderne Wortverbindung und Vorstellung?, in: Müller, Klaus E./Rüsen, Jörn (Hg.), Historische Sinnbildung. Problemstellungen, Zeitkonzepte, Wahrnehmungshorizonte, Darstellungsstrategien, Reinbek/Hamburg 1997, 48-78. Koselleck, Reinhart, Vom Sinn und Unsinn der Geschichte, in: ebd., 79-97. Hier soll jedoch ausschließlich nach dem Sinn von Geschichtswissenschaft gefragt werden.

9 Nietzsche, Friedrich, Vom Nutzen und Nachteil der Historie für das Leben [1874], in: Nietzsche Werke. Kritische Gesamtausgabe, hg. v. Colli, Giorgio/Montinari, Mazzino, 3. Abt. 1. Band, Berlin/New York 1972, 239-330, 254.

10 Vgl. Kocka, Jürgen, Wozu der Aufwand? Ein Vortrag über Geschichte vor Nicht-Historikern, in: Jelich, Franz-Josef (Hg.), Geschichte als Last und Chance. Festschrift für Bernd Faulenbach, Essen 2003, 15-25, 18f.

Im Folgenden werden drei wesentliche Funktionen der Geschichte und der Geschichtswissenschaft vorgestellt:[11] Erstens die Geschichte als Lehrmeisterin im weitesten Sinne; zweitens Geschichte als Mittel der kollektiven und individuellen Identitätsbildung, wobei dies oft eng verknüpft ist mit Geschichte als Legitimation der Gegenwart; und drittens Geschichte als Quelle der Faszination und des Vergnügens.

Die Geschichte als Lehrmeisterin

Die Idee der Geschichte als Lehrmeisterin existiert seit der Antike. Sie basiert auf der Vorstellung der Wiederholbarkeit von Geschichte: Danach verlaufen menschliche Handlungsweisen immer nach einem bestimmten Muster. Studiert man diese, kann man hieraus Schlüsse für das eigene Handeln in Gegenwart und Zukunft ziehen. An der Wende vom 18. zum 19. Jahrhundert machte sich jedoch die Erkenntnis breit, dass der Erfahrungsschatz der Menschen längst nicht so begrenzt war, wie lange angenommen. Die Welt und ihre Ereignisse waren wandelbar und zwar in einer Art und Weise, wie sie es in früheren Jahrhunderten nicht gewesen waren. Die Dynamik der Moderne machte deutlich, dass Geschichte nicht nach immer gleichen, vertrauten Mustern ablief, sondern dass sie sich wandelte – auf bisher unbekannte Art und Weise.[12]

Dennoch verschwand die Vorstellung von der Geschichte als Lehrmeisterin nicht. Für Johann Gustav Droysen (1808-1884), einer der Gründungsväter der modernen Geschichtswissenschaft, war „der Staatsmann […] der praktische Historiker“[13]. Allerdings hatte sich die Art, wie aus der Geschichte zu lernen war, verändert. Es ging nicht mehr darum, Vergangenes als wiederholbares Beispiel für die Zukunft zu betrachten, sondern die Gegenwart als aus der Vergangenheit gewachsen zu begreifen. Geschichte war etwas Prozesshaftes, das in der

---

11 Kocka nennt drei, Schulze sieben Funktionen: Schulze, Winfried, Einführung in die Neuere Geschichte, Stuttgart 2002 (4., völlig überarb. u. aktualisierte Aufl.), 241-4. Kocka, Jürgen, Wozu der Aufwand? Ein Vortrag über Geschichte vor Nicht-Historikern, in: Jelich, Franz-Josef (Hg.), Geschichte als Last und Chance. Festschrift für Bernd Faulenbach, Essen 2003, 15-25, 19. Die Argumente selbst unterscheiden sich nicht wesentlich, vielmehr handelt es sich um unterschiedliche Kategorisierungen.

12 Zur Geschichte als Lehrmeisterin und dem Wandel dieser Idee vgl. Kocka, Jürgen, Wozu der Aufwand? Ein Vortrag über Geschichte vor Nicht-Historikern, in: Jelich, Franz-Josef (Hg.), Geschichte als Last und Chance. Festschrift für Bernd Faulenbach, Essen 2003, 15-25, 19. Koselleck, Reinhart, Wozu noch Historie?, in: Baumgartner, Hans Michael/Rüsen, Jörn (Hg.), Seminar: Geschichte und Theorie. Umrisse einer Historik, Frankfurt/Main 1976, 17-35, 23.

13 Droysen, Johann Gustav, Historik. Teilband 2: Texte im Umkreis der Historik, unter Berücksichtigung der Vorarbeiten von Peter Leyh nach den Erstdrucken und Handschriften hg. v. Horst Walter Blanke, Stuttgart/Bad Cannstadt 2007, 458.

Gegenwart mündete, und aus der Analyse der historischen Prozesse erhoffte man sich Rückschlüsse auf die weitere Entwicklung sowie eine Hilfestellung für das Handeln in der Gegenwart.

Zwar ist man seitdem von der Vorstellung von Geschichte als Prozess, als einer kausalen Entwicklung weitgehend abgekommen, doch der Anspruch aus der Geschichte lernen zu können, ist nicht vollständig verschwunden. Besonders die Geschichtswissenschaft der Nachkriegszeit war stark geprägt von der Idee aus den Verbrechen der jüngsten Geschichte zu lernen.

Der ehemalige deutsche Bundespräsident Richard von Weizsäcker bringt dies sehr schön in seiner berühmten Rede zum 40. Jahrestag der deutschen Kapitulation, am 8. Mai 1985, zum Ausdruck: „Wer aber vor der Vergangenheit die Augen verschließt, wird blind für die Gegenwart. Wer sich der Unmenschlichkeit nicht erinnern will, der wird wieder anfällig für neue Ansteckungsgefahren. [...] Wir lernen aus unserer eigenen Geschichte, wozu der Mensch fähig ist. Deshalb dürfen wir uns nicht einbilden, wir seien nun als Menschen anders und besser geworden. [...] Wir haben als Menschen gelernt, wir bleiben als Menschen gefährdet."[14]

Es soll aus den Fehlern der Vergangenheit gelernt werden, um eine bessere Zukunft gestalten zu können. Die Geschichte ist eine Art Schaubühne menschlicher Verhaltensweisen. Sie zeigt uns, wie der Mensch handelt, wie er funktioniert, wie er fehlt, wie er Erfolg hat – und daraus sollen die Menschen der Gegenwart lernen. Ob ein solches direktes Lernen möglich ist, bleibt fraglich, wenn nicht gar zweifelhaft. Doch ist das Bemühen nur deshalb nicht weniger wichtig, weil es eventuell nicht zum Erfolg führt; im Gegenteil, es ist ein wichtiger Schritt.

Aber die Vergangenheit ist auch auf einer weniger moralischen Ebene bedeutend für das Handeln in der Gegenwart, denn „die Vergangenheit ist im Grunde genommen stets in der Gegenwart enthalten"[15]. Wie jeder Mensch als Individuum von seiner Vergangenheit geprägt ist, so sind auch Gesellschaften, so ist „die" Gegenwart von „der" Vergangenheit geprägt. Der Nahostkonflikt beispielsweise lässt sich nicht ohne die Geschichte des jüdischen und des palästinensischen Volkes begreifen – eine praktische Lösung bringt dieses Verständnis jedoch nicht. Das bedeutet aber nicht, dass es nicht wesentlich für die zukünftige

---

14 http://www.bundespraesident.de/Reden-und-Interviews/Reden-Richard-von-Weizsaecker-,12166.629421/Rede-von-Bundespraesident-Rich.htm?global.back=/Reden-und-Interviews/-%2c12166%2c0/Reden-Richard-von-Weizsaecker.htm%3flink%3dbpr_liste (31.10.09)

15 Ricœr, Paul, Gedächtnis – Vergessen – Geschichte, in: Müller, Klaus E./Rüsen, Jörn (Hg.), Historische Sinnbildung. Problemstellungen, Zeitkonzepte, Wahrnehmungshorizonte, Darstellungsstrategien, Reinbek/Hamburg 1997, 433-54, 436.

Entwicklung ist, denn ohne Verstehen ist keine sinnvolle Lösungssuche möglich.[16]

Die Betrachtung der Vergangenheit hilft aber nicht nur, die Gegenwart besser zu verstehen, weil sie der Gegenwart maßgeblich ihren Stempel aufgedrückt hat, sondern sie bewirkt auch eine Relativierung der „Wirklichkeit" im Anblick der Vergangenheit.[17] Durch den Blick auf das Gewesene zeigt sich wie wandelbar beispielsweise Werte und Normen sind. Begriffe wie „Individualität"[18] und „Freiheit"[19] sind spezifisch neuzeitliche Konzepte. Dennoch gibt es den Begriff der Freiheit seit der Antike, nur bedeutete er damals nicht das gleiche wie heute. Freiheit kann sich historisch betrachtet auf die politische Selbstbestimmung einer herrschenden Elite oder des Volkes beziehen, auf ständische Rechte, auf das Gewissen, auf die bürgerliche Freiheit vor Eingriffen durch den Staat, und diese Liste ließe sich noch fortführen. Dinge, die wir als gegeben hinnehmen, sind es aus historischer Perspektive nicht. Durch das Aufdecken von Unterschieden – aber auch von Gemeinsamkeiten! – zwischen Gegenwart und Vergangenheit kann die Geschichte helfen, ein tieferes Verständnis für die eigene Gegenwart zu wecken. Oder wie Kurt Tucholsky sagte: „Wer die Enge seiner Heimat ermessen will, reise. Wer die Enge seiner Zeit ermessen will, studiere Geschichte."[20]

Jürgen Kocka fasst diese Funktion von Geschichte nicht mehr in den Bereich der Geschichte als Lehrmeisterin, sondern versteht sie als „Bildung durch Erweiterung der Erfahrungs- und Denkmöglichkeiten in Kontakt mit dem Anderen"[21]. Dies beschreibt den Sachverhalt sehr gut, nur ist es meiner Ansicht nach ebenfalls ein Teil der Idee von Geschichte als Lehrmeisterin – selbst wenn es sich dabei nicht um ein zielgerichtetes Lernen mit einem unmittelbaren Nutzen handelt.

---

16 vgl. Schulze, Winfried, Einführung in die Neuere Geschichte, Stuttgart 2002 (4., völlig überarb. u. aktualisierte Aufl.), 241f. Goertz, Hans-Jürgen, Geschichte - Erfahrung und Wissenschaft. Zugänge zum historischen Erkenntnisprozeß, in: Ders. (Hg.), Geschichte. Ein Grundkurs, Reinbek/Hamburg 1998, 15-41, 24.

17 Vgl. Schulze, Winfried, Einführung in die Neuere Geschichte, Stuttgart 2002 (4., völlig überarb. u. aktualisierte Aufl.), 243.

18 Walther, Gerit, Individualität, in: Enzyklopedie der Neuzeit, Bd. 5, Stuttgart 2007, 890-95.

19 Schmidt, Georg, Freiheit, in: Enzyklopedie der Neuzeit, Bd. 3, Stuttgart 2006, 1146-1164. sowie: Greven, Michael Th., Freiheit, in: Nohlen, Dieter (Hg.), Kleines Lexikon der Politik, München 2001, 140-142, 140.

20 Tucholsky, Kurt, Gesammelte Werke in zehn Bänden, Bd. 4: 1925-1926, Hamburg/Reinbeck 1975, 422.

21 Kocka, Jürgen, Wozu der Aufwand? Ein Vortrag über Geschichte vor Nicht-Historikern, in: Jelich, Franz-Josef (Hg.), Geschichte als Last und Chance. Festschrift für Bernd Faulenbach, Essen 2003, 15-25, 19.

Aber nicht nur über das Erkennen von Gemeinsamkeiten und Unterschieden, von der Wandelbarkeit der Normen und Ordnung lässt sich aus der Geschichte lernen. Exemplarisch bietet sie Einblick in die Komplexität menschlicher Verhaltensweisen. Sie illustriert die Multikausalität von Ereignissen und verdeutlicht so die Unzulänglichkeit monokausaler Erklärungen – damals wie heute.[22]

Für die humanistische Bildung war die Antike das Modell, das der Mensch studieren sollte, um das menschliche Verhalten zu ermessen.[23] Doch ist die Antike nicht die einzige Epoche, die in dieser Weise exemplarisch genutzt werden kann. Ebenso lehrreich ist beispielsweise das Zusammenspiel von Religion und Politik in Mittelalter wie Früher Neuzeit. Die Geschichte bietet eine Fülle von Beispielen, deren Studium den eigenen Blick auf die heutige Gesellschaft schärfen kann.

Geschichte als Mittel der Identitätsbildung

Die zweite Funktion, die der Geschichte zugeschrieben wird, ist die der Identitätsbildung und der Legitimation der Gegenwart. Der Rekurs auf die Vergangenheit kann dabei auf verschiedenen Ebenen identitätsstiftend wirken: auf individueller, auf regionaler, auf nationaler oder auf übernationaler.[24]

Der Ausgangspunkt jeder Identitätsbildung ist das Individuum und somit die individuelle Identitätsbildung. Dem Einzelnen zeigt die eigene Vergangenheit, aber auch die Beschäftigung mit der gesellschaftlichen Vergangenheit, die einen selbst oder die Eltern und Großeltern geprägt hat, wer man ist. Sie wird hier zum „Medium der Selbsterkenntnis“[25].

Auf einer kollektiven Ebene – sei es nun regional, national oder übernational – stiftet der Rekurs auf Geschichte ein Gemeinschaftsgefühl durch das Wissen um eine gemeinsame Vergangenheit. Gerade im regionalen Raum – also im Bereich der Stadt- und Regionalgeschichte – kann hier nicht nur Identität geschaffen werden, sondern auch bewahrt, indem ein Gegengewicht zur Schnell-

---

22 Vgl. Schulze, Winfried, Einführung in die Neuere Geschichte, Stuttgart 2002 (4., völlig überarb. u. aktualisierte Aufl.), 243.

23 Vgl. zur humanistischen Bildungsidee: Liessmann, Konrad Paul, Theorie der Unbildung. Die Irrtümer der Wissensgesellschaft, Wien 2006, 54-64.

24 Vgl. zu den verschiedenen Formen der Identitätsbildung via Geschichte: Angehrn, Emil, Vom Sinn der Geschichte, in: Depkat, Volker (Hg.), Wozu Geschichte(n)? Geschichtswissenschaft und Geschichtsphilosophie im Widerstreit, Stuttgart 2004, 15-30, 24-9.

25 Angehrn, Vom Sinn der Geschichte, in: Depkat, Volker (Hg.), Wozu Geschichte(n)? Geschichtswissenschaft und Geschichtsphilosophie im Widerstreit, Stuttgart 2004, 15-30, 26, vgl. auch 24f.

lebigkeit der Moderne und zu einer immer stärker globalisierten Gesellschaft gesetzt wird.[26]

Kocka bezeichnet die Geschichte auch als „Bündnispartnerin der Nationsbildung im 19. und 20. Jahrhundert“[27]. Dies liegt vor allen Dingen daran, dass Geschichtswissenschaft lange sehr national gedacht wurde. Geschichte war die Geschichte von Staaten und Nationen. Und tatsächlich definierte sich die deutsche Identität nach 1945 wesentlich über die Schuld der Vergangenheit und den Imperativ des „Nie-wieders“. Für die ehemaligen Ostblockstaaten bot die Geschichte wiederum ein ideales Mittel, um nach dem Zusammenbruch der Sowjetunion 1989 eigene nationale Identitäten zu entwickeln. Dabei wird nicht nur auf die jüngere Vergangenheit zurückgegriffen, wie es die Bundesrepublik hauptsächlich praktizierte, sondern auch auf weiter zurückliegende Zeiten wie das Mittelalter.[28] So ist beispielsweise die Schlacht bei Tannenberg der Polen und Litauen gegen den Deutschen Orden 1410 noch – bzw. heute wieder – ein wesentliches Element der polnischen nationalen Identität. Zeugnis hiervon ist unter anderem die Nachstellung der Schlacht 2003.[29]

Aber nicht nur zur nationalen Identitätsbildung wird auf die Geschichte zurückgegriffen. Im Zuge der Europäischen Einigung versucht man eine übernationale europäische Identität zu stiften, indem man auf eine gemeinsame Vergangenheit zurückgreift: So ist es nicht von Ungefähr, dass vor diversen europäischen Institutionen wie dem Europa-Parlament in Straßburg eine Stier-Statue mit der Figur der Europa aus der antiken Mythologie steht. Und auch Historiker versuchen auf wissenschaftlicher Ebene immer wieder europäische Entwicklungslinien in der gemeinsamen Geschichte zu finden.[30] Dabei wird nicht nur auf die Antike oder auf die jüngere Geschichte zurückgegriffen sondern auch auf Mittelalter und Frühe Neuzeit. Kaiser Karl V. (1500-1556), in dessen Reich dem Sprichwort nach die Sonne nie unterging und zu dem weite Teile Süd- und

---

26 Vgl. Kocka, Jürgen, Wozu der Aufwand? Ein Vortrag über Geschichte vor Nicht-Historikern, in: Jelich, Franz-Josef (Hg.), Geschichte als Last und Chance. Festschrift für Bernd Faulenbach, Essen 2003, 15-25, 21.

27 Ebd.

28 Vgl. zur Identitätsbildung auf nationaler Ebene: ebd., 20f. Sowie zur Bedeutung für die ehemaligen Ostblockstaaten Grütter, Heinrich Theodor, Warum fasziniert die Vergangenheit? Perspektiven einer neuen Geschichtskultur, in: Füßmann, Klaus/Grütter, Heinrich Theodor/Rüsen, Jörn (Hg.), Historische Faszination. Geschichtskultur heute, Köln/Weimar/Wien 1994, 45-57, 45f.

29 Traba, Robert, Grunwald: Konstruktion und Dekonstruktion eines nationalen Mythos, in: Albrecht, Dietmar (Hg.), Mare Balticum: Begegnungen zu Heimat, Geschichte, Kultur an der Ostsee, München 2005, 110-125.

30 Vgl. hierzu z. B. die Veröffentlichungen von Schmale, Wolfgang, Geschichte Europas, Wien/Köln/Weimar 2000. Ders., Geschichte und Zukunft der Europäischen Identität, Stuttgart 2008.

Mitteleuropas (Spanien, Teile Italiens, die heutigen Niederlande, das Heilige Römische Reich, die Österreichischen Erbländer) gehörten, wurde zum Ahnherrn der Europäischen Union stilisiert.[31] Ziel ist es hier, den Menschen zu zeigen, dass sie einander nicht fremd, sondern durch eine gemeinsame Geschichte verbunden sind. Nationale Identitäten sollen hier durch eine europäische transzendiert werden.

Natürlich ist eine solche Inanspruchnahme der Geschichte für die Bildung von Identitäten durchaus kritisch zu sehen. Geschichte kann hier von den verschiedensten gesellschaftlichen oder politischen Gruppierungen missbraucht werden. Und selbst wenn kein bewusster Missbrauch stattfindet, ist auch der Historiker, der über sein eigenes Land forscht in seiner Wahrnehmung geprägt von dieser kollektiven Identität. Dies ist ein Teil des Phänomens, das Historiker „Standortgebundenheit“[32] nennen. Der Wissenschaftler ist sich in der Regel dessen bewusst und versucht dem entgegenzuwirken, aber ändern kann er es nicht, weshalb oft ein Blick von außen bereichernd sein kann. Aber ob dies nun gut zu heißen ist oder nicht, Geschichte bleibt ein wesentlicher Teil der Identität, der individuellen wie der kollektiven und als solcher ist sie es wert wissenschaftlich untersucht zu werden; auch um auf diese Weise einer unreflektierten Rezeption begegnen zu können.

Geschichte als Vergnügen

Die dritte Funktion, die ich hier anführen möchte, mag im Vergleich zu den ersten beiden etwas banal, ja sinnlos erscheinen. Die Rede ist vom Vergnügen, das die Beschäftigung mit der Geschichte bereiten kann. Wie bereits zu Beginn gezeigt, ist das gesellschaftliche Interesse an Geschichte groß. Es ist die Faszination des Fremden, des Unbekannten und gleichzeitig des überraschend Vertrauten, die von der Geschichte ausgeht. Es ist Teil der menschlichen Natur sich Geschichten zu erzählen; und die Geschichte als Quell solcher Geschichten hat den unwiderstehlichen Charme „wahr“ zu sein. Laie und Historiker haben dabei unterschiedliche Einstellungen zum tatsächliche „Wahrheitsgehalt“: Einerseits ist es dem Laien, der einen historischen Film sieht nicht wichtig, ob wesentliche

---

31 Kritisch setzt sich Alfred Kohler mit der Inanspruchnahme Karls V. für die europäische Union auseinander und stellt dabei die verschiedenen Aspekte, bei denen eine solche Inanspruchnahme versucht wurde dar: Kohler, Alfred, Karl V. 1500-1558. Eine Biographie, München 2005, 370-372.

32 Vgl. zur Standortgebundenheit z.B.: Opgenoorth, Ernst/Schulz, Günther, Einführung in das Studium der Neueren Geschichte, 6. grundlegend überarbeitete Aufl., Paderborn u.a. 2001, 21. Kocka, Jürgen, Wozu der Aufwand? Ein Vortrag über Geschichte vor Nicht-Historikern, in: Jelich, Franz-Josef (Hg.), Geschichte als Last und Chance. Festschrift für Bernd Faulenbach, Essen 2003, 15-25, 18.

Ereignisse verändert oder gar weggelassen wurden, dem Historiker schon – weshalb er sich zumeist recht schwer tut mit historischen Filmen und Romanen.[33] Andererseits akzeptieren Laien die Geschichte viel eher als tatsächlichen Fakt, als „die Wahrheit", während Historiker Geschichte eher als Konstrukt betrachten, bei der es allenfalls „Wahrheiten" gibt, aber nicht „die" Wahrheit.[34] Dennoch wird auch er nicht die Neugier leugnen, die ihn dazu bringt anhand von Quellen die Vergangenheit zu rekonstruieren. Ein solches Interesse an Geschichte ist nicht verwerflich und es degradiert die Geschichte und die Geschichtswissenschaft nicht zu einem bloßen Zeitvertreib, vielmehr ist sie „ein nicht zu unterschätzender Faktor des gesellschaftlichen Lebens"[35].

Konrad Paul Liessmann würde an dieser Stelle einwenden, dass sich das rein gesellschaftliche Interesse an Geschichte lediglich als „Halbbildung"[36] bezeichnen lasse und eben keinen Wert habe. Bildung – in diesem Fall das Wissen von der Geschichte – wird „zu einem Sammelsurium von Kulturgütern"[37]. Dem möchte ich hier widersprechen, denn die Geschichte kann als Lehrmeisterin ebenso durch einen Film unterrichten wie durch ein wissenschaftliches Fachbuch: Wenn sich der Laie Elisabeth I. von England als eine Herrscherin in Rüstung, die ihre Truppen in den Kampf führt, vorstellt, weil der Kinofilm „Elisabeth: Das Goldenen Zeitalter" dies suggeriert, so ist dies zwar nicht historisch korrekt, dennoch hat der Zuschauer einiges gelernt: Er weiß, dass England von einer Königin beherrscht wurde und er weiß, dass dies nicht der Regelfall war. Er erfährt, dass die Welt anders war, als er sie kennt. Was er mit diesem Wissen anfängt, ob er es nutzt und so auch für ihn die Geschichte der Erweiterung seines Denk- und Erfahrungshorizontes dient, liegt an ihm und nicht am Film. Hier soll nicht eine Verfälschung der Geschichte zu kommerziellen Zwecken gut geheißen werden, aber die Darstellung von Geschichte muss nicht wissenschaftliches Niveau haben, um von Wert zu sein. Und schließlich hat so mancher Autor historischer Romane auch einmal Geschichte studiert.

---

33 Vgl. Riederer, Günter, Film und Geschichtswissenschaft. Zum aktuellen Verhältnis einer schwierigen Beziehung, in: Paul, Gerhard (Hg.), Visual History. Ein Studienbuch, Göttingen 2006, 96-113. Rother, Rainer (Hg.), Bilder schreiben Geschichte: Der Historiker im Kino, Berlin 1991.

34 Vgl. zum Verhältnis der Geschichtswissenschaft zur u.a. Goertz, Hans-Jürgen, Geschichte - Erfahrung und Wissenschaft. Zugänge zum historischen Erkenntnisprozeß, in: Ders. (Hg.), Geschichte. Ein Grundkurs, Reinbek/Hamburg 1998, 15-41, 16, 34-36.

35 Schulze, Winfried, Einführung in die Neuere Geschichte, Stuttgart 2002 (4., völlig überarb. u. aktualisierte Aufl.), 244.

36 Vgl. zum Begriff der Halbbildung: Liessmann, Konrad Paul, Theorie der Unbildung. Die Irrtümer der Wissensgesellschaft, Wien 2006, 68-70.

37 Liessmann, Konrad Paul, Theorie der Unbildung. Die Irrtümer der Wissensgesellschaft, Wien 2006, 68.

II. Warum englische Geschichte in Österreich?

Aber die Frage bleibt, warum man sich in Österreich mit Elisabeth I. von England beschäftigt. Und auch aus englischer Perspektive erscheint die Frage, warum jemand in Österreich sich mit „ihrer" Geschichte beschäftigt, berechtigt. Ist das nicht Eulen nach Athen tragen?

Die Faszination, die von der Gestalt Elisabeths I., auch heute noch, über 400 Jahre nach ihrem Tod, ausgeht, ist sicherlich ein nicht zu leugnender Faktor. Es ist ein spannendes und vielfältiges Thema – und warum sollte dies nur Engländern offen stehen?

Um beurteilen zu können, welchen „Wert" die Beschäftigung mit Elisabeth I. außerhalb Englands hat, soll kurz erläutert werden, wer Elisabeth überhaupt war und was ihre Herrschaft ausmachte.[38]

Als regierende Königin Englands war sie eine der mächtigsten Frauen der gesamten Frühen Neuzeit – neben Katharina de Medici, Christina von Schweden und Maria Theresia. Im Unterschied zu Katharina de Medici herrschte sie jedoch aus eigenem Recht, d.h. nicht als Regentin für einen minderjährigen Sohn, nicht als heimliche Macht hinter dem Thron, sondern als die Macht auf dem Thron. Frauen in Machtpositionen waren in der Frühen Neuzeit keine ausgesprochene Seltenheit, aber in der Wahrnehmung der Zeitgenossen waren sie doch Ausnahmen – unerwünschte Ausnahmen. Denn Frauen wurden als das schwache Geschlecht betrachtet, das der männlichen Führung bedurfte. Eine Frau, die qua ihres königlichen Status über allen Männern stand, war etwas Beunruhigendes.[39] Für den Historiker wird es hier schon interessant. Aus den Quellen kennen wir das Frauenbild der Frühen Neuzeit und danach stellte eine herrschende Frau eine Bedrohung dar, aber spielte das Geschlecht tatsächlich so eine große Rolle, wie wir uns das vorstellen? Oder wurde die Frage nicht viel pragmatischer betrachtet und der Stand überwog schließlich die „weibliche Schwäche"?

Dieses Beispiel zeigt sehr schön, wie vorsichtig Historiker sein müssen, nicht die eigenen Ideen und Konzepte auf vergangene Zeiten zu übertragen; es ist nicht vollständig zu vermeiden, aber man muss sich bewusst sein, dass die Vorstellungswelt und die Normen und Werte des 16. Jahrhunderts nicht nur anders waren als die heutigen, sondern eventuell auch anders, als wir uns das aus unserer Perspektive vorstellen. Letztlich ist diese Fähigkeit, andere aus sich selbst und aus ihrem kulturellen, politischen – und historischen! – Hintergrund

---

38 Eine lesenswerte Einführung zu Elisabeth ist: Levin, Carole, The Reign of Elizabeth I, Basingstoke 2002.

39 Zum Frauenbild der Frühen Neuzeit vgl. zum Beispiel: Wiesner, Merry E., Women and Gender in Early Modern Europe, Cambridge 2000. Zur Thematik Frauen und Macht vgl. Opitz, Claudia, Staatsräson kennt kein Geschlecht: Zur Debatte um die weibliche Regierungsgewalt im 16. Jahrhundert und ihrer Bedeutung für die Konzipierung frühneuzeitlicher Staatlichkeit, in: Feministische Studien 23(2005), 228-41.

zu begreifen, wesentlich für die heutige multikulturelle Gesellschaft. Es geht also auch hier um ein Lernen im Sinne einer Erweiterung des eigenen Erfahrungs- und Denkhorizontes.

Die Frage nach der tatsächlichen Bedeutung von Elisabeths I. Geschlecht verdeutlicht außerdem, wie variabel und oft schwer greifbar die Kategorie „gender“[40] war und immer noch ist. Im Zuge von immer mehr Frauen, die in politische Führungsämter streben, wie Angela Merkel oder Hilary Clinton, suchen populärwissenschaftliche Zeitschriften nach „Vorbildern“ weiblicher Herrschaft.[41] Natürlich eignet sich Elisabeth I. nicht direkt als Rollenmodell – dafür unterscheidet sich die heutige demokratische Ordnung zu sehr von der politischen Ordnung des 16. Jahrhunderts – aber der Blick auf Elisabeth kann helfen zu verstehen, wie Geschlecht konstruiert wurde bzw. welche Bedeutung es hatte. Es kann kein direkter Vergleich zwischen der Bedeutung von Elisabeths I. Geschlecht und beispielsweise Angela Merkels angestellt werden, auch dafür sind die Rahmenbedingungen zu verschieden, aber eine historische Betrachtung der Kategorie „gender“ hilft sie in ihrer Vielschichtigkeit und ihrer Historizität wahrzunehmen.

Ein zentrales Thema von Elisabeths I. Herrschaft, das durch ihr Geschlecht eine zusätzliche Brisanz erhielt, war die Frage ihrer Eheschließung. Für ihre Untertanen war klar, dass sie heiraten musste; nicht nur weil sie eine Frau war, die eines Ehemanns bedurfte, sondern weil jeder Herrscher heiraten und Kinder kriegen musste. Nur auf diese Weise konnte die Kontinuität der Dynastie und damit die Stabilität der Herrschaft gesichert werden. Auffallend ist, wie groß die Zukunftsängste der Zeitgenossen waren, weil sie weder heiratete noch eine klare Nachfolgeregelung traf. Herrschaft war im Unterschied zu heute personenzentriert und damit personenabhängig. Gleichzeitig wird aber auch deutlich, dass es eben nicht zu der prophezeiten Katastrophe kam, weil Elisabeth I. keinen offiziellen Nachfolger bestimmte, sondern dass ihr Neffe Jakob VI. von Schottland reibungslos den Thron besteigen konnte. Aus der Retroperspektive lässt sich leicht sagen, dass Sorgen und Ängste unbegründet waren, aber waren sie dies tatsächlich? Historiker wissen in mancher Hinsicht mehr als die Zeitgenossen, da sie das „Ende der Geschichte“ kennen, dennoch ist es ihre Aufgabe Situation

---

40 Im Gegensatz zum biologischen Geschlecht (sex) ist mit „gender“ das kulturelle, soziale bzw. sozial zugewiesene Geschlecht gemeint. Vgl. z.B. Stahr, Ingeborg, Frauen-Körper-Identität im Kontext gesellschaftlicher Modernisierung, in: Janshen, Doris (Hg.), Blickwechsel. Der neue Dialog zwischen Frauen- und Männerforschung, Frankfurt/Main 2000, 91.

41 So z.B. die Ausgabe 4/2006 von Zeit Geschichte: „Die Frauen und die Macht” oder die Ausgabe 9/2009 von Geo Magazin: „Wenn Frauen herrschen: Die Macht der Frauen“. Beide erschienen im Kontext der Bundestagswahlen 2005 bzw. 2009, als Angela Merkel zur ersten Bundeskanzlerin der Bundesrepublik Deutschland gewählt wurde.

aus ihrem spezifischen Kontext zu erklären. Bezieht man die englischen Rosenkriege, die aus konkurrierenden Thronansprüchen resultierten und die Wirrungen Heinrichs VIII. um einen männlichen Nachfolger mit ein – Ereignisse, die immer noch prägend wirkten – so erscheinen die Ängste der Elisabethaner gar nicht so unverständlich.

Desweiteren zählte die Frage der Religion zu den bestimmenden Problemen von Elisabeths I. Herrschaft. Mehr noch, der Glaube und Fragen der Religionspolitik spielten in fast alle Bereiche des politischen und gesellschaftlichen Lebens hinein: Hatte doch England unter Elisabeth I. dem Katholizismus den Rücken gekehrt und den Protestantismus wieder eingeführt. Dies hatte weitreichende Konsequenzen nicht nur für den Alltag der Menschen sondern auch für die diplomatischen Beziehungen mit anderen Reichen. Beispielsweise schränkte es die Wahl der Ehekandidaten deutlich ein; denn durfte eine protestantische Königin überhaupt einen Katholiken heiraten? Wenn ja, musste er dann nicht den Glauben Elisabeths annehmen, damit England nicht Gefahr lief, unter einem katholischen König rekatholisiert zu werden – aber welcher katholische Prinz war dazu bereit? Das Elisabethanische Zeitalter führt diese Verquickung von Politik und Religion deutlich vor Augen. Religion war omnipräsent und in vieler Hinsicht politikbestimmend, nicht nur bei der Wahl eines Ehemanns.

Gleichzeitig muss man sich aber auch fragen, inwiefern die Konfessionsfrage tatsächlich im Mittelpunkt des Interesses stand oder ob sie nicht auch instrumentalisiert wurde – beispielsweise um einen unbeliebten Ehekandidaten aus dem Rennen zu werfen; oder um Loyalität mittels eines identitätsstiftenden Feindbildes – die Katholiken – zu erzeugen.

Die Untersuchung solcher Fragen hilft den Blick zu schärfen, für das, was zwischen den Zeilen steht und vorgebliche Intentionen zu hinterfragen. Was bezweckten die Regierungsmitglieder mit einer antikatholischen Rhetorik? Entsprach sie ernsthafter Überzeugung oder war sie Mittel zum Zweck?

Die Komplexität historischer Ereignisse wird hier deutlich. Überall spielte die Religionsfrage hinein, aber wie entscheidend war sie? Wie entscheidend war das Geschlecht? Allein die Frage, warum Elisabeth trotz der großen Erwartungshaltung nicht geheiratet hat, löst heftige Debatten unter Historikern aus – eine klare Antwort gibt es letztlich nicht.[42] Deutlich wird jedoch, dass es viele verschiedene Faktoren gab, die eine Rolle spielten – das Problem der Konfession, die Uneinigkeit ihrer Berater, ihre persönlichen Wünsche – und wie sie zu gewichten sind, ist oft eine Frage der Interpretation.

---

42 Vgl. bzgl. der Debatte über die Gründe für Elisabeths Ehelosigkeit: Doran, Susan, Why did Elizabeth not marry?, in: Walker, Julia (Hg.), Dissing Elizabeth: Negative Representations of Gloriana, Durham/London 1998, 30-59.

Die Herrschaft Elisabeths I. ist sicherlich eine sehr faszinierende, weil vielschichtige Thematik, an der exemplarisch unter anderem die Komplexität historischer Prozesse und die Konstruktion und Bedeutung gesellschaftlicher Normen und Kategorien untersucht werden kann. Dennoch ist klar, dass eine Beschäftigung mit Elisabeth I. in Österreich gewisse Funktionen der Geschichte nicht ausüben kann. Sie dient nicht der Legitimation der Gegenwart und nicht der Identitätsbildung: weder auf nationaler noch auf regionaler Ebene. Elisabeth eignet sich nicht einmal als eine europäische Identifikationsfigur. Sie beherrschte kein europaumspannendes Reich, sie initiierte keinen europaweiten Frieden. Vielmehr führte sie über Jahrzehnte Krieg mit Spanien; unter ihr wurde England zur Seemacht und eroberte seine ersten Kolonien in der Neuen Welt. Für England wirkt Elisabeth auch heute noch identitätsbildend[43], aber nicht für Österreich und nicht für Europa.

Es sei denn man betrachtet eine solche Arbeit als eine andere Form Europa näher zusammen zubringen; nicht durch das Schaffen einer europäischen Identität sondern durch das Einanderkennenlernen, inklusive der nationalen Geschichten. Geschichte nicht länger national sondern europäisch oder global zu erforschen, heißt auch die Erforschung bestimmter Themen nicht an Nationalitäten zu knüpfen.

Dies kann auch inhaltlich sehr gewinnbringend sein, denn der Blick auf eine „fremde“ „National“geschichte eröffnet neue Perspektiven. Mit dem Wissen über die deutsche und österreichische Geschichte dieser Epoche können leichter Parallelen – oder Unterschiede – aufgedeckt werden, als dies ein britischer Forscher, der im britischen Universitätssystem wissenschaftlich sozialisiert wurde, tun könnte. Gleichzeitig wird in die deutsch-österreichische historische Debatte die englische Perspektive mit eingebracht. Wenn vorhin gesagt wurde, dass die eigene heutige Gesellschaft auch durch den Kontrast mit der Vergangenheit schärfer zu Tage tritt, so gilt dies ebenso für den räumlichen Vergleich.[44]

Geschichte als Forschungsobjekt nationalgeschichtlich denken verengt das Erkenntnispotential, das in einer globalen Welt möglich ist. Geschichte gehört niemanden, auch nicht den Nationen, die sie vielleicht zur Bildung eigener Identitäten heranziehen. Welch spannende Perspektiven könnte beispielsweise ein Koreaner auf die Reichsgeschichte werfen? Fremdheit muss kein Nachteil, sondern kann vielmehr Ursprung neuer Erkenntnis sein.

---

43 Vgl. Walker, Julia M., The Elizabethan Icon: 1603-2003, Basingstoke 2004. Dobson, Michael/Watson, Nicola J., England's Elizabeth: an Afterlife in Fame and Fantasy, Oxford/New York 2002.

44 Zum historischen Vergleich u.a. Cohen, Deborah/O'Connor, Maura (Hg.), Comparison and History: Europe in cross-national Perspective, New York/London 2004. Haupt, Heinz-Gerhard/ Kocka, Jürgen (Hg.), Geschichte und Vergleich: Ansätze und Ergebnisse international vergleichender Geschichtsschreibung, Frankfurt/Main 1996.

Ein Beispiel aus der Forschungspraxis zeigt dies sehr schön. Vergleicht man beispielsweise die Art und Weise, wie Elisabeth I. im Parlament von ihren Untertanen kritisiert wurde mit dem Widerstand der österreichischen Stände gegen ihren Landesherren Matthias von Österreich (1557-1619), so entdeckt man erstaunlich viele Gemeinsamkeiten – aber auch Unterschiede. Es wurde direkt an den Herrscher appelliert, die Schuld für Fehler wurde auf die Berater geschoben, es wurde offen gedroht. Es scheint also ein Repertoire an Formen der Kritik gegeben zu haben, das nicht nationalspezifisch war, sondern das allgemein als probat erachtet wurde, um einen Herrscher zu kritisieren. Gleichzeitig wird in diesem nur oberflächlichen Vergleich deutlich, dass gewisse Kritiktechniken situationsgebunden waren. So wurde Elisabeth I. sehr häufig für Dinge, die sie tun sollte, aber noch nicht getan hatte, gelobt, um auf diese Weise schmeichelnd Erwartungen und versteckte Kritik zu artikulieren. In den Reden der Ständevertreter vor Matthias findet sich dieses Phänomen nicht. Hierfür war das Verhältnis zwischen den beiden Parteien zu angespannt. Ein solcher Vergleich macht deutlich, wie wesentlich die jeweils spezifischen historischen Bedingungen für das Verhalten bzw. die Entwicklung im Einzelfall ist. Die Kritikmuster mögen die gleichen sein, der Kontext nicht. Ein internationaler Vergleich schärft also die eigene Analyse.

Schaut man nun in die Gegenwart so erkennt man, dass viele der Techniken, die die Elisabethanischen Parlamentarier verwendet haben, um ihre Königin zu kritisieren, heute noch genauso Anwendung finden.

Die Beschäftigung mit Elisabeth I. von England ist – auch wenn sie weder für Österreich noch für Europa identitätsstiftend wirkt – ein in seiner Komplexität sehr gewinnbringendes Thema, das der „Bildung durch Erweiterung der Erfahrungs- und Denkmöglichkeiten in Kontakt mit dem Anderen“[45] dient und Einblick die Dynamik historischer Ereignisse und Gesellschaften bietet. Gerade die Untersuchung in einem „fremden“ Land kann besonders gewinnbringend sein – sowohl für die Wahrnehmung der „eigenen“ als auch der „anderen“ Geschichte.

Oder um mit Kurt Tucholsky zu sprechen: Wer die Enge seiner Heimat und seiner Zeit ermessen will, studiere die Geschichte eines anderen Landes.

---

45 Kocka, Jürgen, Wozu der Aufwand? Ein Vortrag über Geschichte vor Nicht-Historikern, in: Jelich, Franz-Josef (Hg.), Geschichte als Last und Chance. Festschrift für Bernd Faulenbach, Essen 2003, 15-25, 19.

Sprache(n) und Bildung

Eva Martha Eckkrammer

1 Prolegomena allgemeiner Art

Die Anknüpfungspunkte zwischen Sprache(n) und der von Konrad Paul Liessmann extrapolierten Theorie der Unbildung sind vielfältig, denn bereits sein Text räumt der Sprache im Bildungsdiskurs viel Raum, wenn nicht sogar eine Schlüsselposition ein: Von der Erörterung des zentralen Stellenwertes der Sprache für das Denken in der Bildung im allgemeinen, über die Relevanz der Mutter- und Fremdsprachen im Bildungskanon bis zu kritisch-schaurigen Anmerkungen zur Internationalisierung des Wissenschaftsbetriebes und den damit einher schreitenden sprachlichen Umbrüchen. Jeder Punkt für sich wäre einen umfassenden Beitrag wert. Beschränkung tut folglich not.

Im Folgenden soll deshalb ausgehend von einigen semantischen Vorbemerkungen zum Bildungsbegriff auf die Beziehung zwischen Sprache, Sprachen und Bildung eingegangen werden. Im Anschluss gilt es anhand des ursprünglichen Modells der eigenen Disziplin – der Romanistik – aufzuzeigen, welche Rolle eine bildungsgeleitete Mehrsprachigkeit heute spielen könnte und welchen Mehrwert sie gegenüber aktuellen *English-only* Tendenzen beinhaltet. Zuletzt kommen wir zur Frage der Herausgeberin, ob und in welcher Form Bildung in aktuellen Strukturen überhaupt noch zu bewerkstelligen ist und welche Rolle dabei der Sprache im zuzumessen ist.

In der deutschen Sprache beinhaltet der Terminus Bildung eine Vielzahl von Semantiken: er bezieht sich sowohl auf den Prozess des sich Bildens als auch den Zustand des Gebildet-Seins. Auf der prozesshaften ersten Ebene schwingt damit die kontinuierliche, in der modernen Terminologie *lebenslange* Reflexion des eigenen Selbst, der Beziehungen zu anderen Menschen und zur Welt mit, d.h. ein kritisch hinterfragender Erkenntnisprozess, der den Menschen in seinen Kontext einbettet, ihn die Welt und sich selbst erkennen, verstehen und bestmöglich begreifen lässt. Bildung gilt als individuelles Unterfangen, das der Mensch an sich selbst durchzuführen vermag, um in den erstrebenswerten Zustand des Gebildet-Seins zu gelangen, ganz im Gegensatz zur Erziehung (lat. *EDUCATĬO, -ŌNIS*), welche begrifflich vorerst auf die Primärsozialisation referiert.

Diese gibt nicht zuletzt über den gesteuerten wie ungesteuerten Erwerb von Handlungskonventionen die für ein gewisses Maß an gesellschaftlicher Geborgenheit und Planungssicherheit notwendige Orientierungssicherheit und Plausibilität. Während jedoch Erziehung darauf abzielt, weitgehend normierte Konventionen zu erlernen, um ihnen zu folgen, ist es um die Normativität von Bildung anders bestellt. Denn Bildung als zutiefst individuelles Unterfangen, ist geprägt von den geistigen und faktischen Möglichkeiten des einzelnen Menschen, seinem individuellen Denken und Sprechen. Gleichzeitig repräsentiert sie einen gewachsenen kulturellen Wert. Die geschilderte begriffliche Dualität ist zweifellos mitverantwortlich für Problemstellen der aktuellen Bildungsdiskussion, denn in den romanischen Sprachen sowie im Englischen findet sich keine Parallele. Ein einziger Terminus (span. *educación,* frz. *éducation,* ital. *educazione,* engl. *education*) wird dazu benutzt, beide Ebenen – äußerst unvollständig – abzudecken. Dabei bleibt vor allem die intrinsische Motivation, welche das individuelle und übergeordnete Modell der Bildung beinhaltet, im Hintertreffen. Angrenzende Begrifflichkeiten wie etwa engl. *learning* („Erwerb von Wissen", „Bereifen") bzw. *literacy* („Erwerb von Kulturtechniken und der sichere Umgang damit") oder span./frz./ital. *formación/formation/formazione* („Ausbildung") lassen diese semantische Lücke ebenfalls unbedeckt. Der Begriff der Erziehung ist zwar gleichermaßen Prozess und Effekt, beinhaltet jedoch eine implizite Semantik der Doktrin in der Erziehung von Kindern und Jugendlichen. Als Nebenbedeutung entfaltet sich darüber hinaus jene des zivilisierten Umgangs, der Manieren. Der aus dem lat. *FORMATĬO, -ŌNIS* abgeleitete Begriff, der im Kern den Prozess und Effekt des Formens bzw. sich Formens auf ein bestimmtes Ziel hin, der uns etwa auch in militärischen und geologischen Fachbegriffen, z.B. *Gefechtsformation*, *Gesteinsformation*, entgegentritt, lässt wiederum die Urheberschaft des Prozesses vollkommen offen und wird im Deutschen zumeist mit „Ausbildung" gleichgesetzt (vgl. auch span. *formación profesional*). In der Humboldtschen Sichtweise von Bildung als der Formung des Menschen im Hinblick auf sein „Menschsein" ist diese Semantik immanent aber nicht vordergründig. Zudem hat der Ausbildungsbegriff auf konnotativer Ebene den Beigeschmack des institutionalisierten Unterrichts. Genau an diesem Punkt sind zahlreiche Missverständnisse der universitären Bildungsdiskussion angesiedelt, da wiederholt versucht wird Bildung gegen Ausbildung auszuspielen, wenngleich letztere eine Universität nach den Humboldtschen Idealen eben nicht zu leisten hat.

Schon im Zuge dieses knappen Vorspanns zeigt sich, dass die nicht-vorhandenen Äquivalente für den deutschen Terminus *Bildung* im Sinne von Selbstreflexion, Weltreflexion und Beziehungsreflexion in anderen Sprachen den Diskurs verkomplizieren und ein Mal mehr verdeutlichen, dass Vieles an der Sprachgrenze auf der Strecke bleibt. Umberto Eco hat diesen Umstand in seinem

Werk *Dire quasi la stessa cosa. Esperienze di traduzione*[1], das auch in einer ausgezeichneten deutschen Version von Burkhart Kroeber vorliegt[2], ein Mal mehr in die Diskussion gebracht. Die Komplexität eines zwischen den Kulturen eruierbaren gemeinsamen Nenners soll uns jedoch nicht davon abhalten, die Frage nach den generellen Bindegliedern zwischen Sprache(n) und Bildung zu stellen.

2 Zur Beziehung zwischen Sprache(n) und Bildung

Die Klammer im Titel dieses Kapitels evoziert bereits zwei unterschiedliche Sichtweisen, wobei in den folgenden Ausführungen stets auf natürliche Sprache, jene des Menschen, referiert wird. Denken wir bei Sprache und Bildung vorrangig an die Vermittlerfunktion der Sprache und damit primär jene der Mutter- oder Erstsprache, da Bildung weitgehend über sprachliche Mittel zum Individuum gelangt, so zielt die pluralische Lesart bereits auf eine Eruierung der Rolle verschiedener fremder Sprachen im Bildungsprozess sowie im Zustand des Gebildet-Seins ab.

Der weitgehend konsensuelle Ausgangspunkt der Vermittlerfunktion der menschlichen Sprache wurzelt in der Tatsache, dass Sprache in der Lage ist, detaillierte Strukturen und Abgrenzungen vorzunehmen und abzubilden. Die Versprachlichung von Information erlaubt nicht nur ihre Fixierung und Weitergabe, sondern gleichermaßen ihre Differenzierung und Ausfaltung selbst. Ohne Sprache kein Denken. Ohne Sprache keine Bildung. Ohne Sprache keine Wissenschaft.

Sprache als „Logos" wird mit Denken bereits seit der Antike zur Etablierung des Menschens als Vernunftwesen gleichgesetzt (von Aristoteles bis Saussure). In der Linguistik ist die Verbindung zwischen Sprechen und Denken seit den frühen Arbeiten zum kindlichen Spracherwerb evident, wobei zu Beginn ebenfalls davon ausgegangen wird, dass die Entwicklung von Sprache und Denken als einheitlicher Prozess abläuft. Heute ist diese Einheitlichkeitsthese weitgehend widerlegt, aber es bleibt weiterhin unbestritten, dass beide Leistungsbereiche sich in einer engen Wechselwirkung befinden und in ihrer Erforschung keinesfalls getrennt werden sollten, insbesondere wenn Sprache nicht auf rein grammatisch-strukturelle Faktoren reduziert wird, sondern als kommunikativ-pragmatische Entität, die auch Faktoren wie Prosodie, Intonation, Mimik, Gestik etc. einschließt.[3] Auch bei Lew Wygotski[4] sind Denken und Sprechen untrenn-

---

[1] Eco, Umberto, Dire quasi la stessa cosa. Esperienze di traduzione, Mailand 2003.

[2] Eco, Umberto, Quasi dasselbe mit anderen Worten. Über das Übersetzen, München, Wien 2006.

[3] Kegel, Gerd, Sprache und Sprechen des Kindes, Opladen 1987.

bar miteinander verbunden, da Kinder nur parallel zu einer intensiven Sprachentwicklung komplexere Denk- und Verstehensformen sowie Konzeptualisierungen ausbilden können, die ihnen erlauben in der Folge jene Konturen einer „Weltanschauung" zu entwickeln, welche die spätere Voraussetzung für die kognitive Verarbeitung von Schulunterricht bilden. Die dabei ausgebildeten geistigen Funktionen wandern dabei stets von der interpersonalen Ebene – d.h. der Interaktion mit anderen Menschen – auf die intrapersonale des Individuums. Für die Sprache bedeutet dies, dass Kinder in ihrer primären Phase der Bildung – etwa in der Kindertagesstätte oder im Kindergarten – nicht einfach sprachliche Einheiten, z.B. Wörter, übernehmen, sondern diese eigenständig in ihrer sozialen Einbettung verarbeiten, rekonstruieren und formen. Der Umgang mit Sprache ebnet somit den Weg zu höherwertigen intellektuellen Leistungen.

Die Entwicklung des Denkens und der Kognition als darin verankerter Verarbeitungsprozess referiert damit auf Sprache als kognitive Fähigkeit. Auf diesen Umstand hatten auch bereits Clara und William Stern in ihren Tagebuchstudien verwiesen[5], wobei gerade die sprachliche Entwicklung im Sinne von Intellektualisierung die kontinuierliche Ebene des Prozesses repräsentiert. Diese äußert sich in einer lexikalisch-semantischen Stabilisierung und Versachlichung, morpho-syntaktischen Ausfaltung und der mit diesen Entwicklungen einhergehenden Fähigkeit zur Abstraktion, bei der die Kinder wiederum nicht nur nachahmen, sondern selbst formend eingreifen. Auf der Ebene der Epochenfolge, welche sich aus – diachronisch gesehen – vergleichsweise stabilen Sprach- und Denkleistungen ergibt, sind hingegen Diskontinuitäten die Regel.

Dass beide Ebenen sich wechselseitig beeinflussen, liegt auf der Hand, wobei das Bindeglied hier der Begriff zu sein scheint. Hier ist freilich kein Alltagsbegriff gemeint, sondern ein definitorisch klarer Begriff. Gerade in der Schulzeit entwickeln Kinder und Jugendliche auf der Grundlage von Sprache Stück für Stück den echten, systematisch eingebetteten Begriff als sprachlich-kognitives Dispositiv zur Erfassung, Kategorisierung und Erklärung der Welt. Erst komplexe Begriffsysteme, die wir im Laufe einer Bildungsbiographie Stück für Stück erschließen, erlauben via Sprache den Zugang zum Verstehen im Sinne von In-Beziehung-Setzen von Mensch und Welt und bilden damit den Schlüssel zu höheren Reflexionsniveaus.

Es steht folglich außer Zweifel dass der kognitive Prozess, der die Umwandlung von Information in Wissen in den Köpfen der sich bildenden Individuen bewerkstelligt, mit Sprache operiert. Sie repräsentiert die Brücke, welche Wissensbildung erst ermöglicht, ist aber gleichzeitig auch eine zentrale Kultur- und Kommunikationstechnik sowie Instrument sozialen Handelns. Die Umset-

---

4 Wygotski, Lew S., Denken und Sprechen, Stuttgart 1971.

5 Stern, Clara/ William Stern, Kindersprache. Eine psychologische und sprachtheoretische Untersuchung, Leipzig 1922[3].

zung der Sprache in konventionalisierte Zeichensysteme und insbesondere Schrift hat die Entwicklung der Wissenschaften sowie den Weg in die moderne Wissensgesellschaft erst ermöglicht, da Gedankliches durch die „Sprache der Distanz“ festgehalten, asynchron übermittelt, konserviert, nachvollzogen und längerfristig rezipiert werden kann. Die zentralen Kulturtechniken basieren wiederum auf Sprache, so dass nur eine solide Sprachkenntnis deren Erwerb ermöglicht.

Grundlage jeglicher Bildung ist damit das subtile Beherrschen zumindest jener Sprache, in der die primäre Sozialisation des Individuums erfolgt (heute zumeist als Erstsprache und nicht mehr als Muttersprache bezeichnet). Bereits an dieser Stelle zeigen sich erste Problemfelder, da etwa gerade die Frage der Verwendung der Erstsprache im institutionalisierten Bildungsprozess für viele Individuen – insbesondere in postkolonialen oder Migrationskontexten – nur bedingt möglich ist. Der akademische Nachteil sowie die sozialen Folgen dieses „nicht in der Muttersprache lernen Könnens“ sind seit 1951 wohlbekannt.[6] Jedoch auch im täglichen Kontakt mit Bildungswilligen an der Hochschule zeigt sich, dass eine umfassende Durchdringung der Muttersprache kaum mehr als selbstverständliche Grundlage universitärer Bildung vorausgesetzt werden kann. Gerade in den philologischen Fächern entfaltet dieser Umstand zumeist besonders negative Virulenz, da der Erwerb und Zugriff auf andere – klassische wie moderne – Sprachen mit kognitiven Anforderungen verbunden ist, die sich nur auf der Grundlage einer soliden Beherrschung der Muttersprache bewerkstelligen lassen. Sind die Begriffe also schon in der Muttersprache nicht klar umrissen und konzeptionell eindeutig, so wird dies in der fremden Sprache noch unwahrscheinlicher.

Im siebten Kapitel seiner Theorie der Unbildung führt Konrad Paul Liessmann Friedrich Nietzsches Warnung vor fremden Sprachen ins Treffen, da diese das Gedächtnis mit Worten statt mit Gedanken füllten und den präzisen Umgang mit der Muttersprache konterkarierten. Die Abwendung von fremden Sprachen erlaube dadurch, so Nietzsche, nicht zuletzt die eigene zu höchsten Höhen zu entwickeln, wobei Griechen und Franzosen als Beweiskulturen herangezogen werden.[7] Dass dieser Gedankengang nicht aus der Mode gekommen ist, zeigt die Arbeit von Sabine Skudlik, die kritisch mit den Auswirkungen des Schreibens und Denkens in der Fremdsprache umgeht: „Geistiges Neuland kann nur erschlossen werden in einer Sprache, die man so gut wie die Muttersprache beherrscht. Ich würde sogar soweit gehen zu behaupten, dass neue Gedanken in

---

6 The Use of Vernacular Languages in Education: The Report of the UNESCO Meeting of Specialists 195, in: Fishman, Joshua (Hg.), Readings in the sociology of language. The Hague, Paris 1968, 688-716.

7 Liessmann, Konrad Paul, Theorie der Unbildung. Die Irrtümer der Wissensgesellschaft, München 2009[3].

der Muttersprache zu Ende gedacht werden müssen"[8], postuliert sie und verweist damit auf einen Problemkreis, der uns im dritten Abschnitt dieses Beitrags noch beschäftigen wird. Dass man sich den Luxus der Fremdsprachenverweigerung mit Ausnahme der Briten und Amerikaner heute kaum mehr leisten kann, liegt ebenso auf der Hand, wie der Umstand, dass ein Zusammentreffen mehrerer Sprachen im Kopf eines Individuums vor allem dann fruchtbringend ist, wenn die darin verankerten Sprachen in hohen Maßen durchdrungen und beherrscht werden. Gerade jene Phänomene, die wir in der Linguistik als Interferenzen, Entlehnungen oder Kodewechsel bezeichnen, sind letztendlich auch die Katalysatoren des Sprachwandels und dabei im positiven Sinn oftmals der Anstoß einer weiteren Ausfaltung sprachlicher Ausdrucksformen. Gerade das Englische, das nicht zuletzt aufgrund des Kontaktes mit dem Normandischen, seine expressive Breite entfaltet hat, kann als Beweis dafür herangezogen werden, dass die Koexistenz von Sprachen in einem Territorium den Reichtum derselben befördert. Sie tragen nicht nur zur Ausdifferenzierung der sprachlichen Ausdrucksmöglichkeiten bei, sondern ermöglichen überdies den betreffenden Sprachen oftmals erst jene breite Präsenz in allen Domänen des gesellschaftlichen Lebens, die ihnen nicht nur den Fortbestand, sondern auch eine kontinuierliche Entwicklung sichert.

Erfolgreiche Bildung fußt damit an erster Stelle in einer Durchdringung der Erstsprache, welche im Idealfall auch jene Sprache ist, die im Zuge der interpersonalen Aneignung von Sprache und Welt vom Elternhaus über den Kindergarten und die Schule eine stetige Präsenz aufweist. Ist dies nicht der Fall, so gilt es in der Sprache der gesellschaftlichen Sozialisation und Skolarisierung eine der Erstsprache möglichst ebenbürtige Kompetenz zu erwerben. Dass dieses Unterfangen mittlerweile die gesellschaftspolitische Agenda füllt, zeigen nicht zuletzt Forderungen nach vermehrtem bilingualem Unterricht in mehrsprachigen Gesellschaften (z.B. Peru) oder auch immer früher einsetzende Sprachscreenings in Einwanderungsgesellschaften. Die Stadt Mannheim mit ihrer integrationspolitischen Vorreiterrolle eignet sich hier als Beispiel, da Kindergartenkinder flächendeckend bereits zwei Jahre vor dem Schuleintritt vom sozialmedizinischem Dienst erstmals getestet werden, um sie gegebenenfalls bis zum Schuleintritt noch im Deutschen soweit zu fördern, dass nicht nur der berühmte *home-school-mismatch* (die Inkongruenz von familiärem Umfeld und Schule und alle daraus resultierenden Konflikte und Probleme) ausbleibt, sondern auch eine Lese- und Schreiberwerbsprozess mit den notwendigen Konzeptualisierungen in deutscher Sprache möglich werden. Dass die Mehrsprachigkeit dabei als Reichtum und nicht als Defekt zu sehen ist, liegt auf der Hand, so dass der Aufruf zur Schul-

---

8 Skudlik, Sabine, Sprachen in den Wissenschaften. Deutsch und Englisch in der internationalen Kommunikation, Tübingen 1990, 228.

einschreibung in Mannheim schon im Sinne der Eltern nach wie vor in sieben Sprachen erfolgt.

Bis hierher zeichnet sich ab, dass im Zuge der Sichtung der Rolle von Sprachen in der Bildung zu Beginn die Valorisierung der Erstsprachen sowie die Heranführung an die Sprache der schulischen Sozialisation steht.

Dass es jedoch auch um die muttersprachlichen Fähigkeiten von Bildungswilligen nicht besonders gut bestellt ist, resultiert nicht zuletzt aus unzähligen Bildungsreformen unter dem Vorzeichen der curricularen Entrümpelung, die stellenweise (vor allem in Österreich) dazu geführt haben, dass in vielen Lehrplänen selbst im fortgeschrittenen Deutschunterricht die Grammatik als obsolet und entbehrlich ausgeblendet wurde. Das Schreiben umfangreicherer, komplexer Textsorten, zur Erschließung der ihnen inne wohnenenden konventionalisierten Vertextungsmustern, mutiert parallel dazu zu einem didaktisch weitgehend verschmähten Bereich schulischer Bildung.[9] Damit fällt – nach der Marginalisierung des Griechischen – eine wichtige Bastion in der Bildung, die nicht nur zu einer detaillierteren Durchdringung der Muttersprache führte, sondern gleichermaßen zu strukturiertem Denken und Sprechen anregte. Bleibt nur der Lateinunterricht als allerletztes Bollwerk. Man mag zu diesem Fach jeweils eine besondere Beziehung pflegen, es mit großer oder relativ geringer Hingabe belegt haben, auffällig erscheint vor allem die mit stetig penetranterer Virulenz gestellte Frage nach dem Nutzwert dieses Faches.[10] Wer würde es wagen, den fortgeschrittenen Mathematikunterricht unter Verweis auf Supercomputer oder gar den Musik- oder Kunstunterricht hinsichtlich ihres Nutzwertes ähnlich zu hinterfragen. Letztgenannte Fächer rechnet man schlichtweg und unumstritten zu den zentralen Kulturtechniken, die es zu erwerben gilt, um den Geist zu schulen, ihn auf andere Ebenen der Reflexion hinzuweisen und zu selbständigen (kreativen) Leistungen anzuregen.

Für den Umgang mit Sprache, die – wie wir zuvor zu verdeutlichen getrachtet haben – im Zentrum jeglicher höherer Geistesleistungen steht, bedeutet der Lateinunterricht unstrittig einen Gewinn. Die Transferleistungen sind nicht nur beim Erwerb und der Verarbeitung romanischer Sprachen erheblich. Das Lateinische eröffnet, so die Befürworter, einen schärferen Blick im Umgang mit sprachlichen Strukturen im allgemeinen. Es ermöglicht im Verstehensprozess und in der individuellen Annäherung an die Welt einen Vorteil, da es geradezu zu strukturiertem Denken zwinge. Friedrich Maier schlägt dabei als Idealvorstellung eine solide Mehrsprachigkeit vor, die in klassischen Sprachen fußt, wobei das Lateinische dabei zudem die Rolle des „Fahrstuhls zu den Wurzeln Eu-

---

9 Feilke, Helmuth/Portmann, Paul R. (Hg.), Schreiben im Umbruch. Schreibforschung und schulisches Schreiben, Stuttgart u.a. 1996.

10 Maier, Friedrich, Warum Latein? Zehn gute Gründe, Stuttgart 2008.

ropas" übernimmt, indem es fächerübergreifend eine Brücke in die Geschichte errichtet. Erst eine solche historische Anbindung erlaube es dann zeitgenössische Konzepte umfassend zu erschließen, z.B. die Ideen- und Begriffsgeschichte Europas.[11]

Damit bleibt das Lateinische ein Kernpunkt vernetzter Bildungsambitionen, nicht zuletzt, da es auf einer dritten Ebene neben den sprachlichen Transferleistungen und der fächerübergreifenden, kulturgeschichtlichen Anbindung auch ein Hinführen zu verstehenstechnisch relevanten Fähigkeiten erlaubt; etwa zu jener des punktgenauen Beobachtens, des geduldigen Sezierens von Strukturen, der beharrlichen Analyse und Durchdringung und nicht zuletzt des Übertragens und logischen Zusammenfügens semantischer Einheiten. All dies zu Vermögen scheint als Schlüssel zur Bildung unabdingbar. Die Abschaffung des Lateins wird damit zum Paradigma der Nivellierung nach unten, der Unbildung, da sie Erschließungsmöglichkeiten von Wissen verbarrikadiert. Nicht zuletzt erschwert, wie bereits kurz angesprochen, das Herauskippen der klassischen Sprachen aus dem Bildungskanon den Erwerb der hochgepriesenen modernen Fremdsprachen. Diese ermöglichen, so die weitgehend konsensuelle Meinung, den Zugang zur Welt an sich als auch zu anderen Welten – im Sinne von Kulturen. Nur wer die fremde Sprache spricht, hat auch die Chance die Kultur zu verstehen und mit ihr intensiv in Kontakt zu treten oder auch unter Verwendung einer *lingua franca* an einem interkulturellen Dialog teilzunehmen.

Europa als mehrsprachiger Raum, dessen Mehrsprachigkeit sich nicht nur in der sprachlichen Vielfalt, sondern vor allem in den spezifischen Denkstrukturen und Identitätsmustern niederschlägt[12], gilt dabei stets als Musterbeispiel. Jedoch ist es um die gelebte Mehrsprachigkeit in Europa vielerorts schwach bestellt, da sich Großbritannien etwa nach wie vor kaum vom Ideal des dreisprachigen Europäers, wie es die EU seit bald einer Dekade propagiert, ködern lässt. Auch anderenorts wird *Globalesisch* – d.h. English in seinen unterschiedlichen Ausprägungen als global genutzte Zweit-, Dritt- oder Viertsprache – der Sprache des hinter dem nächsten Dorf beginnenden Kantons (mitunter unterstützt durch die jeweiligen schulischen Curricula) vorgezogen, oder auch jener Sprache, welche angestammte Bevölkerungsschichten der jeweiligen Region seit Jahrhunderten sprechen. Baskisch und Bretonisch als vorrömische Sprachen, aber auch Okzitanisch oder Franco-Provenzalisch können in dieser Hinsicht etwa für Frankreich ins Treffen geführt werden, ein Land, das sich bis heute beharrlich weigert die

---

11 Vgl. ebd.

12 Nies, Fritz (Hg.), Europa denkt mehrsprachig. exemplarisch: deutsche und französische Kulturwissenschaften. L'Europe pense en plusieurs langues exemplaires. Les Sciences de l'Homme en France et en Allemagne, Tübingen 2005.

Europäische Charta zum Schutze der Regional- und Minderheitensprachen[13] zu ratifizieren.

Die prinzipielle Bereitschaft der Europäer zur Poly-Glossie versucht man freilich auch über institutionalisierte Wege zu fördern, wenngleich es auch hier mitunter schwer ist, dem Zeitgeist des *English-Only* zu trotzen. Dennoch beinhaltet Bildung nach wie vor das Erlernen fremder Sprachen – und punktuell auch das Erschließen der betreffenden Kulturen, etwa im Rahmen eines gelungenen schulischen Fremdsprachenunterrichts. Das angestammte Ideal gymnasialer Prägung liegt auf der Hand und lautet: Latein (oder Griechisch) plus zwei weitere lebende Fremdsprachen. Dass ein solches Mehrsprachigkeitsideal auch anderenorts zunehmend ins Wanken gerät und von innen heraus korrodiert, soll ein Einblick in die eigene Disziplin vor Augen führen.

3 Romanistik als mehrsprachiges Bildungsmodell – quo vadis?

Der Gegenstandsbereich der Romanistik sind – seit deren wissenschaftlicher Begründung durch Friedrich Diez in der ersten Hälfte des 19. Jahrhunderts – die rund um den Globus verankerten romanischen Sprachen, Kulturen und Literaturen sowie verwandte Sprachen (z.B. Kreolsprachen mit romanischem Wortmaterial) in ihrer Diachronie und Synchronie. Die Romanistik konstituiert sich von Beginn an als vergleichendes und damit polyglottes Fach. Somit galt ein Individuum als romanistisch gebildet und versiert, das in mindestens zwei romanischen Sprachen sattelfest, d.h. sprach-, literatur- und kulturwissenschaftlich ausgewiesen, und darüber hinaus noch in anderen – mitunter kleineren romanischen Sprachen und Kulturen (z.B. Katalanisch, Galizisch, Okzitanisch, Sardisch, Ladinisch) – kundig war. Idealiter beherrschte ein wissenschaftlich aktiver Romanist oder eine Romanistin damit koiné-artig mehrere große und kleine romanische Sprachen, um nicht zuletzt mit KollegInnen aus dem betreffenden Kulturraum einen regen Austausch auf Augenhöhe zu pflegen. Die quasi automatische Mitlieferung kultureller Wissensbestände, die im Idealfall *in situ* erworben oder zumindest abgeglichen wurden, verstand sich von selbst. Hans Goebl hat diese urromanistische Geisteshaltung in seiner Definition von Romanistik im Zuge des kürzlichen Aufschreis treffend als „eine von einer tiefen *persönlichen Empathie* zu den romanischen Ländern, Kulturen und Sprachen getragene akademische Tätigkeit“ festgehalten, die „neben genuin *wissenschaftlichen* Erträgen auch solche *völkerverbindender* Natur im Sinne eines intellektuellen Brücken-

[13] Die Charta zielt vor allem auf den Erhalt der sprachlichen Vielfalt Europas ab. Von den etwa 225 in Europa gesprochenen Sprachen sind vor allem Minderheitensprachen vom Aussterben bedroht. Die Charta trat in Deutschland am 1.01.1999 in Kraft.

schlags generiert“[14]. Dass dieses Modell in einem neuhumanistischen Bildungsideal deutschsprachiger Prägung fußt, das Mitte des 19. Jahrhunderts implementiert wurde, liegt auf der Hand. Auf diese Weise fristet die Romanistik als dezidiert mehrsprachiges und vergleichendes Fach auch nur in deutschsprachigen Ländern (Deutschland, Österreich, Schweiz) ein prominentes Dasein im universitären Fächerkanon. Selbst in der Romania ist die vergleichende Herangehensweise der Romanistik ein seltenes Unterfangen. Es dominieren die Nationalphilologien, welche abseits der Übersetzungswissenschaft nicht der Sprachvergleich oder etwa die Sorge um die kleinen Vertreter der Sprachfamilie eint, sondern die detaillierte Beschäftigung mit jeweils einer Sprache, Kultur und deren literarischer Artefakte. Einend wirkt jedoch der Umstand, dass dem Erwerb sprachlichen Wissens als Mittel zum Zweck in der Philologie großer Raum beigemessen wird. Denn gerade im Spracherwerb braucht es – allen bunten Versprechungen eines pulsgetakteten „Superlearnings“ zum Trotz – die vielbeschriebene Muße. Das Gehirn benötigt Zeit, um die Strukturen zu verdauen und anzuwenden. Worin „Sprachausbildung“ sich erschöpft, wenn sie keinen Raum lässt für Bildung im klassischen, humanistischen Sinn lässt, ist unschwer zu erschließen. Es sind jedoch nicht die immer knapper werdenden curricularen Zeitressourcen, welche die Romanistik ins Wanken bringen, sondern es scheint vielmehr die von Liessmann angesprochene einende Kraft des Hasses auf die traditionelle Idee von Bildung auch in der Romanistik Platz zu greifen. Gerade die Virulenz, mit der im Laufe der letzten Dekade die Sprachkombinationspflicht in vielen romanistischen Studiengängen gekappt wurde, gibt zu denken. Dass der Romanistik dadurch ihre polyglotte Dimension abhanden kommt, schien in der Argumentation kaum von Bedeutung. Hinzu gesellen sich neuerdings deutliche Tendenzen einer Entvernakularisierung[15] der wissenschaftlichen Produkte des Fachs, welche ebenfalls zentralen Errungenschaften der modernen Wissenschaften, nämlich für jedermann sprachlich zugänglich zu sein, entgegen laufen. Hans Goebl konstatiert angesichts der erhobenen Befunde zum Fortschreiten des *English-Only* in der Romanistik konsterniert zwei *obliviones* – zwei in Vergessenheit geratene Dinge – die gerade für geisteswissenschaftliche Fächer fatale Folgen nach sich ziehen können, da sie die Kontinuität

---

14 Goebl, Hans, English only und die Romanistik – ein Aufschrei, in: Hartmut Schröder/Ursula Bock (Hg.), Semiotische Weltmodelle. Festschrift für E.Höfner zum 65. Geburtstag, Münster 2009, 190.

15 Unter Entvernakularisierung ist der regressive Prozess zur Vernakularisierung zu verstehen, welche ab dem Mittelalter dazu geführt hat, dass die Volkssprachen, auch Vernakularsprachen, in jene soziokommunikativen Domänen vordrangen, die bis dahin vor allem der lateinischen Sprache reserviert waren, z.B. Wissenschaft, Religion. Werden die betreffenden Domänen in zunehmenden Maßen wieder von einer einzigen *lingua franca*, heute dem Englischen, abgedeckt, geht die Errungenschaft der breiteren Zugänglichkeit von Wissen im Zuge einer Entvernakularisierung wieder verloren.

der Fächer wie auch deren *Memoria* nachhaltig beschädigten. Die *oblivio linguistica* als Sprachverlust käme damit einem Vergessen von Kultur- und Wissensgütern gleich, das sich derzeit schon im Zuge des Ignorierens nicht Englisch verfasster Beiträge in verschiedenen Disziplinen äußert. Mit Blick auf das Rating-Fieber bei wissenschaftlichen Periodika sowie das zunehmende Ignorieren nicht anglophoner Schriften in geisteswissenschaftlichen Fächern, scheinen die ersten Schritte schon getan. Die aus der unzureichenden Lösung zur Langzeitspeicherung digitalen Datenmaterials resultierende *oblivio informatica* bewirke dann lediglich den Rest. Dennoch: auch ich verwende punktuell das Englische in Vorträgen und Artikeln, wenn es der Forschungskontext und die damit befassten Fachkollegenschaft als sinnvolle *lingua franca* gebieten. Dies kommt jedoch keinesfalls einer unterwürfigen Anpassung an das *English-only*-Diktat gleich. Denn das Faszinosum des Faches ist und bleibt in meinen Augen die empathiegeleitete Überschreitung der Sprachgrenze im alltäglichen romanistischen Wissenschaftsdiskurs. Dass eine Frage selbstverständlich in einer romanischen Sprache gestellt und in einer anderen beantwortet wird, scheint mir eine erhaltenswerte Partikularität des Faches, die man ebenso wenig kampflos aufgeben sollte wie die Einbindung unterschiedlichster wissenschaftlicher Meta- und Objektsprachen. Freilich bedarf es enormer Energie eine ganze Reihe von Sprachen halbwegs auf Stand zu halten, aber mit Blick auf die daraus resultierenden Vergleichs- und Erkenntnismöglichkeiten nimmt man diese Bürde gerne auf sich. Können jedoch auch romanistische Inhalte in hybriden Studiengängen, z.B. Kultur und Wirtschaft oder Kultur und Gesellschaft, jenen „Moment der Freiheit gegenüber den Diktaten des Zeitgeists“ bieten, den Liessmann einfordert, um Bildung zuzulassen. Ich denke es ist möglich, wenn sich die Universitäten auf diesem Sektor nicht ausspielen lassen und den Fokus auch weiterhin auf Bildung, daher eine umfassende sprachlich-kulturelle Vertiefung, und nicht auf Ausbildung legen und sich weiterhin nicht dem Nachweisdiktat der Gebrauchsfähigkeit des Studiums beugen. Bleibt die Zweckfreiheit der Inhalte (sprachwissenschaftlichen) Lehrveranstaltungen bestehen, so kann eine umfassende Durchdringungen der Welt im Rahmen einer sprachbasierten Entfaltung des individuellen Potentials durchaus in der heutigen Bildungslandschaft noch stattfinden. In diesem Moment wird vielleicht auch der kontrastive Blick wieder so weit geschärft, dass uns beim Schreiben in der Fremdsprache – ob es sich bei dieser um das Englische, Französische, Spanische, Italienische, Portugiesische oder Kreolische handelt – die Partikularitäten des an die Erstsprache geketteten intellektuellen Stils[16] bewusst werden. Dadurch ließe sich auch die Polyphonie

---

16 Galtung, Johan, Struktur, Kultur und intellektueller Stil, in: Wierlacher, Alois (Hg.), Das Fremde und das Eigene, München 1985, 151-196.

der nicht muttersprachlichen akademischen Schreibprodukte positiv rezipieren[17] und möglicherweise zumindest in den Geisteswissenschaften eine *memoria*-trächtige Lese- und Schreibkontinuität in einzelnen Vernakularsprachen erzielen. Gerade deshalb erscheint die gute alte Romanistik heute moderner als je zuvor, ihr Konzept entspricht allen Forderungen gelebter Mehrsprachigkeit. Bleibt nur die Frage, ob die derzeitigen Erosionserscheinungen zielsicher in die von Goebl evozierten *obliviones* münden, oder sich der Succus der Disziplin ohne größere Verluste in die globalisierte Wissensgesellschaft hinüber retten lässt.

4 Bildung und Sprache(n): ein vorläufiges Fazit

Welche Form der Bildung letztendlich gegenwärtig an Schulen und Universitäten, die zeitgleich auch als Lehrerbildungsstätten fungieren, noch möglich ist, muss damit ob allen Gegenwinds und verschiedenster Unwidrigkeiten zwischen Schüleranimation, Eventvorlesung und Studiengangsmodularisierungen an die Fächer delegiert werden. Aber auch hier brechen so manche Ideale weg. Auf dem 2009 abgehaltenen Bonner Romanistentag wurde etwa ein Stimmungsbild zur Beibehaltung obligatorischer Lateinkenntnisse (zumindest für Lehramtsstudiengänge) unter den Mitgliedern des Romanistenverbandes erhoben, das äußerst ambivalent ausfiel. Der Gegenwind scheint dabei einerseits aus einer Fragmentarisierung der Bildungsbiographien zu resultieren, da die Curricula an Sekundarschulen im deutschsprachigen Raum immer weniger Verbindliches voraussetzen lassen und damit jegliche universitäre Eingangshürde konterkarieren. Andererseits wurde auch eine mit Bologna einherschreitende gesteigerte Kompetivität sichtbar. Universitäten und Studiengänge konkurrieren zunehmend miteinander. Wer keine Studierenden hat, kann zusperren. Viele Studierende ist aber keinesfalls gleichzusetzen mit höchstem Niveau, da die Entscheidungen für einen Studienplatz/-ort oder Fachbereich unter dem zeitlichen Druck der modularisierten BA- und MA-Studiengänge mitunter auch entlang von Aufwandsminimierungsstrategien meandern.

Meine Beobachtungen sollen sich jedoch im Ausklang nicht in einem allgemeinen Lamento oder einem banalen Plädoyer für die Beibehaltung des Lateinunterrichts erschöpfen. Die aktuellen Zahlen hierzu erscheinen zumindest in Deutschland derzeit nicht besorgniserregend. Vielmehr gilt es zur Frage zurückzukehren, inwieweit Bildung im Sinne des Humboldtschen Ideals überhaupt noch möglich und auch zielführend ist für eine globalisierte Ökonomie, in der ein neuer Mitarbeiter oder eine Mitarbeiterin schon innerhalb weniger Monate

---

[17] Reuter, Ewald, Wissenschaftliches Schreiben im Umbruch. Über einige Folgen der Globalisierung in den Fremdsprachenphilologien, in: Info DaF 30/4, 2003, 323-334.

sich selbst finanzieren muss und sich deshalb tunlichst ohne Zeit- und Reibungsverluste teamfähig, flexibel und kommunikationsgewandt in den neuen Arbeitskontext einzufügen hat (oder zumindest vorgibt dies zu tun). Auch in der Arbeitswelt bleibt selten ausreichend Zeit zum Erkennen, Verstehen oder Begreifen. Denn dieses soll bereits zuvor an den Bildungsinstitutionen Platz gegriffen haben. Glücklicherweise beobachten wir, dass selbst in modularisierten bolognakonformen Studiengängen zumeist aus individueller Motivation von Studierenden, die gestärkt von Elternhäusern und privaten Umgebungen, welche Bildung und Ausbildung sehr wohl zu trennen vermögen, ein Studium mit Ecken und Kanten möglich wird, ein Studium das Raum zur Selbst- und Weltreflexion lässt und damit auch der Sprache die Chance gibt sich mit dem Denken weiterzuentwickeln. In diesem Fall ist auch im Spracherwerb das notwendige Sickern und Setzen von Sprache – im Idealfall durch sekundäre Sozialisierungsphasen im fremdsprachigen Ausland – möglich oder auch die vergleichende Reflexion mit anderen Idiomen, die freiwillig teilweise außerhalb des Curriculums erlernt werden. Nicht selten erstarre ich in Verwunderung ob der Kreativität der Studierenden dies alles unter den Hut modularisierter Studiengänge zu packen. Fast möchte man hier von Bildungsresilienz sprechen, von der individuellen Fähigkeit allem bildungpolitischen Gegenwind trotzend an den bestehenden Institutionen dennoch Bildung zu erwirken. Den Lehrenden bleibt nichts Anderes als in der Erkenntnis der zu Beginn des zweiten Abschnitts dargelegten Funktion von Sprache als Schlüssel zum Denken und zur Welt, Bildungswege zu fördern und auch einzufordern, welche der Ausfaltung und dem Erwerb muttersprachlicher wie fremdsprachlicher Fähigkeiten den notwendigen Raum zumessen. Selbst die Ökonomen sind sich des zentralen Wertes der Sprache in der globalisierten Wissensgesellschaft bewusst. Bleibt lediglich die uns allen anheim stehende Aufgabe, die verschiedenen uns herkunftsmäßig und fachlich anempfohlenen Sprachen in all ihren Registern zu erhalten und zu pflegen. Nur dann wird komplexes (wissenschaftliches) Schreiben und Sprechen in deutscher, französischer, spanischer oder italienischer Sprache in hundert Jahren überhaupt noch möglich sein und das Tor zur Bildung durch das Denken in den jeweiligen Sprachen weiterhin offen stehen.

Welt-Gewandtheit
Charakteristika interkultureller Bildung

Franz Gmainer-Pranzl

In seiner radikalen – wenn auch süffisant-ironisch vorgetragenen – Kritik an den „Irrtümern der Wissensgesellschaft" rekurriert Konrad Paul Liessmann an einer zentralen Stelle seiner Überlegungen auf den Bildungsbegriff Wilhelm von Humboldts (1767-1835), der eine „Verknüpfung unsres Ichs mit der Welt"[1] besagt. Dieser Gedanke ergibt sich für Humboldt aus einer Einsicht in die grundsätzliche Lebensaufgabe jedes Menschen, die er in folgender Weise beschreibt: „Die letzte Aufgabe unsres Daseyns: dem Begriff der Menschheit in unsrer Person, sowohl während der Zeit unsres Lebens, als auch noch über dasselbe hinaus, durch die Spuren des lebendigen Wirkens, die wir zurücklassen, einen so grossen Inhalt, als möglich, zu verschaffen, diese Aufgabe löst sich allein durch die Verknüpfung unsres Ichs mit der Welt zu der allgemeinsten, regesten und freiesten Wechselwirkung. Diess allein ist nun auch der eigentliche Massstab zur Beurtheilung der Bearbeitung jedes Zweiges menschlicher Erkenntniss."[2] Die Fähigkeit der Verknüpfung des verstehen wollenden Subjekts mit der „Mannigfaltigkeit"[3] der Welt macht für Wilhelm von Humboldt jene Kernkompetenz von *Bildung* aus, die Konrad Paul Liessmann als „verstehende Aneignung der Grundlagen unserer Kultur"[4] vorstellt. Humboldt sei, so Liessmann, deshalb „das Feindbild aller Bildungsreformer"[5], weil er die menschliche Diskursfähigkeit nicht von den Leitprinzipien effizienter und strategischer Information her begreife, sondern als nicht zweckorientiertes, intellektuelles Vermögen, „die aufgefassten Ideen zu verarbeiten durch Vergleichung, Verknüpfung und

---

1 Humboldt, Wilhelm von, Theorie der Bildung des Menschen. Bruchstück, in: Flitner, Andreas und Giel, Klaus (Hg.), Wilhelm von Humboldt, Werke in fünf Bänden, Band I: Schriften zur Anthropologie und Geschichte, Darmstadt 1960, 234-240, 236.

2 Ebd. 235f.

3 Ebd. 239.

4 Liessmann, Konrad Paul, Theorie der Unbildung. Die Irrtümer der Wissensgesellschaft, Wien 2006, 21.

5 Ebd. 55.

Trennung"[6]. Bildung sei deshalb nicht Wissensakkumulation oder -selektion, sondern „Fähigkeit zu einer reflexiven Distanz"[7], wie Liessmann polemisch gegen die „Bildungsreformer" der Gegenwart betont[8]. Wissen aber „ist mehr als Information. Wissen erlaubt es nicht nur, aus einer Fülle von Daten jene herauszufiltern, die Informationswert haben, Wissen ist überhaupt eine Form der Durchdringung der Welt: erkennen, verstehen, begreifen."[9]

Geht ein solcher Generalangriff auf gegenwärtige Entwicklungen im Bildungsbereich, der sich kompromisslos am Humboldtschen Ideal „humanistischer Bildung" orientiert[10], nicht völlig an der Herausforderungen vorbei, die sich aus den Ansprüchen einer an Flexibilität und Effizienz orientierten Wirtschaft und einer pluralen, ausdifferenzierten und hochmobilen Gesellschaft ergeben? Ist Liessmanns Rückbezug auf die Humboldtsche Universitätsidee mit deren Vorstellung von „Einsamkeit" und „Freiheit" als Prinzipien wissenschaftlicher Arbeit[11] nicht einem hoffnungslos überholten Paradigma von Lehre und Forschung

---

6 Humboldt, Wilhelm von, Über Religion, in: Werke, Band I (Anm. 1), 1-32; 14. – In diesem interessanten religionsphilosophischen Beitrag lässt Wilhelm von Humboldt in seinen Überlegungen zur „Einbildungskraft" einen alten, wohl an der platonischen Vorstellung von *Erleuchtung* orientierten Wortsinn von „Bildung" zur Geltung kommen: Bildung hat mit der Fähigkeit zu tun, „sinnliche Vorstellungen mit aussersinnlichen Ideen zu verknüpfen", also in sinnlichen Eindrücken „gewisse Allgemeinheiten zu bemerken" (ebd. 10). Dies ist nur möglich, weil „unsinnliche Gegenstände" sinnlich dargestellt werden „durch Bilder" (ebd.). Bildung meint also Prägung durch ein Leitbild: „Ausbildung und Verfeinerung muss das bloss sinnliche Gefühl erhalten durch das Aesthetische" (ebd. 12). Von dieser sehr grundsätzlichen Vorstellung von „bildender Kunst" her erläutert Humboldt schließlich, was er mit „Bildung" meint: „Wir bilden den Künstler, indem wir sein Auge an den Meisterwerken der Kunst üben, seine Einbildungskraft mit den schönen Gestalten der Produkte des Althertums nähren. Eben so muss der sittliche Mensch gebildet werden durch das Anschauen hoher moralischer Vollkommenheit, im Leben durch Umgang, und durch zwekmässiges Studium der Geschichte, endlich durch das Anschauen der höchsten idealischen Vollkommenheit im Bilde der Gottheit" (ebd. 25).

7 Liessmann (Anm. 4), 174.

8 „Was die Bildungsreformer aller Richtungen eint, ist ihr Hass auf die traditionelle Idee von Bildung. Dass Menschen ein zweckfreies, zusammenhängendes, inhaltlich an den Traditionen der großen Kulturen ausgerichtetes Wissen aufweisen können, das sie nicht nur befähigt, einen Charakter zu bilden, sondern ihnen auch ein Moment von Freiheit gegenüber den Diktaten des Zeitgeists gewährt, ist ihnen offenbar ein Gräuel" (ebd. 52f.).

9 Ebd. 29.

10 „Humanistische Bildung – und eine andere gibt es nicht […]" (ebd. 57).

11 Vgl. Humboldt, Wilhelm von, Über die innere und äussere Organisation der höheren wissenschaftlichen Anstalten in Berlin, in: Flitner, Andreas und Giel, Klaus (Hg.), Wilhelm von Humboldt, Werke in fünf Bänden, Band IV: Schriften zur Politik und zum Bildungswesen, Darmstadt 1964, 255-266; 255.

verpflichtet, das eher als Kontemplation denn als Innovation erscheint?[12] Besteht denn der Sinn von Bildung heute nicht gerade darin, in einer von tief greifenden Veränderungen betroffenen, kulturell vielgestaltigen und wirtschaftlich globalisierten Lebenswelt zu einem offenen, flexiblen und anpassungsfähigen Denken zu befähigen? Muss Lernen in der gegenwärtigen Weltgesellschaft nicht in hohem Maß *„interkulturelle Bildung“* sein?

Ja, zweifellos: Bildungsprozesse können in einer globalisierten Welt nicht ohne ein Mindestmaß an *interkultureller Kompetenz* erfolgen. Die Fähigkeit, den vertrauten Lebens- und Denkkontext als partikuläre kulturelle und gesellschaftliche Wirklichkeit wahrzunehmen, vernetzt zu denken und zugleich Differenzen zwischen verschiedenen „Welten“ zu beachten, ist seit geraumer Zeit zu einem zentralen Bildungspostulat geworden: Bildung an Grund- und Mittelschulen, an Fachhochschulen und Universitäten *muss* interkulturelle Kompetenz vermitteln[13]. Doch was heißt das? Bedeutet „interkulturelle Bildung“ etwa den Abschied von jeglichem Grundlagendenken und das Einüben interdisziplinären und internationalen Managements? Hat im Zeitalter interkultureller Kommunikation die hehre Vorstellung Humboldtscher Bildung endgültig abgedankt, um einer neuen Form von Kompetenztrainings und Wissenspolitik Platz zu machen?

Eine solche Vorstellung mag sich manchmal nahe legen, geht aber am Anspruch interkultureller Bildung vorbei. Schließlich geht es hier um ein Kommunikationsvermögen[14], das – um nochmals Liessmanns Humboldt-Zitat zu gebrauchen – in der „Verknüpfung unsres Ichs mit der Welt zu der allgemeinsten, regesten und freiesten Wechselwirkung“[15] besteht. Menschen nehmen ein reflexives Verhältnis zur Welt ein und versuchen, in der konkret erfahrenen Komplexität allgemeine Zusammenhänge zu erkennen, in Verbindung zum eigenen Denken und Handeln zu bringen und anderen weiterzuvermitteln – eine Heraus-

---

12 Vgl. die von Liessmann angeführte Etymologie von „Schule“ als „Innehalten in der Arbeit“, als „Ort der Muße, der Konzentration, der Kontemplation“ (Theorie der Unbildung [Anm. 4], 62).

13 Vgl. Mecheril, Paul, Einführung in die Migrationspädagogik, Weinheim und Basel 2004, 133-175; Abdallah-Pretceille, Martine, Lehrer(fort)bildung und die Herausforderung kultureller Verschiedenheit, in: Nicklas, Hans u. a. (Hg.), Interkulturell denken und handeln. Theoretische Grundlagen und gesellschaftliche Praxis, Frankfurt 2006, 176-180; Gogolin, Ingrid und Krüger-Potratz, Marianne, Einführung in die Interkulturelle Pädagogik (Einführungstexte Erziehungswissenschaft, Band 9 [UTB 8246]), Opladen & Farmington Hills 2006, 135-193; Auernheimer, Georg, Einführung in die Interkulturelle Pädagogik, Darmstadt ^{5}2007, 119-157; Herzog, Walter und Makarova, Elena, Interkulturelle Pädagogik, in: Straub, Jürgen u. a. (Hg.), Handbuch interkulturelle Kommunikation und Kompetenz. Grundbegriffe – Theorien – Anwendungsfelder, Stuttgart 2007, 261-272.

14 Vgl. Straub, Jürgen, Kompetenz, in: Handbuch interkulturelle Kommunikation und Kompetenz (Anm. 13), 35-46; Bolten, Jürgen, Interkulturelle Kompetenz, Erfurt 2007.

15 Liessmann, Konrad Paul, Theorie der Unbildung (Anm. 4), 55.

forderung, die eben gerade in interkulturellen Erfahrungsräumen von entscheidender Bedeutung ist. Interkulturelle Bildung lässt sich also durchaus als „Verknüpfung" begreifen, die dem Einzelnen die Auseinandersetzung mit „Wechselwirkungen" im globalen Horizont zumutet: „Die Globalisierung stellt uns vor eine gigantische Bildungsaufgabe"[16], lautete ein Kernsatz in einem Leitartikel des Südwind-Magazins vor einigen Jahren. Genau dieser Aufgabe widmet sich interkulturelle Bildung, die sich nicht als Ablöse „klassischer" Wissens- und Bildungskonzepte versteht, sondern als deren konsequente Fortführung im Kontext unaufhebbarer Pluralität kultureller Lebensfelder. Auch nehmen Ansätze interkultureller Bildung für sich kein Monopol zur Erklärung gegenwärtiger Entwicklungen der Welt in Anspruch; sie verstehen sich vielmehr als Ausdruck einer neuen Aufmerksamkeit auf jene Übergänge, die kulturell bestimmte Grenzen markieren und zugleich als Chance und Krise in Erscheinung treten: als Chance zu einer neuen Qualität von Bildung, aber auch als Krise des Verstehens, der Kommunikation und der sozialen Interaktion.

Diesen eigentümlichen Grenzen zwischen kulturellen Erfahrungsräumen, die eine bestimmte Form von Bildung provozieren, gehen die folgenden Überlegungen nach. Sie erkunden (1) Interkulturalität als das „Zwischen des Diskurses", also gewissermaßen den „Raum" interkultureller Bildung, unterscheiden (2) in Bildungsprozessen vier Momente, die als spezifisch interkulturelle Lernerfahrung gelten können, und formulieren (3) das, was „interkulturelle Bildung" meint, als politisch relevante Aufgabe.

1. Interkulturalität: das *Zwischen* des Diskurses

Lern- und Bildungsprozesse zielen in jedem Fall darauf ab, Menschen *diskursfähig* zu machen, ihnen also die Verstrickung in Vorurteile, die Abhängigkeit von Autoritäten, den Plausibilitätsdruck sozialer Zugehörigkeiten und die Vereinnahmung durch unreflektiert vorausgesetzte Traditionen bewusst zu machen und sie vielleicht ein Stück weit daraus zu befreien. Es geht wesentlich um die *Bildung* eines (selbst-)kritischen und kommunikativen Denkvermögens, das die „Selbstverständlichkeiten" *eigener* Überzeugungen im Licht *anderer* Denk- und Lebensformen reflektieren kann. Der Prozess einer solchen Auseinandersetzung sollte nicht von Stimmungen, Machtverhältnissen oder strategischen Kalkülen abhängen, sondern als *Diskurs* erfolgen, das heißt als eine „durch Argumentation gekennzeichnete Form der Kommunikation"[17]. Jürgen Habermas hat das

---

16 Kirchner, Irmgard, Wenn man die Welt nicht mehr versteht, in: Südwind-Magazin 27 (2006), Heft 3, 3.

17 Habermas, Jürgen, Wahrheitstheorien, in: Ders., Vorstudien und Ergänzungen zur Theorie des kommunikativen Handelns (stw 1176), Frankfurt 1995, 127-183; 130.

Gelingen eines solchen Diskurses bekanntlich von vier gleichursprünglichen Geltungsansprüchen abhängig gemacht: (1) von der *Verständlichkeit* als Bedingung jeglicher Kommunikation, (2) von der *Wahrhaftigkeit* als nichtdiskursivem Geltungsanspruch, (3) von der *Wahrheit* als diskursiv einlösbarem Geltungsanspruch, der in Aussagen erhoben wird, und (4) von der *Richtigkeit* als diskursiv einlösbarem Geltungsanspruch von Handlungsnormen. Die Logik eines Diskurses kommt „nur in Form eines argumentativ erzielten Konsensus“[18] zur Geltung, dessen formale Eigenschaften eine „ideale Sprechsituation“[19] ausmachen. Das „Ideale“ dieser Sprechsituation, die in jeglichem Diskurs als „unvermeidliche, reziprok vorgenommene Unterstellung“[20] vorausgesetzt wird, besteht in vier Bedingungen: Alle möglichen Teilnehmer eines Diskurses müssen die gleiche Chance haben, (1) in Kommunikation einzutreten sowie (2) auf die von ihnen oder anderen erhobenen Geltungsansprüche kritisch eingehen zu können. Sie müssen weiters die gleiche Chance haben, (3) als Handelnde „ihre Einstellungen, Gefühle und Wünsche zum Ausdruck zu bringen“[21], und (4) regulative Sprechakte vollständig reziprok zu tätigen.

Kommunikation und Argumentation – also jene diskursiven Prozesse, zu denen *gebildete* Menschen befähigt sind – haben somit von Grund auf mit der Öffnung des Eigenen auf die Ansprüche der Anderen hin zu tun: „Verständigungsprozesse zielen auf einen Konsens, der auf der intersubjektiven Anerkennung von Geltungsansprüchen beruht. Diese wiederum können von den Kommunikationsteilnehmern reziprok erhoben und grundsätzlich kritisiert werden.“[22] Diskurse gelingen, wie dies Habermas später nennen wird, nur durch die „Einbeziehung des Anderen“, vor allem des gesellschaftlich und *kulturell* Anderen. Auf diese Weise wird die spezifische Kompetenz kommunikativen Handelns deutlich: das, was als „wahr“ zu gelten hat, ist in der Auseinandersetzung mit prinzipiell *allen* Teilnehmern eines Verständigungsprozesses zu finden. Diskursfähig ist, wer die Perspektiven anderer einbeziehen kann; *gebildet* ist, wer sich „zwischen“ den unterschiedlichen Lebensfeldern und Diskursformationen bewegen kann und angesichts vielfacher Differenzen Konsensfähigkeit erzielen kann, auch wenn dies nicht in jedem Fall gelingt. Genau diese Kompetenz aber, andere Perspektiven einnehmen zu können und den eigenen Standpunkt als *einen* „Ort“ im Zwischenraum unterschiedlicher Denk- und Lebensformen wahrnehmen zu können, gehört zum Kernbereich einer „*interkulturellen Einstel-*

---

18 Ebd. 161.

19 Ebd. 174.

20 Ebd. 180.

21 Ebd. 178.

22 Habermas, Jürgen, Theorie des kommunikativen Handelns, Band 1: Handlungsrationalität und gesellschaftliche Rationalisierung (es 1502. Neue Folge, Band 502), Frankfurt 1988, 196.

lung". Die Bezeichnung „interkulturell" zielt nicht auf einen anderen, „exotischen" Bereich des Lebens und Denkens, der „am Rand des Normalen" liegt und eine „spezielle Perspektive" verlangt, sondern versteht sich gewissermaßen als Adverb: Interkulturell denken und handeln bedeutet, sich im „Zwischen" von Lebens- und Diskursformen so zu bewegen, dass keine einzelne Perspektive prinzipiell als „eigentliche" oder „zentrale" vorausgesetzt wird (auch wenn dies historisch und biographisch-faktisch in gewisser Weise immer der Fall ist). Die so genannte „interkulturelle Perspektive" ist, wie dies Ram Adhar Mall herausarbeitet, „selbst nicht wiederum eine zusätzliche Perspektive; sie ist die Einsicht, Erkenntnis, Anerkenntnis, eine Einstellung, dass keine Perspektive *die* Perspektive ist"[23].

Damit ist bereits eine wichtige Voraussetzung zum Verständnis interkultureller Bildung gewonnen: Im Horizont von *Interkulturalität* bedeutet „Bildung" nicht das Ansammeln von Informationen „über" andere kulturelle Kontexte, sondern die Fähigkeit, Vorstellungen, Traditionen, Werturteile usw. im spannungsreichen „Zwischenraum" kultureller Deutungszusammenhänge zu reflektieren. Als Einstellung besagt „Interkulturalität" eine (selbst-)kritische Art und Weise des Denkens, „die alle kulturellen Prägungen der einen *philosophia perennis* wie ein Schatten begleitet und verhindert, dass diese sich verabsolutieren"[24]. Interkulturelle Bildung will vor allem eine hermeneutische Distanz zum „Eigenen" und eine Kompetenz zur Einbeziehung der „Anderen" fördern, ohne selbst von einem *fundamentum inconcussum* auszugehen[25]. Deshalb ist die Vorsilbe „*inter-*" entscheidend: Interkulturelle Philosophie[26] versteht sich als „Den-

---

23 Mall, Ram Adhar, Tradition und Rationalität: Eine interkulturelle philosophische Perspektive, in: Bickmann, Claudia u. a. (Hg.), Tradition und Traditionsbruch zwischen Skepsis und Dogmatik. Interkulturelle philosophische Perspektiven (SIP 16), Amsterdam-New York 2006, 19-48; 21.

24 Mall, Ram Adhar, Universalität und Partikularität der Philosophie. Eine interkulturelle Perspektive, in: Yousefi, Hamid Reza und Fischer, Klaus (Hg.), Wege zur Philosophie. Grundlagen der Interkulturalität, Nordhausen 2006, 147-173; 166. – Der Begriff „*philosophia perennis*" darf in diesem Zusammenhang nicht hypostasiert werden: er meint nicht eine historische Gestalt „eigentlicher" Philosophie, sondern Philosophie als Menschheitsprojekt.

25 „Wem die interkulturell orientierte Einstellung fehlt, der mag über eine fremde Kultur noch so gut informiert sein, er kann aber die notwendige Distanz zu der eigenen Tradition nicht besitzen" (Mall, Ram Adhar, Das Konzept einer interkulturellen Philosophie, in: polylog. Zeitschrift für interkulturelles Philosophieren, Nr. 1 [1998], 54-69; 61).

26 Sachlich korrekt müsste von „Philosophieren interkulturell" gesprochen werden, weil es nicht um eine Gestalt von Philosophie, sondern um die Tätigkeit von *Philosophieren* geht, und Interkulturalität keinen Gegenstandsbereich und auch keine Eigenschaft meint, sondern die „Kinetik" des Philosophierens, die am besten durch ein *Adverb* zum Ausdruck kommt.

ken, das sich in einem interkulturellen Zwischenraum bewegt"[27], sich also nicht etwa nur auf den westlich-abendländischen Kulturraum festlegen lässt, und darüber hinaus eine „philosophische Auseinandersetzung mit dem Raum des Interkulturellen"[28] betreibt. „Philosophie interkulturell" und „Philosophie der Interkulturalität" – so die beiden, von Andreas Cesana hervorgehobenen Momente interkulturellen Philosophierens – bilden die erkenntnistheoretische und -praktische Vorgabe interkultureller Bildung, die weder die Plausibilität *einer* kulturellen Tradition auf alle anderen überträgt noch eine abstrakte Allgemeinheit „hinter" allen Kulturen anstrebt, aber auch nicht eine beziehungslose Pluralität von Kulturen als bloßes Faktum hinnimmt. Das „*inter*-" macht die Weltgewandtheit interkultureller Philosophie und Bildung aus. Deshalb treffen weder die Begriffe „Multikulturalität" (als Realisierung faktischer Pluralität) noch „Transkulturalität" (als Suche nach Identität in der Pluralität) die Aufgabe, die sich für Bildungsprozesse im Horizont von „Interkulturalität" stellt[29]. Wenn nämlich „Interkulturalität", so die Studie von Jürgen Bolten, nicht als „soziale Struktur" zu verstehen ist, sondern als „Prozess, der sich im Wesentlichen auf die Dynamik des Zusammenlebens von Mitgliedern unterschiedlicher Lebenswelten auf ihre Beziehungen zueinander und ihre Interaktionen untereinander bezieht"[30], dann besteht die Grundlogik interkultureller Bildung in der Entfaltung jener relationalen Kompetenz, die sich im „Zwischen" der Kulturen bewährt; sie ist „kein Resultat, sondern ein Prozess"[31].

Von daher versteht sich „interkulturelles Lernen" nicht als „Spaziergang" von einer Kultur zur anderen – als eine Art Exkurs, der die Langeweile der eigenen Identität mit einigen „exotischen Ausflügen" zu anderen Lebenswelten auflockert –, sondern als spannungsreichen, mitunter dramatischen Prozess der Auseinandersetzung mit den Sinnstrukturen und Orientierungsmustern anderer Welten, die zu *denken* geben[32]. Wenn diese interkulturelle Grunddisposition jeg-

---

27 Cesana, Andreas, Prozesse der Pluralisierung im Zeitalter der Globalisierung, in: Scheidgen, Hermann u. a. (Hg.), Philosophie, Gesellschaft und Bildung in Zeiten der Globalisierung (SIP 15), Amsterdam-New York 2005, 49-65; 52.

28 Ebd.

29 „Die Universalisierungstendenz der Vorsilbe ‚trans …', die sich den kulturellen Gestalten der Philosophie verweigert, endet im Leeren, weil die trans-philosophische Bestimmung das ‚Zwischen' im Voraus festlegt. Die Vorsilbe ‚inter …' ist frei von diesen Mängeln, weil sie sich als ein im Gespräch, im Diskurs stattzufindendes Erlebnis eines Zwischen versteht, wenn sich philosophische Fragen und Lösungsansätze im Vergleich der weltphilosophischen Traditionen begegnen" (Mall, Ram Adhar, Universalität [Anm. 24], 151).

30 Bolten, Jürgen, Interkulturelle Kompetenz (Anm. 14), 22.

31 Braun, Ina und Scheidgen, Hermann-Josef (Hg.), Interkulturalität – Wozu? Hamid Reza Yousefi und Peter Gerdsen im Gespräch, Nordhausen 2008, 15 [Zitat von H. R. Yousefi].

32 Aus diesem Grund wird hier – angesichts der gebräuchlichen Bezeichnung „*globales* Lernen" – bewusst von „*interkulturellem* Lernen" bzw. von „*interkultureller* Bildung"

lichen Denkens ernst genommen wird[33], kann Philosophie[34] gar nicht anders als interkulturell betrieben werden. Der „intercultural turn"[35] der Philosophie mag zwar erst in jüngerer Zeit bewusst vollzogen worden sein; als unausweichliche Herausforderung menschlicher Vernunft, die sich in der gegenwärtigen Welt zu orientieren versucht, stellt er jedoch einen inneren Anspruch an relevante Bildungsformen dar. Ist Interkulturalität also „kein akzidentelles, sondern ein *inhärentes* Moment philosophischen Denkens"[36], dann hat interkulturelle Bildung mit einer Kompetenz zu tun, die mit den Grundlagen menschlicher Weltgestaltung zusammenhängt.

2. Interkulturelle Bildungsprozesse: die „Wiedergewinnung" der Welt

Das *Zwischen* der Diskurse lebensweltlicher Kontexte ist der „Ort" interkultureller Bildung. Wer einen Bildungsprozess aufnimmt, der *interkulturell* verläuft, setzt die eigene (kulturelle) *Identität* der *Alterität* von Lebens- und Interpretationstraditionen, der *Pluralität* einer nicht zu „bewältigenden" Komplexität von Welten sowie der *Exteriorität* irritierender Ansprüche aus, die die Vertrautheit des Eigenen mit dem Außen des Anderen/Vielen/Fremden konfrontieren. Interkulturelle Bildung lässt nicht selten die „eigene Welt" untergehen, um sie von „anderen Welten" her wiederzugewinnen, und zwar umfassender, als sie vorher war. Erst das Aufgeben von gewohnten Geltungsansprüchen eröffnet Perspektiven des Universalen – so ließe sich die Grammatik interkultureller Bildung in Anlehnung an Husserls berühmten Schluss seiner *Cartesianischen Meditationen*

---

gesprochen, um zu verdeutlichen, dass „das Globale" nicht einfach ein Objekt unseres Verstehens ist, sondern ein spannungsreicher Raum des „Zwischen" von sozial, ökonomisch, politisch und kulturell geprägten Lebenskontexten. – Zweifellos kommt den Ansätzen „globalen Lernens" eine entscheidende Rolle in gegenwärtigen Bildungsprozessen zu; vgl. Hartmeyer, Helmuth, Die Welt in Erfahrung bringen. Globales Lernen in Österreich: Entwicklung, Entfaltung, Entgrenzung (Erziehungswissenschaft und Weltgesellschaft, Band 2), Frankfurt-London 2007. Eine der Schlussthesen von Hartmeyer lautet: „Globales Lernen wäre somit auch nicht theoretisches Lernen *über* die Welt, sondern bringt mit sich die Herausforderung, Raum und Zeit für konkrete Lernerfahrungen *in* der Welt zu schaffen" (ebd. 282).

33 Franz Wimmer nennt sie das „Dilemma der Kulturalität jeder Philosophie" (Wimmer, Franz Martin, Interkulturelle Philosophie. Eine Einführung [UTB 2470], Wien 2004, 9).

34 Hier nicht als akademische Fachdisziplin verstanden, sondern als menschliche Diskurs- und Kommunikationsfähigkeit insgesamt.

35 Stenger, Georg, Philosophie der Interkulturalität. Erfahrung und Welten. Eine phänomenologische Studie, Freiburg-München 2006, 45.

36 Girndt, Helmut, Jenseits von dogmatischer Selbstbehauptung und kritischer Reflexion. Überlegungen zum Thema: Was ist interkulturelle Philosophie und wie ist sie möglich?, in: Bickmann, Claudia u. a. (Hg.); Tradition und Traditionsbruch (Anm. 23), 167-178; 171).

charakterisieren: „Man muss erst die Welt durch *epoché* verlieren, um sie in universaler Selbstbesinnung wiederzugewinnen."[37] Die Metapher der „Wiedergewinnung der Welt" soll im Folgenden dazu anleiten, die Herausforderung interkultureller Bildung im Spannungsfeld von Identität, Alterität, Pluralität und Exteriorität zu umschreiben.

2.1 Reduktion von Identität: *kritische* Kompetenz

Interkulturelle Begegnungen sind stets Begegnungen zwischen *Identitäten*, zwischen unterschiedlichen Selbstverständnissen kultureller Kollektive, die sich intellektuell und symbolisch, politisch und ethisch artikulieren. Eine kulturelle Identität bildet „etwas intern Universelles, die jeweilige Einheit der Form aller Lebensäußerungen einer Gruppe von Menschen"[38], die von der internen Universalität einer anderen Gruppe abgegrenzt wird. So wichtig eine solche Identität für die Orientierung von Einzelnen und sozialen Gruppen in einer hochdifferenzierten Gesellschaft ist, so sehr besteht die Gefahr, eigenen und fremden „Kulturen" totale Identitäten zuzuschreiben. Amartya Sen hat vor dieser Tendenz, die sich überall auf der Welt findet, mit dem Hinweis auf drohende „Identitätsfallen" gewarnt. Die Falle, in die kulturelle Selbst- und Fremdverständnisse geraten können, besteht in der Absolutheit der Zuschreibung einer politischen, ethnischen, kulturellen oder religiösen Identität. Ablehnung, Diskriminierung und Gewalt beruhen oft „auf der Illusion einer einzigartigen Identität, zu der es keine Alternative gibt"[39], so Sen. Wenn übersehen wird, „dass die zwingende Kraft und Bedeutung bestimmter Identitäten mit ihrer unausweichlichen Verschiedenheit eine Sache unserer freien *Wahl* ist"[40] – und kein Naturgesetz –, und „dass Identitäten entschieden plural sind und dass die Wichtigkeit einer Identität nicht die Wichtigkeit anderer zunichte machen muss"[41], verliert die Begegnung mit Menschen aus anderen Kulturen jenen Charakter bedrohlicher Konkurrenz, der oft als „Identitätsverlust" beschworen wird, sich aber als Konstruktion von Identitäten erweist. Die Angst vor dem „Anderen" oder „Fremden" kann dazu führen, das Bild einer kulturellen Gegenwirklichkeit zu erzeugen, die in ihrer Totalität tatsächlich als verunsichernd, ja furchteinflößend gesehen wird. Interkultureller Bildung kommt in diesem Zusammenhang die Aufgabe zu, die „Illu-

---

37 Husserl, Edmund, Cartesianische Meditationen. Eine Einleitung in die Phänomenologie, in: Hua I, Haag [2]1963, 41-183; 183.

38 Wimmer, Franz Martin, Thesen, Bedingungen und Aufgaben interkulturell orientierter Philosophie, in: polylog. Zeitschrift für interkulturelles Philosophieren, Nr. 1 (1998) 5-12; 8.

39 Sen, Amartya, Die Identitätsfalle. Warum es keinen Krieg der Kulturen gibt, München 2007, 11.

40 Ebd. 20.

41 Ebd. 34.

sion der Schicksalhaftigkeit der Kultur"[42] durch einen nüchternen Blick auf die Vielfalt und auch Widersprüchlichkeit innerhalb der eigenen und fremden Lebenswelten zu entlarven und einen aufkeimenden *clash of cultures* zu deeskalieren. Das heißt: Interkulturelle Bildung ist darum bemüht, Menschen aus einem illusionären Verständnis „totaler Identität" zu befreien und sie zu befähigen, die Dynamik gegenseitiger Zuschreibungen, die Naivität eigener Vorverständnisse und den Projektionscharakter kultureller Bilder, die sich Menschen von jeweils anderen machen, zu durchschauen. Erfordert ist eine *Reduktion von Identität* – eine Rückbeziehung des eigenen Selbstverständnisses auf die soziale Lebenswirklichkeit, deren Komplexität und Relationalität man nicht durch schwarzweiße Identitätsmuster gerecht werden kann.

Das Grundmotiv für eine solche „Reduktion von Identität" findet sich in Husserls Verständnis „phänomenologischer Reduktion", das er in seinen *Ideen* breit entwickelte. Husserl spricht in seinen Überlegungen, die er als „allgemeine Einführung in die reine Phänomenologie" versteht, von einem „natürlichen Dahinleben"[43], das konstituiert ist durch die „Generalthesis der natürlichen Einstellung"[44], deren Unbefangenheit und „Selbstverständlichkeit" Husserl so charakterisiert: „‚Die' Welt ist als Wirklichkeit immer da, sie ist höchstens hier oder dort ‚anders', als ich vermeinte, das oder jenes ist aus ihr unter den Titeln ‚Schein', ‚Halluzination' u. dgl. sozusagen herauszustreichen, aus ihr, die – im Sinne der Generalthesis – immer daseiende Welt ist."[45] Anliegen einer phänomenologischen Besinnung, also eines Rückgangs auf die Konstitution von Erkenntnis, von Sinn- und Bedeutungsgebung sowie von handlungsleitenden Prinzipien, ist es nun, diese „natürliche Einstellung" *radikal* zu ändern. Dies geschieht nicht durch den Zweifel an einzelnen Denkvoraussetzungen, nicht durch eine Umwandlung der „natürlichen Thesis" in eine „Antithesis"[46] und auch nicht durch die Preisgabe eigener Überzeugungen, sondern durch eine „Ausschaltung" der geltenden „Generalthesis", das heißt: Wir setzen „sie gleichsam ‚außer Aktion', wir ‚schalten sie aus', wir ‚klammern sie ein'"[47]. Gemeint ist mit dieser „Ausschaltung", die Husserl im Rückgriff auf einen Begriff der antiken Skepsis als „*epoché*,"[48] bezeichnete,

---

42 Ebd. 122.

43 Husserl, Edmund, Ideen zu einer reinen Phänomenologie und phänomenologischen Philosophie (Hua III/1), Haag 1950, 60.

44 Ebd. 63.

45 Ebd.

46 Ebd. 65.

47 Ebd.

48 Ebd. 66. – Vgl. Hossenfelder, Malte, Epoché I., in: Ritter, Joachim und Gründer, Karlfried (Hg.), Historisches Wörterbuch der Philosophie, Band 2, Darmstadt 1982, 594-595; *epoché*, meint „ursprünglich das ‚Innehalten' mit der Suche nach der Wahrheit" (ebd. 594). – Eine interessante und bildungstheoretisch inspirierende Weiterführung des

keine psychologische Beeinflussung, sondern eine „Urteilsenthaltung“[49], die jene Ansprüche, denen sich der Mensch oft ungefragt unterwirft, „einklammert“, und von jenen Geltungen, die sich als „selbstverständlich“, ja „absolut“ geben, „keinen Gebrauch“[50] macht. Es geht um das Erlernen einer „neuen Einstellung“, die gegenüber der früheren – „natürlichen“ – Einstellung *reduziert* ist, das heißt, die bisher „geltende Wirklichkeit“ dahingestellt sein lässt[51].

Der Lernprozess einer solchen „Reduktion der eigenen Weltgeltung“, der Enthaltung von Urteilen, die unhinterfragten Identitätszuschreibungen entspringen, ist ein schmerzlicher und ungeheuer anspruchsvoller. Genau diese Einübung in die „Habitualität beständig vollzogener und fortdauernd geübter transzendentaler Reduktion“[52] aber ist eine Grundvoraussetzung interkultureller Bildung, die das eigene – ungefragt vorausgesetzte und unveränderlich bleibende – Selbstverständnis nicht bloß mit Wissen „über andere Kulturen“ erweitern will, sondern durch die Begegnung mit anderen kulturellen Lebenswirklichkeiten – die immer auch „Interpretationswelten“[53] und eine differente „*Sinnbestimmtheit* des Menschen“[54] darstellen – lernt, sich der zu einem erkenntnistheoretischen Habitus gewordenen „Natürlichkeit“ eigener Geltungsan-

---

epoché,-Gedankens entwickelt Oskar Dangl in seinen Überlegungen zur *skeptischen Pädagogik*. Demnach wird nicht grundsätzlich auf Geltungs- und Wahrheitsansprüche verzichtet, aber auf einen „Gewissheitsanspruch als Metaurteil über Wahrheitsbehauptungen“ (Dangl, Oskar, Entwicklung und Selbstverständnis skeptischer Pädagogik [Europäische Hochschulschriften, Reihe XI: Pädagogik, Band 826), Frankfurt 2001, 28). Von daher könnte „die Einsicht in die Begrenztheit unseres Wissens und Könnens als Sinn der Bildung erläutert werden“ (ebd. 137) und die „Gewissheitsabstinenz skeptischer Pädagogik“ (ebd. 183) als Prinzip eines Bildungsprozesses vorausgesetzt werden, der nicht naiv jener Voreingenommenheit verfällt, die Husserl „Generalthesis der natürlichen Einstellung“ genannt hatte.

49 Husserl, Edmund, Ideen zu einer reinen Phänomenologie (Anm. 43), 66.

50 Ebd. 68.

51 „In der natürlichen Einstellung vollziehen wir schlechthin all die Akte, durch welche die Welt für uns da ist. Wir leben naiv im Wahrnehmen und Erfahren, in diesen aktuell thetischen Akten, in denen uns Dingeinheiten und Realitäten jeder Art erscheinen, und nicht nur erscheinen, sondern im Charakter des ‚vorhanden', des ‚wirklich' gegeben sind [...]. In der phänomenologischen Einstellung unterbinden wir in prinzipieller Allgemeinheit den Vollzug aller solcher kogitativen Thesen, d. h. die vollzogenen ‚klammern wir ein', für die neuen Forschungen ‚machen wir diese Thesen nicht mit'; statt in ihnen zu leben, sie zu vollziehen, vollziehen wir auf sie gerichtete Akte der Reflexion [...]“ (ebd. 119).

52 Ströker, Elisabeth, Husserls transzendentale Phänomenologie, Frankfurt 1987, 70. – Ströker differenziert angesichts mancher Begriffsverwirrungen zwischen *Reduktion* als „Maßnahme“ und *Epoché* als „Einstellung“ (ebd., Fn. 70).

53 Göller, Thomas, Kulturverstehen. Grundprobleme einer epistemologischen Theorie der Kulturalität und kulturellen Erkenntnis, Würzburg 2000, 251.

54 Ebd. 272.

sprüche zu enthalten. Interkulturelle Bildung könnte in diesem Sinn als produktive Auseinandersetzung mit jener Krise verstanden werden, die als „Kulturschock" bezeichnet wird[55] und letztlich die Chance bietet, eine *kritische Kompetenz* der Skepsis gegenüber geltenden kulturellen Identitäten zu entwickeln. Eine solche „Reduktion" meint schließlich nicht eine Demütigung kulturellen Bewusstseins, wie dies in kolonialen Kontexten erfolgte, sondern eine innere Freiheit gegenüber allem, was sich als „kulturelle Selbstverständlichkeit" aufdrängt, angefangen von leicht zu durchschauenden Formen von Arroganz und Machtbewusstsein bis hin zu subtilen Mechanismen kultureller Dominanz und Assimilierung. Es gilt zu lernen, was Georg Stenger in die bemerkenswerte Formulierung brachte: „Vertrautheit ist Arbeit am Fremden, ist Gewinn, nicht Ausgangspunkt seiner selbst."[56] Wenn interkulturelle Bildung dazu beiträgt, die eigene Identität von anderen Kulturen her neu zu begreifen, ist ein grundlegender Schritt getan.

2.2 Akzeptanz von Alterität: *heterotopische* Kompetenz

Interkulturelle Bildung löst eine intensive Auseinandersetzung mit der *eigenen* Identität aus. Die „Anderen" kommen zum eigenen Selbstverständnis nicht einfach dazu, sondern tragen wesentlich dazu bei, das „Eigene" überhaupt erst zu finden. Deshalb ist ein verantworteter und (selbst-)kritischer Umgang mit Identitätsbehauptungen eine Grundvoraussetzung interkulturellen Lernens. Eine der scharfsinnigsten Auseinandersetzungen mit dem Problem identifzierenden Denkens lieferte bekanntlich Theodor W. Adorno: „Identität ist die Urform von Ideologie"[57], lautet ein Kernsatz seiner Kritik. Identifikation als Denkvollzug ist sowohl assimilierende Gewalt als auch paradoxe Dialektik, weil jenes, das „identifiziert" wird, in seiner *Identität* gerade nicht wahrgenommen wird[58]. Kri-

---

55 Vgl. die Phänomenologie des Kulturschocks bei Bracht, Elke, Multikulturell leben lernen. Psychologische Bedingungen universalen Denkens und Handelns, Heidelberg 1994, 88-97; Cohen-Emerique, Margalit, Der Kulturschock als Weiterbildungsmethode und als Forschungsinstrument, in: Nicklas, Hans u. a. (Hg.), Interkulturell denken und handeln (Anm. 13), 317-327.

56 Stenger, Georg, Philosophie der Interkulturalität (Anm. 35), 360.

57 Adorno, Theodor W., Negative Dialektik (stw 113), Frankfurt [5]1988, 151.

58 „Insgeheim ist Nichtidentität das Telos der Identifikation, das an ihr zu Rettende; der Fehler des traditionellen Denkens, dass es die Identität für sein Ziel hält. Die Kraft, die den Schein von Identität sprengt, ist die des Denkens selber: die Anwendung seines ‚Das ist' erschüttert seine gleichwohl unabdingbare Form. Dialektisch ist Erkenntnis des Nichtidentischen auch darin, dass gerade sie, mehr und anders als das Identitätsdenken, identifiziert. Sie will sagen, was etwas sei, während das Identitätsdenken sagt, worunter etwas fällt, wovon es Exemplar ist oder Repräsentant, was es also nicht selbst ist. Identitätsdenken entfernt sich von der Identität seines Gegenstandes um so weiter, je rücksichtsloser es ihm auf den Leib rückt" (ebd. 152).

tische, erneuerte Philosophie aber löst das Moment der Nichtidentität nicht affirmativ auf: „Traditionelle Philosophie wähnt, das Unähnliche zu erkennen, indem sie es sich ähnlich macht, während sie damit eigentlich nur sich selbst erkennt. Idee einer veränderten wäre es, des Ähnlichen innezuwerden, indem sie es als das ihr Unähnliche bestimmt."[59] Gegen die geläufige Erkenntnistheorie und -praxis, „unähnliche" Kulturen durch „Verähnlichung" begreifen zu wollen – was oft nur die Assimilierung Anderer an die eigene Erkenntnis bedeutet –, ist interkulturelle Bildung vom Anspruch des *Nichtidentischen* betroffen und dazu herausgefordert, „den Identitätszwang durch die in ihm aufgespeicherte, in seinen Vergegenständlichungen geronnene Energie zu brechen"[60].

Es gilt immer wieder neu, jener Dynamik zu widerstehen, die das kulturell Andere als Moment des Vertrauten identifiziert und die Differenz zwischen „uns" und den „Anderen" gegen Null tendieren lässt – und zwar zu *unseren* Gunsten. So wird aus dem „*inter*" ein „*est*", aus dem differenz- und kontrastbestimmten Zwischenraum der Kulturen letztlich ein Einheitsraum, der von einem „eigentlichen" Zentrum aus Identitäten, Ordnungen und Relationen bestimmt. Worum es aber geht, ist die Ausbildung jener eigentümlichen Kompetenz, die Jürgen Bolten „Ambiguitätstoleranz" nennt; darunter versteht er die „Fähigkeit, das Spannungsverhältnis zwischen unvereinbaren Gegensätzen und Mehrdeutigkeiten ‚aushalten' zu können"[61]. Dieses „Aushalten" als bloß antrainierte Gleichgültigkeit aufzufassen, würde „Ambiguitätstoleranz" allerdings zu oberflächlich verstehen. Nicht ein stoisches Sich-Heraushalten, um mit dem Anderen nicht „anzuecken", ist hier gefordert, sondern ein waches, offenes und durchaus auch verletzliches Sich-Ausrichten auf erfahrene Alterität. Ronald Kurt zählt „die Sensibilität für Möglichkeiten des Andersseins (einschließlich des eigenen Anders-sein-Könnens)"[62] zum vorrangigen Kennzeichen einer interkulturellen Einstellung. Weiters gehören dazu „kulturrelatives Denken, Skepsis gegenüber eigenen Vorverständnissen und vorschnellen Urteilen, Offenheit für alternative Deutungen, die Fähigkeit sich überraschen zu lassen, Interesse am Fremden, Neuen und Ungewohnten, Selbstbesinnung auf die eigene Kultur, der Wille zu verstehen und verstanden zu werden, Frustrationstoleranz, Dissonanzakzeptanz, Konfliktfähigkeit, und, als Grundlage zu all dem: die Bereitschaft für Seiten-

---

59 Ebd. 153.

60 Ebd. 159.

61 Bolten, Jürgen, Interkulturelle Kompetenz (Anm. 14), 112. Vgl. auch Braun, Ina und Scheidgen, Hermann-Josef (Hg.), Interkulturalität – Wozu? (Anm. 31), 84: „Neben der Offenheit für andere Kulturen und Sitten ist Empathie und eine Haltung von Ambiguitätstoleranz unverzichtbar" [Zitat von Hamid Reza Yousefi].

62 Kurt, Ronald, Indische Musik – Europäische Musik: Möglichkeiten und Grenzen interkulturellen Verstehens, in: Dreher, Jochen und Stegmaier, Peter (Hg.), Zur Unüberwindbarkeit kultureller Differenz. Grundlagentheoretische Reflexionen, Bielefeld 2007, 183-210; 206.

und Sichtwechsel. Das Oszillieren-können zwischen Perspektiven ist die conditio sine qua non für den Umgang mit kultureller Differenz"[63].

Für den Umgang mit Alterität gibt es zwar kein vorgefertigtes Curriculum, aber gute Wegweiser: *Interkulturell gebildet* ist, wer kulturelle Differenzen als Chance und nicht als Ärgernis sieht; wer den Mut hat, sich einzugestehen, dass er/sie angesichts einer fremdkulturellen Erfahrung „nicht mehr weiterweiß"; wer dem aus Angst und Überforderung gespeisten Sog der Auflösung sperriger, unerklärlicher oder unverfügbarer Identitäten widersteht; und wer die Relation zwischen Identität und Alterität nicht als Konkurrenz, sondern als kritisch-wechselseitige Inspiration verstehen lernt. Der Bildungsprozess, der in einer solchen Auseinandersetzung abläuft, wird dann radikal, wenn er die Realität anderer Kulturen nicht nur ernst nimmt und sich einer Vereinnahmung oder Ausgrenzung der Anderen enthält, sondern eine *andere* Kultur als „Ort" einer Lebenserfahrung und -deutung begreift, die dem *eigenen* kulturellen Verständnis etwas Wesentliches zu sagen hat. Ich finde das, was mein Eigenes ausmacht, immer auch beim Anderen – das ist eine Radikalisierung, die sich aus dem Vollzug der „Akzeptanz des Anderen" ergibt. Interkulturelle Bildung weist in die Zumutung ein, an einem kulturellen Anders-Ort dem zu begegnen, was für das Eigene konstitutiv ist. Für einen solchen Anders-Ort hat Michel Foucault den Begriff der „Heterotopie" geprägt, der inmitten der erfahrenen Normalität jenen Einbruch des *Anderen* markiert, der die vergessenen, verdrängten und ausgeblendeten Erfahrungsmomente des *Eigenen* manifest macht: Heterotopien sind „wirksame Orte, die in die Einrichtung der Gesellschaft hineingezeichnet sind, sozusagen Gegenplazierungen oder Widerlager, tatsächlich realisierte Utopien, in denen die wirklichen Plätze innerhalb der Kultur gleichzeitig repräsentiert, bestritten und gewendet sind, gewissermaßen Orte außerhalb aller Orte, wiewohl sie tatsächlich geortet werden können"[64].

Die Alterität einer nicht der vertrauten Identität angehörigen Kultur erweist sich in diesem Sinn als *Heterotopos*, als Ort, an dem sich etwas zeigt, das für den kulturellen Auto-Topos von Relevanz ist. Jene Fähigkeit, die dazu anleitet, das eigene Selbstverständnis von solchen Hetero-Topoi her zu erschließen, kann als *heterotopische Kompetenz* bezeichnet werden. Sie ist ein zentrales Charakteristikum interkultureller Bildung und führt den Prozess des Lernens von Anderen sowie der Tolerierung Anderer hin zu einem radikalen Aufbruch der Hermeneutik, die am Anders-Ort einer unvertrauten kulturellen Realität die Vertrautheit des eigenen Standortes neu entdecken lässt. Interkulturell gebildet ist, wer „andere" kulturelle Orte nicht nur als Filialen des Eigenen ansieht, sondern als

---

[63] Ebd.

[64] Foucault, Michel, Andere Räume, in: Barck, Karlheinz u. a. (Hg.), Aisthesis. Wahrnehmung heute oder Perspektiven einer anderen Ästhetik, Leipzig 1992, 34-46; 39.

Ausgangspunkte, von denen her sich das vertraute „Land" neu begehen sowie die eigene „Landkarte" neu erschließen lässt.

2.3 Kommunikation von Pluralität: *polyloge* Kompetenz

Der bildungstheoretische und -praktische Ansatz, an kultureller Alterität die eigene „Welt" wiederzugewinnen, wird unweigerlich zur Erfahrung führen, dass es den Anders-Ort, an dem sich eine „heterotopische Kompetenz" zu bewähren hat, nur im Plural gibt. Der Hetero*topos* ist eine Abstraktion der interkulturellen Realität, die aus einer Vielzahl von Hetero*topoi* besteht. Jede Begegnung zwischen Menschen aus zwei kulturellen Lebenswelten ist eingebettet in ein Spannungsfeld kultureller Pluralität, die sich durch keinen noch so empathischen Dialog, durch keinen noch so komplexen Sozialdiskurs und durch keine noch so ausdifferenzierte philosophische Reflexion hintergehen lässt. Jeder interkulturelle Dialog, der als Auseinandersetzung zwischen zwei Lebens- und Interpretationskontexten geführt wird, ist eingebettet in den größeren Zusammenhang einer nicht zu bewältigenden Vielheit von Kulturen, die zwar oft ein faktisches, von politischen oder wirtschaftlichen Verhältnissen bedingtes Machtzentrum besitzen, aber nicht prinzipiell einen „archimedischen Punkt" aufweisen, der die Welt der Kulturen gleichsam aus den Angeln hebt.

Dieser Erfahrung kultureller Pluralität lebenspraktisch und erkenntnistheoretisch gerecht zu werden, ist eine der größten Herausforderungen der Gegenwart; allzu stark ist die Versuchung, die Vielfalt der begegnenden Wirklichkeit als uneigentlichen Ausdruck einer „eigentlichen Einheit" aufzufassen, wie dies Helmut Spinner schon vor Jahrzehnten festhielt: „Der *theoretische Monismus* ist die eher ‚natürliche' Einstellung in Problemlösungssituationen, die uns aus der eigenen alltäglichen Praxis des Denkens und Handelns vertraut ist."[65] So verständlich es sein mag, der anspruchsvollen Auseinandersetzung mit Pluralität durch einen „theoretischen Monismus" auszuweichen, so sehr geht dadurch jene Inspiration verloren, die in der Herausforderung kultureller Vielfalt steckt[66]. Spinner plädiert wissenschaftstheoretisch für einen „pluralistisch erweiterten fallibilistischen Kritzismus"[67], der die Vielfalt von Lebens- und Denkformen nicht monistisch in *ein* Paradigma hinein auflöst, denn: „Die Institutionalisierung *einer* Methode oder Lebensform läuft praktisch auf deren Dogmatisierung hinaus, auch wenn es sich um eine wirklich kritische Methode und eine wirklich rationale Lebensform handeln sollte."[68]

---

65 Spinner, Helmut, Pluralismus als Erkenntnismodell (stw 32), Frankfurt 1974, 104.

66 „Der theoretische Monismus schließt alternative Theorien oder Erkenntnissysteme zum jeweils privilegierten Standpunkt und damit echte, pluralistische Theorienkonkurrenz – das fruchtbarste Stimulans für den Erkenntnisfortschritt – aus […]" (ebd. 74).

67 Ebd. 223.

68 Ebd. 228.

Was Helmut Spinner als wissenschaftstheoretische Aufgabe beschreibt, stellt für interkulturelle Bildung eine entscheidende Herausforderung dar: Menschen sollen befähigt werden, ihre emotionale, soziale, kommunikative und argumentative Kompetenz in einer *multi*kulturellen Gesellschaft so zu entwickeln, dass daraus eine *inter*kulturelle Einstellung erwächst, die aus der Einsicht lebt, „dass die Einheit der Vernunft allein in der Vielheit ihrer Stimmen vernehmbar bleibt“[69]. Zur Ausbildung einer solchen Haltung hat Raúl Fornet-Betancourt durch seine Auseinandersetzung mit der diachronen und synchronen Pluralität der Kulturen wichtige Überlegungen beigetragen. Er unternimmt den „Versuch, Philosophie aus der Polyperspektivität des Vergleichs der Kulturen heraus neu zu entwickeln und sie so als Ausdruck und Ort der Praxis des epistemologischen Pluralismus in der Welt von heute zu positionieren“[70]. Damit ist nicht eine Auflösung menschlichen Verstehens in eine beziehungslose Vielfalt kultureller und diskursiver Bezüge gemeint, sondern gerade die Wiedergewinnung der Möglichkeit, im Kontext unüberholbarer Pluralität einen möglichen Anspruch von *Universalität* zu vertreten. Fornet-Betancourt geht es nicht darum, einen „Regionalismus oder Provinzialismus zu verteidigen, sondern einen Perspektivenwechsel anzuregen, der gerade zur Einsicht verhelfen soll, dass die kontextuelle Diversität bzw. die kulturelle Pluralität nicht dem Streben nach Universalität widerspricht, weil sie vielmehr die notwendige Voraussetzung für eine Kommunikation über mögliche gemeinsame Universalien in und ausgehend von den Unterschieden bildet“[71]. Interkulturelle Bildung versucht demnach nicht, die oft mühsame Vielfalt kultureller Lebensfelder strategisch zu umgehen, um schließlich doch zu einem vermeintlichen Einheitspunkt zu gelangen, der die „ganze Welt“ erklärt, sondern vielmehr den Anspruch auf „Universalität“ durch die Vielfalt von Regionalitäten hindurch kommunikativ und partizipativ wahrzunehmen[72]. Fornet-Betancourt, der seinen Ansatz interkultureller Philosophie vor allem in der Auseinandersetzung mit dem postkolonialen Kontext Lateinamerikas entfaltete, spricht von einem „im höchsten Maß polyphonen Prozess, in dem die Abstimmung und Harmonie der verschiedenen Stimmen durch den kontinuierlichen Kontrast zum anderen und dem kontinuierlichen Lernen aus seinen

---

69 Vgl. Habermas, Jürgen, Die Einheit der Vernunft in der Vielfalt ihrer Stimmen, in: Ders., Nachmetaphysisches Denken. Philosophische Aufsätze (stw 1004), Frankfurt [2]1997, 153-186; 155.

70 Fornet-Betancourt, Raúl, Interkulturalität in der Auseinandersetzung (Denktraditionen im Dialog: Studien zur Befreiung und Interkulturalität, Band 27), Frankfurt-London 2007, 39.

71 Ebd. 154.

72 „Es mag sein, dass Dominanz Globalität schafft; Universalität aber entsteht nicht aus Dominanz, sondern durch geduldige Prozesse der Kommunikation“ (ebd. 31).

Einsichten und Erfahrungen stattfinden“[73]. Damit ist der Anspruch interkultureller Bildungsprozesse in eindrücklicher Weise charakterisiert; erfordert ist die Bereitschaft, „die eigene Denkart – sei diese indigen, afroamerikanisch oder europäisch – aus dem Zusammenleben mit anderen Denkarten heraus zu reflektieren“ und dadurch fähig zu werden, „durch mehrere, in ihrem Sprechen irreduzible Orte des Logos durchzugehen“[74].

Die von Fornet-Betancourt herausgestellte „Polyphonie des philosophischen Logos“[75] erfordert allerdings eine spezifische Kompetenz, die die Vielheit kultureller Traditionen nicht bloß zur Kenntnis nimmt, sondern sie als Lernfeld begreift, das über Gelingen oder Misslingen von Verständigung und Menschlichkeit überhaupt entscheidet. Die angesprochene Voraussetzung kann mit Franz Martin Wimmer als „*polyloge* Kompetenz“ bezeichnet werden. Der Begriff des „Polylogs“ ist grundlegend für Wimmers Ansatz interkultureller Philosophie; er geht davon aus, dass Menschen in ihrem Selbst- und Weltverständnis immer einen „Zentrismus“ voraussetzen, eine bestimmte Zuordnung von (kulturellem) Zentrum und Peripherie, welcher Zuordnung eine spezifische Kommunikationsform entspricht. Während ein *expansiver* Zentrismus, der die eigene Tradition als Norm für alle anderen durchzusetzen sucht, als Monolog betrieben wird, ist ein *integrativer* Zentrismus, der die eigene Tradition als „evidenten“ Maß-stab für alle anderen versteht, von einem Dialog mit Vorbehalt geleitet; ein *separativer* Zentrismus, der jede kulturelle Tradition als eigene, nicht mit anderen kommunizierbare Welt ansieht, kommt über einen „Autolog“ nicht hinaus, während ein *tentativer* Zentrismus, der den Anspruch von Universalität im Durchgang durch alle begegnenden Traditionen hindurch anstrebt, einen Polylog praktiziert[76]. Ein Polylog versteht sich als Diskurs- und Kommunikationsverfahren, das interkulturelle Lernprozesse weder als einseitig zentralen Einfluss (monologisch) noch als selektiv wechselseitigen Einfluss (dialogisch[77]), sondern als vorbehaltlos wechselseitigen Einfluss versteht[78]. Das Modell des Polylogs ist eine Alternative sowohl zu einem imperialen Universalismus als auch zu einem gleichgültigen Relativismus und geht vom Prinzip aus: „Für jede Tradition ist jede andere ‚exotisch'.“[79] Interkulturell gebildet ist, wer nicht von einem unverrückbaren Standpunkt ausgeht (und sei er noch so „aufgeklärt“ oder „erfolgver-

---

73 Fornet-Betancourt, Raúl (Hg.), Lateinamerikanische Philosophie zwischen Inkulturation und Interkulturalität (Denktraditionen im Dialog: Studien zur Befreiung und Interkulturalität, Band 1), Frankfurt 1997, 103.

74 Ebd. 164.

75 Ebd. 108.

76 Vgl. Wimmer, Franz Martin, Interkulturelle Philosophie (Anm. 33), 15-17.

77 „Dialog“ ist hier im spezifischen Sinn einer „Auseinandersetzung mit Vorbehalt“ gemeint, die auf der Stufe einer „selektiven Akkulturation“ abläuft (ebd. 69).

78 Vgl. ebd. 66-73.

79 Ebd. 70.

sprechend"), sondern wer sich selbst als „Exoten" betrachten kann und den *logos* kultureller Plausibilität zumindest ansatzweise im Licht einer *poly*-Perspektivität zu verstehen lernt. In diesem Sinn zeichnet sich *polyloge* Kompetenz durch die Fähigkeit aus, „mit fremdem Denken so umzugehen, dass darauf ernsthaft eingegangen werden kann ohne Angst vor Selbstaufgabe und auch ohne blinde Hoffnung auf ein ganz Anderes"[80]. Die radikale Vorbehaltlosigkeit und konsequente Offenheit polylogischer Verfahren stellen zweifellos einen hohen Anspruch für Ansätze interkultureller Bildung dar, die sich in gesellschaftlichen Kontexten zu bewähren haben, die von Machtinteressen, Kommunikationsverweigerung, ethnozentrischem Separatismus und universalistischen Vereinnahmungsstrategien geprägt sind; die Alternative zum Polylog, wie auch immer er konkret entwickelt wird, besteht entweder in einer gewaltsamen Vereinnahmung kultureller Pluralität oder in einem resignativ-gleichgültigen Rückzug in die eigene Lebenswelt – und das kann niemals das Ziel interkultureller Bildung sein.

2.4 Verantwortung von Exteriorität: *responsive* Kompetenz

In der Auseinandersetzung mit der Identität, Alterität und Pluralität kultureller Erfahrungsfelder gerät der Mensch an eine Dimension des Lebens, die in jeglicher *Be*gegnung im Modus der *Ent*gegnung zur Geltung kommt: als ein Moment interkultureller Relationen, das nicht nur von „gegenüber" kommt, sondern von „*außerhalb*"; das nicht nur „anders" ist, sondern „*fremd*". Diese eigentümlich konfrontierende, unverfügbare und entmächtigende Erfahrung des Fremden hat Bernhard Waldenfels als Phänomen beschrieben, dem ein dreifacher Bedeutungsgehalt zugesprochen werden kann: „Fremd" ist (1) das, was außerhalb des eigenen Bereichs vorkommt (*externum*), (2) was einem Anderen gehört (*alienum*) und (3) von ungewohnter Art ist (*insolitum*)[81]. Jene Verunsicherung etwa, die in der Begegnung mit einer „fremden Kultur" wirksam wird, empfängt ihre irritierende Virulenz aus dem *Außen* einer gewohnten Ordnung; das, was die Macht des Fremden ausmacht, begegnet „in einem Außerordentlichen, einem Anomalen, das uns nur in der Überschreitung vorhandener Ordnungsgrenzen begegnet"[82]. In diesem Sinn ist von kultureller *Exteriorität* zu sprechen, von einem Anspruch des *Fremden*, der sich prinzipiell unterscheidet von der Begegnung mit dem *Anderen*. Mit dem (kulturell) Anderen ist grundsätzlich die Mög-

---

80 Wimmer, Franz Martin, Gibt es Maßstäbe für kulturelle Entwicklung aus interkulturellen Begegnungen der Philosophie? In: polylog. Zeitschrift für interkulturelles Philosophieren, Nr. 16 (2007), 97-112; 112.

81 Vgl. Waldenfels, Bernhard, Fremderfahrung und Fremdanspruch, in: Ders., Topographie des Fremden (Studien zur Phänomenologie des Fremden, 1 [stw 1320]), Frankfurt 1997, 16-53; 20).

82 Waldenfels, Bernhard, Antwortregister, Frankfurt 1994, 317.

lichkeit einer Verbindung gegeben, mit dem Fremden *nicht*; es entzieht sich dem Zugriff[83]: „Die Diastase, das Auseinandertreten von *Eigenem* und *Fremdem*, das durch kein Drittes vermittelt ist, gehört einer anderen Dimension an als die Distinktion vom *Selben* und *Anderen*, die ihren Rückhalt in einem dialektisch zu vermittelnden Ganzen findet."[84]

Das heißt: Die Erfahrung des Fremden bildet ein Widerfahrnis, das sich nicht in den Horizont des Eigenen „*ein*ordnen" lässt, sondern „*außer*ordentlich" wirksam ist. Diese prinzipielle Differenz von Exteriorität und Alterität hat interkulturelle Bildung zu beachten, will sie nicht zwei grundsätzlich verschiedene – wenngleich empirisch oft kaum zu unterscheidende – Ordnungen der Wirklichkeit vermischen. Auch wenn die Begriffe des „Anderen" und des „Fremden" vielfach in einer Weise verwendet werden, die den spezifischen Anspruch von Fremdheit nicht zum Ausdruck bringt, ist eine sorgfältige Differenzierung für Theorie und Praxis interkulturellen Lernens wichtig. Ob das, was uns als „fremd" gegenübertritt – so die Steigerungsgrade des Fremdseins nach Bernhard Waldenfels –, auf der Stufe *alltäglicher*, *struktureller* oder *radikaler* Fremdheit realisiert wird[85], ändert nichts daran, dass es als Exteriorität der eigenen Identität *zuvorkommt*: „Wir gehen vom Fremden aus, bevor wir darauf zugehen."[86] Das Fremde erweist sich – mit einem Wort – als *Anspruch*, und zwar im wörtlichen Sinn: Es spricht uns an, es geht uns an in einer Weise, der wir nicht ausweichen können; es ist zu nehmen „als das, *worauf* wir antworten und unausweichlich zu antworten haben, also als Aufforderung, Herausforderung, Anreiz, Anruf, Anspruch"[87], so Waldenfels in seiner Phänomenologie des Fremden, die zu einer

---

83 „Alles Fremde, so lässt sich sagen, ist ein Anderes, doch nicht jedes Andere ist schon ein Fremdes […]. Selbes und Anderes lassen sich in einem Gemeinsamen verknüpfen. Eigenes kann an Fremdes nur anknüpfen. Die Unterscheidung zwischen Selbem und Anderem entsteht durch Abgrenzung, die zwischen Eigenem und Fremdem durch *Ein- und Ausgrenzung*" (ebd. 235).

84 Waldenfels, Bernhard, Grundmotive einer Phänomenologie des Fremden, Frankfurt 2006, 20.

85 Ein Beispiel für die *alltägliche* Fremdheit ist etwa der Passant auf der Straße, der mir zufällig begegnet; *strukturell* fremd ist eine unverständliche Sprache; Fremdheit in *radikaler* Form (was nicht heißt: in *absoluter*, sich schlechthin jeglicher Anknüpfung entziehender Form) begegnet im Phänomen des Todes, des Eros, der Revolution. Die spezifische Differenz zwischen diesen drei Stufen des Fremden als einem „Außer-Ordentlichen" besteht darin, dass alltägliche Fremdheit *innerhalb einer Ordnung* verbleibt, strukturelle Fremdheit *außerhalb einer bestimmten Ordnung* und radikale Fremdheit *außerhalb jeder Ordnung* verbleibt (vgl. Waldenfels, Bernhard, Fremderfahrung und Fremdanspruch [Anm. 81], 35-37).

86 Waldenfels, Bernhard, Verschränkung von Heimwelt und Fremdwelt, in: Ders., Topographie des Fremden (Anm. 81), 66-84; 77.

87 Waldenfels, Bernhard, Phänomenologie als Xenologie. Das Paradox einer Wissenschaft vom Fremden, in: Ders., Topographie des Fremden (Anm. 81), 85-109; 109.

Theorie responsiver Vernunft führt, einer Haltung der „Antwortlichkeit“[88], die sich dem Fremden als solchem stellt und es nicht an die eigene Identität zu assimilieren sucht. Responsiv orientierte Vernunft ist sich dessen bewusst, dass die eigene Antwort niemals einen fremden Anspruch einholen kann[89]; dass eine „responsive Differenz zwischen dem Worauf und dem Was des Antwortens“[90] besteht, deren Auflösung eine Verdrängung des Fremden – und damit einhergehend: eine imaginäre Expansion des Eigenen – bedeutet; und dass die Irritation des Fremden nicht eine Störung ist, die es zu „bewältigen“ gilt, sondern ein Anspruch und Aufbruch, der einen größeren Horizont eröffnet. Es gehört zu den entscheidenden Zielen interkultureller Bildung, im Umgang mit der Erfahrung von Fremdheit eine *responsive Kompetenz* zu entfalten, das heißt eine Haltung, die die eigene Identität vor dem Anspruch von Exteriorität weder panisch verteidigt noch gleichgültig aufgibt, sondern ver-*antwort*-et, als Identität im Modus von Responsivität begreift. Eine solche responsive Kompetenz leitet dazu an, das Wagnis der Begegnung mit dem Fremden als Chance zu sehen, ja sogar die Furcht vor dem Fremden als Ansatz eines Lernprozesses wahrzunehmen, wie dies Wolfgang Bödeker aufzeigt: „Gerade im Erlebnis der Furcht vor dem Fremden finden wir alle Ansätze zu einer ‚Heilung‘ des pathogenen modernen Bewusstseins. Die in der Furcht erlebte Dekontextualisierung eingefahrener Erlebens-Strukturen bietet Gelegenheit für das kathartische Erleben, das Aufbrechen der Strukturen und der Neubestimmung des Ortes der Kommunikation. Im Moment der Furcht vor dem Fremden finden wir den ‚rettenden‘ Rahmen, innerhalb dessen wir die unmögliche Kommunikation mit dem Fremden wagen können.“[91]

Die Ausbildung einer *responsiven Kompetenz* gehört zu den anspruchsvollsten Herausforderungen interkulturellen Lernens, weil bei dieser Haltung die existenzielle Bereitschaft erfordert ist, (kulturelle) Identität nicht als Besitz, son-

---

88 „Responsivität meint das, was das Antworten zu einem Antworten macht, was – in einer ungebräuchlichen Formulierung – ‚Antwortlichkeit‘ heißen mag“ (Waldenfels, Bernhard, Antwortregister [Anm. 82], 320).

89 „Wir erfinden, was wir antworten, nicht aber das, worauf wir antworten. Das, worauf wir antworten, ist ein Fremdes und Außer-ordentliches, das sich der jeweiligen Ordnung entzieht. Normalisierung bestünde dann in einer Tendenz, die Differenz zwischen dem Was und dem Worauf des Antwortens zum Verschwinden zu bringen und sie durch eine fungierende Ordnung zu ersetzen, in der Andersheit nur als andere Möglichkeit, nicht als fremder Anspruch vorkommt“ (Waldenfels, Bernhard, Der Kranke als Fremder. Therapie zwischen Normalität und Responsivität, in: Ders., Grenzen der Normalisierung [Studien zur Phänomenologie des Fremden, 2 (stw 1351)], Frankfurt 1998, 116-149; 141).

90 Waldenfels, Bernhard, Response und Responsivität in der Psychologie, in: Ders., Grenzen der Normalisierung (Anm. 89), 99-115; 110.

91 Wolfgang Bödeker, Das Fürchten lernen. Anmerkungen zur kathartischen Dimension der Xenologie, in: Bremshey, Christian u. a. (Hg.), Den Fremden gibt es nicht. Xenologie und Erkenntnis (Kulturwissenschaft, Band 2), Münster 2004, 168-183; 170.

dern als Response zu begreifen und gerade durch die Beanspruchung durch das Fremde zu neuen Antworten zu finden. Dass viele Menschen nicht bereit sind, sich auf einen derart herausfordernden Bildungsprozess einzulassen, ist einerseits verständlich, sollte aber das Bemühen um interkulturelle Bildung eher noch intensivieren. Es ist klar, dass eine auch noch so sensible und selbstkritische Konstitution responsiver Vernunft nicht auf alle Probleme, die im Umgang mit dem Fremden entstehen, eine Antwort hat; aber sie relativiert gerade jene Antworten, die oft – durch Auflösung der responsiven Differenz – als jener Anspruch angegeben werden, auf den sie eigentlich antworten sollten. Bernhard Waldenfels führt in diesem Zusammenhang den interessanten Begriff einer „*responsiven Epoché*" ein und versteht sie als „Methode, die mit dem Bann des Gesagten und Gesehenen bricht und in allen gegebenen Antworten das Antworten selbst durchscheinen lässt"[92]. Vermutlich stellt eine solche „responsive Epoché" – ein existentielles und intellektuelles Heraustreten aus der unheimlich starken Dynamik der Vereinnahmung des Fremden durch das Eigene – den radikalsten Lernschritt dar, der im Diskurs interkultureller Bildung möglich ist; sie würde den Anspruch des „*Inter*-Kulturellen" tatsächlich ernst nehmen und ein Höchstmaß an Austausch und Lernbereitschaft ermöglichen.

3. Eine „Welt für alle": Interkulturelle Bildung als politischer Anspruch

Die Auseinandersetzung mit einigen Erfahrungsfeldern interkultureller Begegnung hat gezeigt, dass interkulturelle Bildung einen radikalen Prozess der Perspektivenumkehr bedeutet; weit über die bloße „Aneignung" von Wissen über andere Kulturen hinaus bedeutet interkulturelle Bildung, eine – im *phänomenologischen* Sinn verstandene – Reduktion von Identität zu unternehmen, sich auf kulturelle Anders-Orte zu begeben, Pluralität als polylog zu kommunizierenden Zwischenraum zu begreifen und sich dem Anspruch des Fremden responsiv zu stellen. Wer sich auf die transformative Dynamik einlässt, die interkulturelle Bildung mit sich bringt, wird nicht nur „*etwas* über die Welt" wissen, sondern diese Welt *anders* sehen. Interkulturell Gebildete werden in neuer Weise wahrnehmen, dass wir in einer „Welt für alle" leben, die – wie dies Edmund Husserl in seinem Spätwerk betonte – immer *mehr* und *qualitativ anders* ist als die „natürliche Welt", die wir für die „ganze Welt" halten[93]. Interkulturelle Bildung

---

92 Waldenfels, Bernhard, Antwortregister (Anm. 82), 538.

93 „Die Welt ist m i r gegeben als was sie a l l e n gegeben ist. Sie nach ihrem Was und ihren Vorstellungsweisen auslegen, ist sie in dem auslegen, was sie als Welt für alle ist, als die sie im Konnex der Vorstellungsweisen aller (die ihr selbst psychisch zugehören) für einen jeden Menschen jeweils geltende und zu erkennende ist. D i e o n t o l o g i s c h e W e l t f o r m i s t d i e d e r W e l t f ü r a l l e. Jeder kann sie erkennen, wenn er in

stößt unweigerlich eine (selbst-)kritische Auseinandersetzung mit kulturellen Identitäten und Alteritäten, mit Pluralität und Exteriorität an und möchte zu mehr Weltgewandtheit führen, zu einer Theorie interkultureller Hermeneutik und einer Praxis interkultureller Beziehungen, die von Freiheit, Reziprozität und Anerkennung geprägt ist. Insofern interkulturelles Philosophieren als „diskursive Kraft der Weltveränderung“[94] zur Geltung kommt, weil sie die vorgegebenen Muster von „Universalität“ kritisch in Frage stellt[95], weist auch interkulturelle Bildung eine eminent politische Bedeutung auf, und zwar nicht als nachträgliche politische „Anwendung“ erlernten Wissens, sondern als Potential der Transformation von Identitäten, die immer auch mit Handlungsregulierung und Machtausübung verbunden sind. Alleine der Anspruch, dass es um eine „Welt für alle“ geht, verändert diese Welt, wie sich in verschiedenen Bereichen immer wieder zeigt[96].

Insofern interkulturelle Philosophie hegemoniale Relationen und assimilierende Hermeneutiken aufsprengt, ist sie eine Art „‚Zugangskunde‘, die auch verschüttete Weltzugänge wieder freilegt“[97], und interkulturelle Bildungspro-

---

theoretischer Einstellung sie auslegt, als dieselbe für jedermann“ (Husserl, Edmund, Die Krisis der europäischen Wissenschaften und die transzendentale Phänomenologie, Beilage XX, in: Hua VI, Haag ^{2}1962, 468-472; 469).

94 Fornet-Betancourt, Raúl, Philosophie als Weg, interkulturell unterwegs zu sein, in: Yousefi, Hamid Reza u. a. (Hg.), Wege zur Philosophie (Anm. 24), 226-238; 226.

95 Vgl. Antweiler, Christoph, Universalien – Muster im Meer kultureller Vielfalt. Der Monolog im Polylog der Kulturen, in: polylog. Zeitschrift für interkulturelles Philosophieren, Nr. 20 (2008), 19-30.

96 Um nur ein Beispiel zu nennen: Die achte These im Manifest des „Vienna International Christian-Islamic-Round-Table“, das in der fünften VICIRoTa-Plenartagung am 24. Oktober 2008 in St. Gabriel verabschiedet wurde (veröffentlicht: St. Gabriel 2008), spricht davon, dass es keinen Frieden ohne gleichberechtigten Zugang zur Bildung gibt. „Wie müssen uns bewusst sein, dass Bildung als eine gefährliche Angelegenheit betrachtet werden kann, weil dadurch die gegenwärtigen Machtverhältnisse destabilisiert werden könnten“ (ebd. 49). Allen Menschen in einer durch kulturelle und ökonomische Dominanz „globalisierten“ Welt *Bildung* zu ermöglichen, bedeutet eine hochpolitische Weichenstellung: „Diese neue Vision eines globalen Lernens betont einen ganzheitlichen, interdisziplinären Zugang. Eine Vision dieser Art verlangt eine Neuorientierung im Bereich der Bildungspolitik und Bildungspraxis, indem sie alle Bürger dazu befähigt, ihre eigene Meinung zu äußern, vernünftige Entscheidungen zu treffen, in tatkräftiger Weise an Entscheidungsprozessen mitzuwirken und sich aller Folgen bewusst zu werden, die ihr Tun und Lassen hat“ (ebd. 50).

97 Fornet-Betancourt, Raúl, Einführung: Ja zur Interkulturalität, aber mit den Karten auf den Tisch, in: Ders. (Hg.), Dominanz der Kulturen und Interkulturalität. Dokumentation des VI. Internationalen Kongresses für Interkulturelle Philosophie (Denktraditionen im Dialog: Studien zur Befreiung und Interkulturalität, Band 25), Frankfurt-London 2006, 25-33; 32.

zesse diskursiv begleitet. Als „World Philosophy“[98] unterstützt sie das Bemühen, den „Welt-Raum“ von Interkulturalität als Ansatz und Horizont zeitgemäßer Bildung (wieder) zu entdecken und dadurch angesichts der Dominanzverhältnisse gegenwärtiger Globalisierung ein aufklärendes und emanzipatives Potential freizusetzen; in diesem Sinn stellt Interkulturalität das „andere Gesicht der Globalisierung“[99] dar. Interkulturelle Bildung kann in einem hohen Maß dazu beitragen, diese „andere Gesicht“ in der Welt von heute wiederzuentdecken und dadurch eine „Kultur der Weltachtung“[100] zu entwickeln, in der Menschlichkeit in kultureller Vielfalt immer wieder neu eingeübt und angestrebt wird. Die Förderung von „Offenheit und Verständnis“ sowie von „Humanität und Frieden“[101], die zu den vorrangigen Aufgaben interkulturellen Philosophierens gehört, stellt auch das „Kerngeschäft“ interkultureller Bildung dar, das Weltgewandtheit und Menschlichkeit in einzigartiger Weise verbindet.

Das Humboldtsche Bildungsideal, so betont Konrad Paul Liessmann, sei nicht als „Weltabgewandtheit“[102] zu verstehen, wie oft unterstellt werde; es sei vielmehr ein Programm der Welterkenntnis und -erschließung. Damit dieses Pro-

---

98 „World Philosophy is not a space within which people are supposed to celebrate their own culture. It is not a space within which people can hope to obtain a new Western-inspired rationale for their own age-old particularism. World Philosophy is a space in which different cultures bring forward their way of seeing and thinking about topics that are common to all of them“ (Botz-Bornstein, Thorsten, Introduction. Philosophy as Space: Goethe's *Weltliteratur* and a Potential „World Philosophy“, in: Botz-Bornstein, Thorsten and Hengelbrock, Jürgen (Ed.), Re-ethnicizing the Minds? Cultural Revival in Contemporary Thought (SIP 17), Amsterdam-New York 2006, 15-23; 20).

99 „La interculturalidad es la otra cara de la globalización. Si ésta aboga por el modelo único de pensamiento, de cultura, de política y de economía, la interculturalidad subraya la heterogeneidad y el mestizaje de culturas, religiones, lenguajes y cosmovisiones. Si la globalización defiende el etnocentrismo y afirma la validez universal de una cultura, la occidental, y su hegemonía sobre las demás, la interculturalidad promueve la conciencia de igualdad entre todas las culturas y el reconocimiento de sus valores sin jerarquizaciones previas. Si la globalización se basa en una relación asimétrica entre la cultura dominante y las culturas dominadas, la interculturalidad defiende la posibilidad de interacción simétrica entre todas la culturas“ (Tamayo, Juan José, Hacia un nuevo paradigma teológico intercultural e interreligioso, in: Fornet-Betancourt, Raúl (Hg.), Interkulturalität, Gender und Bildung. Dokumentation des V. Internationalen Kongresses für Interkulturelle Philosophie (Denktraditionen im Dialog: Studien zur Befreiung und Interkulturalität, Band 19), Frankfurt-London 2004, 267-294; 279).

100 Komel, Dean, Die phänomenologische Frage nach der Weltlichkeit der Welt und Hermeneutik des Interkulturellen, in: Yousefi, Hamid Reza u. a. (Hg.), ‚Orthafte Ortlosigkeit der Philosophie'. Eine interkulturelle Orientierung. Festschrift für Ram Adhar Mall zum 70. Geburtstag, Nordhausen 2007, 149-161; 160.

101 Wimmer, Franz Martin, Interkulturelle Philosophie (Anm. 33), 134.

102 Liessmann, Konrad Paul, Theorie der Unbildung (Anm. 4), 56.

gramm aber nicht zu einer Strategie einseitiger Weltbemächtigung führt – so ist hier zu ergänzen –, ist so etwas wie *interkulturelle Bildung* nötig. Diese lässt sich durchaus als Fortsetzung des Humboldtschen Ideals im Kontext von Globalisierung verstehen, nimmt sie doch Grundsatzorientierung *und* Aktualitätsbezug von Wissen gleichermaßen in Anspruch. Zugleich aber führt die „Weltgewandtheit“ interkultureller Bildung dazu, die Welt als vielfältigen Ort kultureller Identität, als Herausforderung polyloger Kommunikation und als unermessliches Lernfeld zu begreifen – und sie deshalb als eine „Welt für *alle*“ wahrzunehmen.

Sich selbst umgraben – Warum das Lesen beim Leben hilft

Christina Repolust

Wer liest, erkennt, versteht und begreift. Welten eröffnen sich den LeserInnen, egal ob sie Bilder-, Kinder- und Jugendbücher oder Romane lesen. Das könnte in einem Poesiealbum stehen, so antiquiert und banal wirken diese Aussagen. Dennoch sind sie wahr. Als Beleg eine Aussage des südamerikanischen Autors Mario Vargas Llosa: „Wenn wir Romane lesen, sind wir nicht nur selbst; wir sind auch die verzauberten Wesen, zwischen die der Romancier uns versetzt."[1] „Seit ich Deutsch spreche und auf Deutsch schreibe, bin ich ein anderer Mensch geworden. Daheim, in der Ukraine, war ich schüchtern, wenn ich meine Muttersprache spreche, beginne ich sofort wieder zu stottern. Das Deutsche ist so verlässlich, jedes Wort hat seinen Platz: ich bin durch die deutsche Sprache und dadurch, dass ich in Deutsch denke, rede und schreibe, innerlich gewachsen.", erzählt Marjana Gaponenko, AVA-Preisträgerin 2009, im Interview mit mir im November 2009 in Salzburg. Angeregt durch diese Aussage werde ich in der Folge vom Zauber der Literatur schreiben, Belege dafür erbringen, dass Lesen und selbstverständlich auch das Schreiben Selbstbildung ist und nachdrücklich, beinahe penetrant davon erzählen, dass die Versorgung aller Menschen in Österreich, unabhängig von ihrem Alter, ihrem Geschlecht, ihrer Nationalität und ihrer Religion, zum großen Teil von ehrenamtlichen BibliothekarInnen geleistet wird. Gerne, das sicher. Ein Skandal für das fünftreichste Land der Welt, das sicher auch. Selbstbildung durch Lektüre ist möglich, so meine erste These. Selbstbildung durch Schreiben ist ebenfalls möglich, so meine zweite. Vorlesen ist Bindung und Bildung zugleich, Buchstaben werden so lebendig, mit jedem Vorleser, jeder Vorleserin neu und anders – so These drei. Längst hat die Germanistik die Bedeutung von „Lesen als Kulturtechnik" aufgegriffen, die Rezeptionsästhetik neben die Produktionsästhetik gestellt. Als Leiterin des Referats für Bibliotheken und Leseförderung arbeite ich häufig mit dem Institut für Germanistik der Universität Salzburg zusammen. Etwa bei der Fortbildung von BibliothekarInnen zum Thema „Literaturkanon und Öffentliche Bibliotheken": Die Diskussionen rund um die „Kanonwürdigkeit" eines Werkes belegten die kühne

---

1 Hell, Cornelius, Lesen ist Leben, Klagenfurt 2007, 13.

Frische der DialogpartnerInnen zwischen 22 und 60 Jahren. Die Tatsache, dass 15 von 100 Menschen in Österreich – alle ohne Migrationshintergrund – nicht lesen und schreiben können, klammere ich im Folgenden aus. Erwähnen will ich sie, denn Basisbildung sehe ich als Menschenrecht an, als Menschenrecht auch zur Teilhabe an Gesellschaft und damit an Kultur und Literatur.

I Vor-Sätze

Begeisterung sucht Struktur

Wer über die „Wissens- und Informationsgesellschaft" spricht, diskutiert oder lamentiert, nennt im glücklichen Fall auch Bibliotheken als eine der wichtigsten und erfolgreichsten Kultur-, Bildungs- und Informationsvermittlerinnen. Selbst in diesem glücklichen Fall führt dieser Diskussionsstrang lediglich zu den schweren Toren der Wissenschaftlichen Bibliotheken. Auch die medial geführten Diskussionen über die Ergebnisse der bisherigen PISA-Tests schafften es, die Erörterung der Misere ohne zentrale Nennung der Öffentlichen Bibliotheken in Österreich zu führen. Wohl finden sich Nennungen der Öffentlichen Bibliotheken bzw. der Öffentlichen Büchereien in diversen Autobiografien bekannter AutorInnen wie der Salzburger Schriftstellerin Christine Haidegger[2], im öffentlichen Diskurs werden sie – außer vielleicht noch am Andersentag (2. April) sowie am Welttag des Buches (23. April) sowie in der Kampagne „Österreich liest – Treffpunkt Bibliothek" im Oktober meistens von der Kulturseite weg hin zum Regionalblatt transferiert. Eventkultur also, eine AutorInnenlesung als Ereignis, abzulichten mit BürgermeisterInnen; der Besuch der Kindergartenkinder in der Öffentlichen Bibliothek nur ein netter Ausflug, dessen Informationswert gerade noch für das Pfarr- und Gemeindeblatt reicht? Oder ist es doch ein Splitter von Bildung, wenn diese Kindergartenkinder die Struktur einer Öffentlichen Bibliothek kennen lernen und bewusst nutzen?

Seitenblick in die Literatur

Roald Dahl schildert in seinem Roman „Matilda" ein vierjähriges Mädchen als blitzgescheites Wunderkind mit scharfem Verstand und beschränkten Eltern, das in der Öffentichen Bibliothek von der klugen Bibliothekarin – Frau Phelps – in seiner Welteroberung und literarischen Bildung unterstützt wird. Matilda kann sehr gut lesen und über Texte urteilen: „Herr Hemingway schreibt vieles, was ich nicht verstehe, ... besonders über Männer und Frauen. Aber es hat mir trotzdem gefallen. So wie er es erzählt, hab ich das Gefühl, ich wäre dabei und schaute zu, wie alles passiert." „Dieses Gefühl wird dir ein guter Schriftsteller

---

2 Vgl. Haidegger, Christine, zum Fenster hinaus. Eine Nachkriegskindheit, Reinbek 1979.

immer vermitteln", entgegnete Frau Phelps, „und kümmere dich nicht um die Kleinigkeiten, die du nicht verstehen kannst. Lehn dich einfach zurück und lass dich von den Wörtern umspielen wie von Musik."[3]

Seitenblick in die Struktur der Öffentlichen Bibliotheken in Österreich

„Wenn es in Österreich Öffentliche Büchereien gibt, so handelt es sich um freiwillige Einrichtungen der Öffentlichen Hand oder anderer Träger, deren Leistungen auch gekürzt und gestrichen werden können. Ein Rechtsanspruch auf öffentliche Büchereien existiert nicht."[4]

Fünfzehn Jahre später ist Hamanns Aussage leider noch immer gültig. So führt die Homepage des Dachverbands aller Öffentlichen Bibliotheken Österreichs – BVÖ (Büchereiverband Österreichs) auf seiner Homepage mit Stolz Leistungssteigerungen bei den Entlehnungen und bei den BesucherInnenzahlen an, räumt zugleich aber ein: „Bei allem Stolz auf die Leistungssteigerungen des Büchereiwesens seien die nach wie vor schwierigen Rahmenbedingungen, unter denen diese erbracht wurden, nicht unerwähnt: Österreich ist eines der wenigen Länder der Europäischen Union, in denen kein Bibliotheksgesetz die Existenz und Finanzierung der Öffentlichen Bibliotheken beschreibt."[5] Wohl zeigt das Regierungsprogramm Anfang Jänner 2007 Willen zur Veränderung dieser Strukturen, doch die internationale Finanzkrise und in diesem Zusammenhang die Krisen der Länder und vor allem die Gemeinden fördern dieses Vorhaben nicht. „Veränderungen sind aber notwendig! Der Trend, die Mittel für Büchereien zu reduzieren, gehört gebrochen und umgekehrt!" – so der Appell auf der BVÖ-Homepage.

Viel Leistung – wenig Sicherheit

Insgesamt 1511 Öffentliche Bibliotheken in Österreich, dazu noch 710 Schulbibliotheken leisten im Bereich der Literatur- und Kulturvermittlung sowie der Leseförderung Beachtliches: Sie erreichen 12 % der Gesamtbevölkerung in Österreich, in Zahlen ausgedrückt besuchen 10.315.137 Menschen die Öffentlichen Bibliotheken, die aus 1.104.345 Medien wie Roald Dahls Matilda oder auch ein wenig anders auswählen. Roald Dahls Bibliothekarin, Menschenkennerin und -förderin Frau Phelps hat in Österreich 8.614 ehrenamtlich tätige und 809 hauptberuflich tätige KollegInnen.[6]

---

3 Dahl, Roald, Matilda, Reinbek 2001, 17.

4 Hamann, Nikolaus, Auch eine unendliche Geschichte? Die Bemühungen um ein Österreichisches Büchereigesetz. Hausarbeit, Wien 1993, 4.

5 http:www.bvoe.at/Oeffentliche_Bibliotheken/Statistik; 30.10.2009

6 Vgl. dazu http: www.bvoe.at/Oeffentliche_Bibliotheken/Statistik; 30. 10. 2009

II Lesen als Selbstbildung und Konfrontation

Literarische Zeugnisse erster Leseerlebnisse

„Das erste Buch, das ich persönlich durchbuchstabierte, stammte aus der kleinen Leihbücherei unserer Volksschule. Einmal habe ich eine Bücherei sogar wiederbelebt: Damals war ich Ministrant in meiner Heimatgemeinde Desselbrunn in Oberösterreich. Ein Kasten mit Büchern, der verstaubt und gut verschlossen in einem dunklen Winkel unserer alten, damals nur als Abstellraum benützten Kirche vor sich hindämmerte, weckten meine Neugier. Mit Hilfe des Mesners gelang es, den Kasten zu öffnen – ich war der erste Leser eines mit diesem Zeitpunkt neu startenden Büchereiprojektes: so lernte ich Karl May kennen, Jules Verne und Daniel Defoe."[7] Wenige Bücher in einem Kasten wurden zu Kostbarkeiten, von Bücherfluten war damals noch keine Rede. Christine Haidegger schildert in ihrer Autobiographie „Zum Fenster hinaus" dieser Initiation folgend: „Ich kann mich noch gut erinnern, wie Mama mich das erste Mal mitgenommen hat in die Bücherei, um mich einschreiben zu lassen. Ich war vier Jahre alt, und die Bücherei ist mir ziemlich unheimlich vorgekommen. Es war ein Geruch nach alten Kleidern und nassem Holz in den Räumen ... Dahinter stehen auf den Regalen die ausländischen Bücher, die fast niemand liest. ... Frau Hopf heißt eigentlich Fräulein Hopf, ... Wenn man etwas von ihr haben will, ist es besser, wenn man Fräulein zu ihr sagt, das mag sie lieber."[8]

Die Seelen der Bücher – die Seelen der Leser

Sowohl in Michaels Ende Roman „Die unendliche Geschichte" als auch – aktuell – in Carlos Ruiz Zafóns Bestseller „Der Schatten des Windes" sind es zehnjährige Buben, die über Bücher zu ihrem neuen und etwas größeren wie stärkeren Selbst kommen. Die Mütter beider Buchhelden sind verstorben, beide Buben leben zurückgezogen, gelten als schüchterne Einzelgänger. Mit Bastian Balthasar Bux schuf Ende der 70-er Jahre Michael Ende den Anti-Helden schlechthin: klein, dick und schüchtern. Daniel, der zehnjährige Protagonist in „Der Schatten des Windes" ist ebenfalls zurückhaltend, er wird von seinem Vater zum geheimen „Friedhof der Vergessenen Bücher" geführt: „Jedes einzelne Buch hat eine Seele. Die Seele dessen, der es geschrieben hat, und die Seele derer, die es gelesen und erlebt und von ihm geträumt haben. Jedesmal, wenn ein Buch in andere Hände gelangt, jedes Mal, wenn jemand den Blick über die Seiten gleiten lässt, wächst sein Geist und wird stark. ... In einer Buchhandlung werden Bücher verkauft und gekauft, aber eigentlich haben sie keinen Besitzer. Jedes Buch, das du hier siehst, ist jemandes bester Freund gewesen."[9]

---

7 Christina Repolust im Interview mit dem Schriftsteller Rudi Habringer, 1994.

8 Haidegger, Christine, Zum Fenster hinaus, Reinbek 1979, 75.

9 Zafon, Carlos Ruiz, Der Schatten des Windes, Frankfurt 2003, 8.

Zafons Werk ist im Gegensatz zu Michael Ende „Die Unendliche Geschichte" kein Kinder- bzw. Jugendroman: In beiden Werken vermischen sich Literatur und Leben, wollen beisammen bleiben und dennoch von ihren LeserInnen immer wieder neu entdeckt und voneinander separiert werden.

Wie nah Lesen und Leben beisammen liegen, zeigt Cornelius Hell in seinem Band „Lesen ist Leben". Dazu der Autor im Vorwort: „Seit ich denken kann, gehört das Lesen zu meinem Leben. Das erste Aufschlagen eines Buches, sein Geruch und die Faszination der ersten Zeilen – das sind noch immer lichte Momente meiner Kindheit. Viele andere Faszinationen gab es ja nicht: Zum Sport taugte ich als Kind nicht, für das Indianerspielen war ich auch zu ungeschickt .... So hat es mich in die Ersatzwelt der Bücher verschlagen. Kinder- und Märchenbücher, später Karl May und dann Western- und Jerry-Cotton-Hefte waren es, die ich verschlang und an denen ich die Faszination des Lesens erfuhr."[10]

III Der Boom der Leserbiographien und Buchempfehlungen

2005 erscheint „Mein Leben als Leser" von Nick Hornby, des Autors von Longsellern wie „About a Boy" (1998) oder „A Long Way Down" (2005). Warum liest er, der renommierte Autor, dieses Buch, während das andere für immer darauf warten muss, dass er es auch nur aufschlägt? Hornbys viel beachtete Kolumne in „The Believer" (Amerikanische Literaturzeitung) erzählt davon, „wie, wann und warum man liest, und was man liest – ...wie im Idealfall ein Buch zum nächsten und übernächsten führt, eine papierene Fährte aus Themen und Sinnzusammenhängen. Oder es geht darum, wie schwer das Lesen fallen kann, wie Bücher einen nicht packen oder fesseln können, wie unsere eigene Stimmung und die des Buches wie Hund und Katze miteinander kämpfen und man alles andere lieber tun würde, als sich den nächsten Absatz vorzunehmen oder den letzten zum zehnten Mal zu lesen."[11]

Gartenzwerge und Goldene Kälber

Bei den nachstehenden Gedanken beziehe ich mich im Besonderen auf Ruth Klügers Abhandlung „Von hoher und niedriger Literatur", in der die Literaturwissenschaftlerin und Autorin von geistiger Anständigkeit und vermeintlicher intellektueller Ehrlichkeit schreibt. „Die Massenkultur hat uns eingeholt und wir bewerten sie, wie es uns passt, mal mit Verachtung, mal mit Begeisterung, loben sie, weil sie unterhält, beschimpfen sie, weil sie nur unterhält, gähnen weinerlich

---

10 Hell, Cornelius, Lesen ist Leben, Klagenfurt 2007, 11f.

11 Hornby, Nick, Mein Leben als Leser, Köln 2005, 13f.

über den dicken langweiligen Romanen, die wir zum Besten unserer Bildung lesen, merken plötzlich zu unserem Erstaunen, daß Wilhelm Meisters Wanderjahre und Stifters Nachsommer sowohl großartig wie streckenweise langweilig sind und wissen am Ende nicht, ob spannend ein negatives oder ein positives Vorzeichen für einen anspruchsvollen Roman ist."[12] Klüger erzählt in der Folge, dass sie Krimis konsumiere, selten mehr als einmal lese. Gedichte, die ihr gefallen, lese sie so oft, dass sie sie Jahre später noch auswendig aufsagen könne. Ihre Frage, ob sich das Wegwerfbare und das Triviale decken, versuche ich an aktuellen Beispielen auf den Begriff „Formen der Bildung" anzuwenden.

„Die Anzahl der gelesenen Bücher nimmt linear zu, die der veröffentlichten dagegen exponentiell. Wenn sich unsere Leidenschaft für das Schreiben und Veröffentlichen von Büchern ungebremst so weiter entwickelt, dann gibt es bald mehr Autoren als Leser."[13] Das könnte den Boom der Leserbiographien, den Run auf Bestenlisten, die Faszination des literarischen Quartetts, die Neugier auf essayistische Rezensionen erklären. BibliothekarInnen reservieren einen Teil ihres Budgets für den Ankauf der Bücher der Bestenliste: „Wir werden daran gemessen, ob wir diese Bücher haben. Hätten wir sie nicht, so kämen wir in Verruf, verstaubt und nicht aktuell zu sein." Also bedeutet das auch, den 17. Band von Donna Leon zu lesen, den millionsten Espresso mit Commissario Brunetti in Venedig zu trinken, um „mitreden" zu können. Dann gehört man als Leser und Leserin dazu, kann „spannend" murmeln, kommt das Gespräch auf den 17. oder ist es mittlerweile der 19. Band der Bestseller-Autorin? Wer 2009 über den Salzburger Autor Walter Kappacher sprechen möchte, findet heute Dialogpartner; schließlich hat die Verleihung des Büchner-Preises genügend Pressemeldungen und ganzseitige Interviews in Qualitätszeitungen mit sich gebracht. Vor fünf Jahren noch galt Kappacher als literarischer Geheimtipp, geachtet und geschätzt von Kollegen wie Peter Handke, Martin Walser und Gerhard Amanshauser. „Still und zurückgezogen", das Etikett, das nach der Preisverleihung wieder ein wenig zur Ruhe kommt und damit der Autor wieder zum Schreiben.

Bücher und Literatur

Daher gilt es für mich die folgende Aussage nur eingeschränkt zu bejahen, mir aber zu wünschen, ich könnte sie grenzenlos bejahen und damit den Eigensinn der LeserInnen fördern. „Jeder Leser ist einzigartig. Diese Einzigartigkeit lässt sich nirgends besser ablesen als in den Besonderheiten und Sonderbarkeiten seiner privaten Bibliothek, die so etwas ist wie das intellektuelle Genom eines je-

---

12 Klüger, Ruth, Von hoher und niedriger Literatur, Göttingen 1996, 5f.

13 Zaid, Gabriel, So viele Bücher, Frankfurt 2003, 7.

den Lesers. Je größer die Vielzahl und Vielfalt der Veröffentlichungen, desto einzigartiger die Menschen, die sie lesen."[14] Literatur für jeden Geschmack, von Hera Lind über Charlotte Roche hin zu Ruth Klüger. Oder ganz anders auch. Die Thekenbibliothek zwang bis Ende der 1960-er Jahre die LeserInnen in Öffentlichen Bibliotheken dazu, die BibliothekarInnen um die Bücher zu ersuchen. Die heutige Freihandaufstellung, die Recherchemöglichkeiten der OPACs, die Recherche-Möglichkeiten der Buchbestände der meisten Bibliotheken – www.bibliotheken.at – in Österreich lassen die Rede vom „Hinauflesen" oder von „Schundliteratur" schon lange verstummen. Gelesen wird, was gefällt. Und manchmal gefällt eben der deutsche Bestseller vor dem österreichischen Erstling und die Übersetzung aus dem Amerikanischen vor der Lyrik einer Wiener Schriftstellerin. „Wir haben Bücher und wir haben Literatur", so treffend beschrieb eine Bibliothekarin im Ausbildungslehrgang für ehrenamtliche und nebenberufliche BibliothekarInnen die Unterschiede in und zwischen den Regalen. Alle verstanden, was sie meinte. Alle nickten zu ihrer Bemerkung: „Unsere Budgets sind gering, wir kaufen daher eher Bücher, die viele LeserInnen finden und nach denen gefragt wird." Dass die Entscheidung, ob ein Buch gefällt oder nicht, stark von der Attraktivität des Buchumschlags abhängt, ist unbestritten. Erika Pluhars Roman „Er" sei zu schwarz, zu düster – da müsse man Überzeugungsarbeit leisten, kritisieren BibliothekarInnen, BuchhändlerInnen nicken dazu. Die Hülle steht also vor dem Inhalt, die Hülle muss ansprechen, sonst wird der Band weder vom Vertreter gerne ins Programm genommen, noch vom Buchhändler geordert, noch von BibliothekarInnen gekauft.

Julius Deutschbauer ist einer, der es genau wissen will, warum jemand ein Buch nicht liest. Seine „Bibliothek ungelesener Bücher" gibt Auskunft über seine Forschungen. „Was erwartest du oder wünschst du dir von einem Buch? – In erster Linie, dass es mich unterhält und in zweiter Linie, dass es mir gefällt und dass es gut geschrieben ist."[15]

Dieses Spiel mit Gelesenem und Ungelesenem trifft das Tabu, über Ungelesenes offen zu sprechen, in seinem Kern. Ebenso deutlich vertritt Cornelius Hell die Ansicht, dass die häufig beklagte Bilderflut schon lange die Wortflut als Pendant habe: „Dabei sind komplexe Bilder nicht gerade leichter zu lesen als Worte. Und simpel kann sowohl ein Bild als auch ein Wort oder ein Satz sein. ... So muss sich auch unser Leben erweitern zu den neuen Bildern. Dabei darf das Lesen sein ältestes Material nicht aus den Augen verlieren: Landschaften, Tiere, Ge-

---

14 Ebd., 9.

15 Deutschbauer, Julius, Die Bibliothek ungelesener Bücher in fünfzehn Porträts, Köln 2000, 2.

sichter, Gebärden und Augen von Menschen. Dann ist lesen lernen immer auch leben lernen.“[16]

III Mit dem Regenschirm in die Luft

Robert, der kleine Bub mit dem Regenschirm, ist eine der Figuren des „Struwwelpeter“ des Frankfurter Arztes und Revolutionärs Heinrich Hoffmann. 1980 schreibt Hans Magnus Enzensberger ein Gedicht über diese Figur: „Eskapismus, ruft ihr mir zu, vorwurfsvoll. Was denn sonst antworte ich, bei diesem Sauwetter! – spanne den Regenschirm auf und erhebe mich in die Lüfte.“ Tagträumen und abheben, das sind Erlebnisse der Selbstbildung, wenn auch Eskapismus häufig als Verachtenswertes und Schande bewertet wird. 1605 schreibt Miguel Cervantes seinen berühmten „Don Quijote“, diesen „Ritter von der traurigen Gestalt“, dessen bevorzugte Lektüre Ritterromane sind: Der Junker versinkt zu tief in seiner Lektüre, legt eine Rüstung an und kämpft gegen Feinde, die er sich einbildet – darunter auch die legendären Windmühlen. Das Lesen von Romanen als Weltfremdheit und Gefahr von Eskapismus ist ein häufig beschriebener Topos in Bezug auf Literatur: Verzauberungen, Schlachten, Wunden, Seestürme füllen die Köpfe. – Bilderfluten gab es also schon damals!

Leseerinnerungen sind Lebenserinnerungen

„Poetik der Kindheitslektüre“ erschien 2000 u.a. mit den Erinnerungen der mehrfach ausgezeichneten Schriftstellerin Adelheid Dahimene über „Der Siegeszug der Wildheit“ in „Die rote Zora und ihre Bande“. Diese Reise in das Reich der Kindheit ist gleichzeitig eine Reise hin zu den Leseerinnerungen. Das ist keine bloße Fertigkeit, sondern entsteht aus Reflexion und neuerlicher Lektüre des einstigen Lieblingsbuches. So wird verstanden, was erkannt wurde, aktuelle Bilder stellen sich neben die Erinnerungen, der Akt des Lesens kommt dabei ins Gespräch. Bibliotheken organisieren Lesekreise, Literaturkreise, in denen auch die „Bücher meines Lebens“ zum Thema werden. Wieder tauchen die LeserInnen in die Geschichten ein, erinnern sich wichtiger HeldInnen ihrer Jugend oder auch ihrer Lektüre als Erwachsene. Adelheid Dahimene: „Mir ist von der Roten Zora die felsenfeste Überzeugung geblieben, daß auch eine Frau ihren Mann stehen kann und sich mit dieser Haltung sogar Pferde stehlen lassen. Sofern man ein Waisenkind mit viel Hunger ist und als Schriftstellerin sowieso von der Hand in den Mund lebt.“[17]

---

16 Hell, Cornelius, Lesen ist Leben, Klagenfurt 2007, 19.

17 Poetik der Kindheitslektüre, Linz 2000, 17.

Das weite Land der Kindheit

Wissen als Durchdringung der Welt[18] kann auch – teilweise – als Erinnerungswissen gesehen werden. So wie Adelheid Dahimene reflektierend die Kinderbuchheldin einst und jetzt kontrastiert, reflektieren LeserInnen in Literatukreisen ihre aktuellen und früheren Leseerfahrungen zu einem ausgewählten Text. War da nicht „Die Verwandlung" in der vierten Klasse Hauptschule ein Text, der sich einem immer und immer wieder zu entziehen verstand. Den man selbst auch gar nicht lesen wollte. Mit 14 Jahren nicht im Stande war, die Geschichte Franz Kafkas zu verstehen? Heute im Literaturkreis funktioniert es, der Einstieg gelingt, die Geschichte kann sich entwickeln. Die Arbeit als Germanistin im Bereich der Erwachsenenbildung führt mich Monat für Monat sowohl in Literaturkreisen als auch bei Vorträgen zurück zu frühen Leseerfahrungen der TeilnehmerInnen. Viele sind sich einig darin, dass die Botschaft des Deutschunterrichts lautete „Lest und gebt Ruhe!" So entstehen und entstanden keine Dialoge, so wurde das Wissen des Autors des Literaturlexikons weitergegeben und der Text in seinem Diskurs-Angebot kaum beachtet.

Wenn Menschen in der Lage sind, über ihre Erfahrungen zu sprechen, sind sie auch dazu in der Lage, die Vergangenheit zu reflektieren und ihre eigene Lese- und Lernbiographie zu schreiben. Das Ziel davon ist es, die Freude am Lesen durch gezielte Fragestellungen zu fördern. Was haben Werke wie Fontanes „Effi Briest", Benoite Groults „Salz auf unserer Haut" und Daniel Glattauers „Gut gegen Nordwind" gemeinsam? Welches gemeinsame Thema ist die Basis der Gemeinsamkeiten, gebrochen durch die jeweilige Zeit und ihre Regeln, in denen die einzelnen Werke entstanden sind? Selbstbewusst über die eigenen Zugänge zu diesen drei Romanen – als Beispiele – zu reden, lässt das Selbstbewusstsein als ernst genommene Leserin wachsen.

Kein Thema wie das der Kindheit füllt die Säle der Bildungs- und Literaturhäuser. Kindheit in der Ukraine, Kindheit in einem abgelegenen Tal, Kindheit in der NS-Zeit, Kindheit in der Zeit des Wirtschaftswunder: Reflektierende ErzählerInnen führen ihre LeserInnen in ein Damals zurück: Neben Kriminalromanen und Biographien gelten Kindheitsromane als beliebtestes Genre im Ranking der LeserInnen in Öffentlichen Bibliotheken. Der Wunsch nach Beratung ist deutlich angestiegen; Thementische etwa oder Regale mit Büchern zu einem ausgewählten Thema finden großes Interesse. Wohl mögen die Skills wie Kommunikationsbereitschaft gefördert worden sein, der Wunsch nach Orientierung in großen Datenmengen ist sehr hoch. Wer kann welches Buch empfehlen? Kind-

---

[18] Vgl. Liessmann, Konrad Paul, Theorie der Unbildung. Die Irrtümer der Wissensgesellschaft, Wien 2006, 29.

heit als Thema scheint Garant für Verlässlichkeit und Nachvollziehbarkeit zu sein, das ältere Ich spricht über das jüngere – erkennen und begreifen in Reinkultur zeigen sich in diesen Veranstaltungen und Vorträgen. Bildhaft sind diese Romane zumeist, empathisch auch der Vortrag der lesenden AutorInnen, Eintauchen in diese Geschichten scheint möglich, weil die Bilder verlässlich nacheinander daherkommen. Kein Sprachexperiment verscheucht die Melancholie über die vergangenen Jahre.

Eigene Leseeindrücke zu äußern ist seit etwa zwanzig Jahren im Literaturkreis möglich; die ExpertInnen sind LeserInnen mit ausreichender Leseerfahrung. Nicht immer sind es die ProfessorInnen des Faches Deutsch, die die interessantesten, weil diskutierfreudigsten Lesekreise leiten. ExpertInnen weden eingeladen, Hintergründe aufgezeigt, der souveräne Leser, die souveräne LeserIn hat aber weiterhin das Recht, seine/ihre Meinung nicht druckfertig äußern zu dürfen.

Bildung und Öffentliche Bibliotheken haben im Bereich der Literaturvermittlung zahlreiche Berührungspunkte. Noch vor zwanzig Jahren führten viele LehrerInnen die Bibliotheken – ehrenamtlich natürlich: Schmutz und Schund standen damals noch gegen das gute Buch. Damals hieß die Systematikgruppe „Schöne Literatur" – da konnte damals ein Franz Innerhofer mit seinem Romanerstling „Schöne Tage" schon verstören. Diese Diskussionen sind seltener geworden, haben nahezu Seltenheitswert, bis auf die Frage „einstellen, ja oder nein" zu Charlotte Rochs „Feuchtgebiete". Diese Literaturdiskusionen sind immer auch Wissens- und Wertediskussionen, durch Roches Präsenz in den Medien auch medial stark gepusht. Doch wie liest sich dagegen „Häutungen" von Verena Stefan, ein Klassiker der feministischen Literatur.

Zuzugeben, dieses Werk nicht zu kennen, scheint heute leichter zu fallen. Insofern erscheinen LeserInnen selbstbewusster als früher im Bereich der Belletristik zu sein. Sie fordern die Neuerscheinungen und die Werke auf den Bestenlisten: Sie sind KundInnen und keine SchülerInnen, die sich nach eingehender Prüfung der BibliothekarInnen mit einem für sie ausgewählten Buch wieder zurückziehen. Sie geben vor, was sie lesen wollen und fordern die Erfüllung ihrer LeserInnenwünsche ein.

IV Autonomes Lesen und autonomes Schreiben

Autobiographisches Schreiben ist sinnstiftend

Autobiographien füllen die Regale. Gleichzeitig steigt das Angebot an Schreibwerkstätten aufgrund reger Nachfrage. Die TeilnehmerInnen wünschen sich, in die Praxis des Schreibens über das eigene Leben wertschätzend eingeführt zu werden. Was hat der/die Einzelne als Alltagsgeschiche im großen Kontext der Zeitgeschichte erlebt, erlitten, erduldet und getan? Vor allem über sich selbst wollen die TeilnehmerInnen schreiben, Gegenstände und Gerüche aus ihrer Kindheit stellen weritere Lieblingsthemen dar. Schreibend reflektieren die Menschen ihr Leben: Sie tauchen ein in die imaginäre Tinte der Erinnerung, sie stellen sich schmerzhaften Augenblicken in ihrem Leben und sie lächeln beim Erinnern ihrer Streiche. Viele schreiben für sich, für ihre Schublade. Autobiographisches Schreiben führt kein Schattendasein: Es ist bewiesen, dass es hilft, heilt und in jeder Kategorie der Erwachsenenbildung ertragreich für die Schreibenden ist. Erinnerungsarbeit für 60+ oder 70+ heißt auch, den Geist anzuregen, die Sprache wieder wachzurütteln und mit ihr den Menschen. Diese Schreibwerkstätten werden schon lange nicht mehr als Selbstdarstellungen belächelt, sondern es ist klar geworden, dass der Reichtum des gelebten Lebens vor den Schreibenden auftaucht und stärkt.

Das Schreiben über die Vergangenheit macht auch die Gegenwart reicher: Schreibwerkstätten in der Erwachsenenbildung und in den Öffentlichen Bibliotheken fördern den Schatz der Erinnerung. Sie vermitteln unterschiedliche Schreibhaltungen, Ich-Form, personale Erzählform etc. Sie bieten die Form für den gelebten Inhalt an: Bibliotheken sind Orte der Kontemplation, man muss sie nur als solche sehen können und wollen.

Wer seine Erinnerungen aufschreibt, muss sich die Zeit zum Denken nehmen. Wer heute einen Roman aufschlägt, mit dem Ziel, sich ihm anzuvertrauen, hat die Bereitschaft, sich konzentriert dem Verlauf der Erzählung zu widmen. Die eigene Sprache zu reflektieren – siehe das Zitat von Marjana Gaponenko oben – bedeutet auch, sich der Integration zu widmen. Die zwei Vermögen Denken und Sprechen finden Eingang in die Angebote der Öffentlichen Bibliotheken. Sie bieten deutsch-türkische Kinder- und Bilderbücher an, ebenso deutsch-serbokroatische und deutsch-.... Die Bereitschaft, die Bedürfnisse der LeserInnen mit Migationshintergrund zu erfüllen, heißt auch, ihre Sprache zu Wort kommen zu lassen.

Vorlesen auf Deutsch und auf Türkisch fasziniert nicht nur Kinder, Hochdeutsch neben Hochtürkisch lässt neue Klänge vertraut werden. Das gilt auch für Lesungen von AutorInnen mit Migrationshintegrund: Klischees sollen nicht zementiert werden, der Dialog dafür wach bleiben, da muss und darf es auch Konflikte geben.

Nach-Sätze

„Im Frühjahr 1998 kaufte Bluma Lennon in einer Buchhandlung von Soho eine alte Ausgabe der Gedichte von Emily Dickinson und wurde an der ersten Straßenecke, als sie gerade beim zweiten Gedicht angelangt war, von einem Autor überfahren. Bücher verändern das Schicksal der Menschen.“[19]

[19] Dominguez, Carlos Maria, Das Papierhaus, Frankfurt 2006, 7.

Bildung und innere Armut

Clemens Sedmak

Ein Bildungsprozess kann mit den Metaphern von Erhellung und Erleuchtung charakterisiert werden. Vom „Licht des Geistes“ ist in den einflussreichen Schriften von Augustinus oft die Rede. Wenn wir uns mit einem neuen Gegenstand beschäftigen, etwa der Frage „Wer war Simone Weil?“, so bewegen wir uns zunächst in einem dunklen epistemischen Raum – in einem Raum, der wenig Orientierung bietet, nur wenige Referenzpunkte, die Zuordnungen und Einordnungen ermöglichen. Wir können wenig über Simone Weil sagen, tappen also im Dunklen. Aber jede Einsicht, die wir bekommen, jeder Eindruck, den wir gewinnen, jede Information, die wir uns aneignen, erhellt den Raum, in dem wir uns bewegen, es wird lichter und klarer. Allein die Lebensdaten Simone Weils (1909-1943), derer wir im Jahr 2009 auf besondere Weise gedenken, schaffen Orientierung. Wenn wir darüber hinaus auch noch lernen, dass Simone Weil sich bis zur Erschöpfung für die Sache der Gerechtigkeit und Menschlichkeit eingesetzt hat, mit besonderer Verbundenheit zu harter Arbeit, wenn wir Einsicht in ihr religiöses Ringen etwa im Briefwechsel mit R.P. Perrin erhalten, wenn wir Simone Weils Gedanken in ihrem Hauptwerk *Schwerkraft und Gnade* lesen, werden die lichtvollen Koordinaten zahlreicher. So wird der epistemische Raum, also der Raum, innerhalb dessen Kenntnis von Simone Weil gesammelt und verarbeitet und mit Erkenntnissen über Person und Denken Weils verknüpft werden kann, heller. Die Kategorien, die wir zur Einordnung verwenden, verfeinern und verdichten sich, Nuancierungen werden möglich, Differenzierungen legen sich nahe. Eben in diesem Sinn kann Bildung als „Weg zum Licht“ beschrieben werden.

Wir könnten den Weg der Bildung auch mit einer zweiten Metapher annähern: Bildung lässt epistemische Räume bewohnbar erscheinen und wandelt unbewohnte Häuser von Erkenntnis in bewohnte Häuser von Erkenntnis. Was ist damit gemeint? Aleida Assmann hat an einer Stelle zwischen dem bewohnten und dem unbewohnten Gedächtnis unterschieden.[1] Das bewohnte Gedächtnis (oder auch „Funktionsgedächtnis“) ist das Gedächtnis von Menschen, die sich

---

[1] Assmann, Aleida, Erinnerungsräume. Formen und Wandlungen des kulturellen Gedächtnisses, München 2003, 133.

durch die Erinnerung als Gemeinschaft zusammenfinden, die durch die Erinnerung Identität erhalten und ihr Selbstverständnis nähren. Demgegenüber ist das unbewohnte Gedächtnis ein „Speichergedächtnis", das Erinnerungsinhalte sammelt, aber damit nicht Identitätsstärkung oder -stiftung bewirkt. Hier werden Daten in Archiven abgelegt, hier werden Erinnerungen verwaltet – aber es werden nicht Fundamente für individuelle und gemeinschaftliche Existenz geschaffen. Dieses Gedächtnis ist unbewohnt. Mit Blick auf diese Unterscheidung kann Bildung als ein Weg aufgefasst werden, der epistemische Räume von unbewohnten Räumen in bewohnte Räume transformiert. Ein bewohnter epistemischer Raum bietet „Erkenntnis" und nicht bloß „Daten", er bietet „Orientierung" und nicht allein „Information". Michael Polanyi hat mit dem Begriff des „persönlichen Wissens" („personal knowledge" – eine Art von Wissen, die Teil der Persönlichkeit geworden ist und nicht abgenommen werden kann wie ein Rucksack) dieses Anliegen eines bewohnten epistemischen Raums zum Ausdruck gemacht. Es ist beeindruckend, wie manche Menschen in einem Forschungsbereich „daheim" sind; wie sie sich in den verschiedenen Wissensbereichen und Fragerichtungen zurecht finden, wie sie sich auch über das, was sie erkennen, wissen und erforschen in ihrer Identität definieren. So entstehen bewohnte epistemische Räume. Auf dem Hintergrund dieser beiden Bildungsmetaphern – Erhellen und Bewohnen – können die folgenden Überlegungen zum Zusammenhang von Bildung und Identität verstanden werden.

1. Bildungsvermittlung: Die gute Lehrerin, der gute Lehrer

Der Schlüssel zur Bildung sind Menschen; oder auch: Das epistemische Haus wird durch Menschen aufgesperrt, die durch ihren Beruf und Auftrag, durch ihre Großzügigkeit und Begeisterung, durch ihre Fähigkeit und Kenntnis – anderen den Zugang zum erleuchteten und bewohnten epistemischen Raum ermöglichen. Der Lehrberuf, der den Schlüssel zum bewohnten epistemischen Raum in der Hand hält, hat eine besondere Würde, an die immer wieder erinnert werden muss. Diese Würde ist Quelle für Selbstachtung wie auch Auftrag im Sinne einer Verantwortung derjenigen, die im Lehrberuf stehen. Was macht einen guten Lehrer, eine gute Lehrerin aus?

George Steiner hat zu eben diesem Thema in den Jahren 2001/2002 die Charles Eliot Norton Lectures in Harvard gehalten.[2] Steiner geht in diesen Vorlesungen der Frage nach dem guten Lehrer nach. Er zeigt die religiösen Ursprünge des

---

2 Steiner, George, Lessons of the Masters, Cambridge/Mass 2003; deutsche Übersetzung: Der Meister und die Schüler, München 2009.

Lehrberufs und zeichnet den Lehrer als Hörer,, als Boten und als Beispiel. Der Lehrer ist zunächst Hörer: Er muss selbst „Hörer des Wortes“ sein (wie Karl Rahner bekanntlich die Gestalt des glaubenden und suchenden und fragenden Menschen charakterisiert hat), ehe er das Wort sprechen kann. Er wird als einer, der Gehörtes weitergibt, zum Boten – und damit zum Diener einer Sache, die größer ist als die Person des Lehrenden; der Bote tritt hinter die Botschaft zurück, der er demütig dient; hier ist weniger Raum für Selbstdarstellung und Subjektivierung, wie es mancherorts gepflegt wird. Und schließlich ist der Lehrer Beispiel – er lehrt mit seinem ganzen Dasein, mit allem, was ihn und sein Leben ausmacht; das Exempel des eigenen Lebens und Tuns ist nicht allein Ratifizierung des Gesagten im Sinne einer „Glaubhaftmachung“, sondern tatsächlich integraler Bestandteil des Lernens. Selbst wenn man sich, um eine gebräuchliche Unterscheidung aus der Erkenntnistheorie zu gebrauchen, propositionales Wissen („know that“) anhand von geschriebenen Lehrmaterialien aneignen kann, so stoßen wir doch beim prozeduralen Wissen („know how“) auf Grenzen des Geschriebenen. Hier kann nicht nur geschrieben, es muss „gesprochen“ werden; es kann aber auch nicht nur das gesprochene Wort geboten sein, es muss „gezeigt“ werden. Der Lehrling sieht, wie eine Sache anzupacken ist, durch teilnehmende Beobachtung, durch nachmachende Beobachtung, durch Versuch unter Anleitung. Eben dies ist gemeint, wenn wir davon ausgehen, dass eine gute Lehrerin durch das Beispiel lehrt.

Eine zweite Auskunftsquelle in Bezug auf gute Lehrerinnen und gute Lehrer entnehme ich der altchristlichen Tradition mit dem viel gebrauchten Bild des Hirten – ein guter Lehrer ist ein guter Hirte. Aphrahat (gestorben 345), auch „der persische Weise“ genannt, hat in seinen ursprünglich auf Syrisch geschriebenen *Unterweisungen* auch eine Schrift über die Hirten verfasst.[3] In diesem Werk beschäftigt er sich mit dem Hirtenamt. Zentrale Gedanken dieser Schrift lassen sich folgendermaßen zusammenfassen: Der gute Hirte führt den Vorsitz über die Herde und er nährt sie; mit anderen Worten: Er hat die Zügel in der Hand und lässt sich nicht von der Herde führen; der gute Lehrer nährt die ihm Anvertrauten, er speist sie nicht einfach mit leeren Worten ab, also mit Worten, die leer laufen, die keine Veränderung bewirken, keine Glaubwürdigkeit und Kraft haben, keine Reibung mit der Wirklichkeit[4] aufweisen. Der gute Hirte

---

3 Aphrahat, Demonstrationes. Unterweisungen I. Fontes Christiani 5/1. Aus dem Syrischen übersetzt und eingeleitet von Peter Bruns. Freiburg/Br 1991.

4 Ein berühmtes Bild, das Ludwig Wittgenstein in seinen *Philosophischen Untersuchungen* (PU) verwendet: „Wir wollen gehen; dann brauchen wir die *Reibung*. Zurück auf den rauen Boden!“ (Philosophische Untersuchungen. Oxford 1967, 107); vgl,. auch die Rede von „Luftwiderstand“ und „Reibung“ in PU 130 und die Rede vom Leerlaufen der Sprache in PU 132.

nährt die Herde mit lebensspendendem Wort.[5] Der gute Hirte sorgt sich und müht sich um die Herde; es ist ein anstrengender Dienst, der hier verrichtet wird; die Herde ist ihm ans Herz gewachsen. Der gute Hirte rettet die Herde vor den Wölfen. Hier kann man sich in Bezug auf die Bildungsarbeit fragen, worin denn Wölfe bestehen: Man könnte hier etwa an neue Autoritätsargumente denken („Die Hirnforschung hat gezeigt, dass wir keinen freien Willen haben") oder an Scharlatanerie („Man muss nur beim Universum bestellen"). Der gute Hirte holt die Verirrten aus der Ferne zurück; er macht sich also auf, um diejenigen, die verloren gegangen sind, wieder zurück zu holen – also diejenigen, die das Interesse oder die Liebe zum Thema oder die innere Festigkeit der Konzentration verloren haben; ihnen werden besondere Bemühungen geschenkt. Der gute Hirte stärkt die Schwachen und er fordert die Starken, sodass auf diese Weise eine Herde zusammengehalten wird. Entscheidend ist freilich, dass er gute Hirte die ihm anvertrauten Tiere liebt. Das ist ernst zu nehmen. Aphrahat sagt dies sehr deutlich: „Der Hirte nämlich, dem an seinen Schafen etwas liegt, kann nicht zugleich eine andere Arbeit ausüben."[6] Hier sind also Verzicht und Konzentration gefragt. Ein guter Lehrer kann nicht ein Hans Dampf in allen Gassen und auf allen Autobahnen sein. Aphrahat lehrt uns auch dadurch einiges über den guten Hirten, dass er – mit Blick auf Ezechiel 34 – den schlechten Hirten charakterisiert: Der schlechte Hirte weidet nicht die Herde, sondern sich selbst. Und: Er weidet nur die fetten Schafe. Ein Lehrer, der sich selbst weidet, dient nicht der Sache, fügt sich nicht in ein größeres Ganzes, sondern folgt eigenen Interessen, stellt sich selbst dar. Und ein Lehrer, der nur die fetten Schafe weidet, bevorzugt diejenigen, die mehr Ertrag bringen und wird damit dem Fürsorgeprinzip, die Schwachen zu stärken, die Verirrten zurückzuholen und die Herde als ganze zu bewahren, nicht gerecht.

Eine dritte Quelle für Einsichten in den Lehrberuf können wir im vierten Jahrhundert bei Johannes Chrysostomos finden, der sich in seiner Schrift *De Sacerdotio* mit dem Priestertum beschäftigt hat, was aber aufgrund der entsprechenden Gemeinsamkeiten von Priesterberuf und Lehrberuf in eigen Punkten hilfreich für das Verständnis des guten Lehrers und der guten Lehrerin ist: Ich möchte zwei Punke hervorheben, die sich aus dieser Schrift anregen lassen: (i) Der gute Lehrer heilt Krankheiten der Seele der ihm Anvertrauten. Die klassischen Krankheiten der Seele sind Beschwernisse wie Stolz, Trauer, Zorn, Habsucht, Trägheit…. Hier kann man sich die gute Frage stellen, inwiefern Bildung gerade dazu beitragen kann. Eine mögliche Antwort: Sokrates hat seiner-

---

5 Man könnte auch sagen: Mit einem Wort, das Tiefe und Echtheit aufweist, und das Gegenteil von dem ist, was Harry Frankfurt bekanntlich „Bullshit" genannt hat (Frankfurt, Harry, Bullshit, Frankfurt/Main 2006).

6 Aphrahat, a.a.O., 274.

seits viel dazu beigetragen, die Krankheit des Stolzes und der Überheblichkeit zu heilen. John Rawls sieht es als eine der wichtigen Aufgaben der politischen Philosophie an, den Zorn und die Enttäuschung zu beschwichtigen.[7] Hier werden also mit den Mitteln der Bildungsarbeit die Krankheiten der Seele wie Stolz, Trauer und Zorn angegangen. Die Habsucht wiederum wird eingedämmt durch jene Bildungsprozesse, die einen Sinn für Ordnung vermitteln und damit die „temperantia" als Heilmittel gegen die „avaritia" plausibel werden lassen. In Bezug auf den Bildungsauftrag, „innere Krankheiten" zu heilen, mag man auch an die „Krankheiten des Geistes" denken, von denen etwa in Boethius' *Trost der Philosophie* der Rede ist: Boethius verfasst diese Schrift im Gefängnis, seiner Hinrichtung entgegen blickend.[8] Er ist verzweifelt und verwirrt und schreibt einen Text, der die Besuche der Philosophie bei ihm schildert, die in ihm eine Krankheit diagnostiziert und diese denn auch behandelt. Der erste Schritt zur Heilung ist die Fähigkeit zur Artikulation: „He takes the first step on the road to recovery by recognizing Philosophy and by regaining his ability to speak."[9] Die Philosophie diagnostiziert bei Boethius zwei entscheidende Krankheiten des Geistes, die Krankheiten der Selbstvergessenheit (der zu Tröstende hat vergessen, wer er ist) und der Trübung (Verwirrung: der zu Tröstende hat den Blick auf das Ganze und damit die Orientierung verloren). Konsequenterweise führt der Weg aus diesen Krankheiten über die Disziplin der Gedanken und die Macht der Erkenntnis. Hier haben wir es mit „therapeutischen Argumenten" zu tun. Martha Nussbaum hat in ihren Auseinandersetzungen mit der griechischen und vor allem auch römischen Philosophie diesen Begriff der „therapeutic arguments" entfaltet.[10] Immer wieder wird in der stoischen Philosophie des Bild des Arztes für den Philosophen verwendet, wobei der Philosoph jene Krankheiten zu heilen hat, die aus falschen Überzeugungen herrühren. Ein Bildungsprozess kann deswegen durchaus mit diesem Bild des Heilens und eine Lehrerin durchaus mit der Metapher der Ärztin angenähert werden. (ii) Der zweite Punkt, den wir der Schrift von Johannes Chrysostomos entnehmen können: Der gute Lehrer achtet auf die eigene Seele. Kurz, er versucht, an sich zu arbeiten und Krankheiten des Inneren zu verhindern und zu heilen. Er achtet auf die eigene Seele, auf das eigene Innere: er kämpft gegen die eigenen inneren Krankheiten an. Auf diese Weise kann die Person des lehrenden Menschen in Bezug auf Bildungsprozesse in den Blick genommen werden. Die Lehrerin und der Lehrer helfen,

---

7 Rawls, John, Gerechtigkeit als Fairneß. Ein Neuentwurf, Frankfurt/Main 2006, 20-24.

8 Boethius, Trost der Philosophie. Hg. K. Flasch. München 2007.

9 Curley, T.F., The Consolation of Philosophy as Work of Literature, *The American Journal of Philology* 108,2 (1987) 343-367, 344.

10 Nussbaum, Martha C., Therapeutic Arguments, in: Dies., The therapy of desire. Theory and Practice in Hellenistic Ethics, Princeton 1994, 13-47.

ein epistemisches Haus bewohnbar zu machen, das im Bildungsprozess zudem schrittweise erhellt wird.

2. Bildungserfahrung: Epistemische Gastfreundschaft

Das eben gezeichnete Bild des Lehrers und der Lehrerin erinnert an den Topos der Gastfreundschaft – es geht doch darum, einem Schüler und einer Schülerin den Eintritt in epistemische Räume und die Beweglichkeit in solchen Räumen zu vermitteln. Thomas von Aquin hat in seinen Überlegungen zum Lehrer vor allem auf diese Funktion des Lehrers verwiesen, dem Schüler die Möglichkeit zur Selbsttätigkeit des Verstandes zu vermitteln.[11] Lehren ist eine Tätigkeit, die darin besteht, einen anderen Menschen dazu zu bringen, vollziehendes Subjekt von Erkenntnis zu werden. Der Schüler muss das Urteil, das in der Anwendung von Inhalten und Prinzipien auf besondere Situationen notwendig ist, selbst fällen, dies kann ihm der Lehrer nicht abnehmen. Lehren ist keine Wissensinfusion. Lehren bedeutet also nicht ein „Verkaufen von Gütern", die dem Schüler in die Hand gedrückt werden, sondern ein Vermitteln von Erfahrungen, wir könnten sagen: von Erfahrungen des Bewohnbarmachens eines epistemischen Raumes. Und dies hängt gerade damit zusammen, dass die Erde nach dem Sündenfall an „Wohnlichkeit" eingebüßt hat – Thomas zitiert eine berühmte Stelle des Augustinus: „Vor dem Sündenfall wurde die Erde von einer Quelle bewässert, danach war dazu der Regen von oben aus den Wolken erforderlich. Diesem Verhältnis entsprechend wurde der menschliche Geist vor dem Fall durch die Quelle der Wahrheit gespeist. Nachher aber bedurfte er der Lehrer."[12] Der Lehrer – obzwar infralapsarische Notwendigkeit[13] – ist dann nicht Verkäufer von

---

11 Thomas von Aquin, Quaestiones disputatae de veritate, q. 11, a 1.

12 Thomas von Aquin, Questiones disputatae de veritate, q. 11, a. 1, sed contra 6 (Ausgabe: Thomas von Aquin, De Magistro. Herausgegeben, übersetzt und kommentiert von G. Jüssen, G. Krieger, JHJ Schneider. Hamburg 2006, 13).

13 Die Bedeutung des Sündenfalls für die Bildung ist eine eigene Untersuchung wert – was besagt der Mythos vom Anfang des Buches Genesis über Wissen, Gewissen und Bildung? Dietrich Bonhoeffer hatte ja bekanntlich in seiner *Ethik* den Ursprung des Gewissens in der Entzweiung des Menschen von sich selbst nach dem Fall gesehen (Bonhoeffer, Dietrich, Ethik. hg. von E. Bethge, München 1966, 19-29); Gioconda Belli beschreibt in ihrer Darstellung der Schöpfungserzählung die Kraft, die vom Wissenwollen ausgeht – ein Dialog noch im Paradies ist viel sagend: „'Was befindet sich außerhalb dieses Gartens? Warum sind wir hier?' ‚Wozu willst du das wissen? Du hast doch hier alles, was du brauchst.'" (Belli, Gioconda, Unendlichkeit in ihrer Hand, München 2009, 29). Die Versuchung besteht in der Entscheidung – Wissen oder Ewigkeit (33). Diese Frage geht tief, denn, wie die Schlange nach dem Sündenfall tückisch anmerkt, „die Ewigkeit braucht kein Wissen. Aber zum Leben und zum Überleben ist Wissen unerlässlich" (210). Nach dem Sündenfall stellt sich „Wissen über sich selbst" als Form der Entzwei-

„Kommoditäten", sondern Gastgeber, der Zugang zu Räumen von und zur Selbsttätigkeit ermöglicht. Damit kann eine Bildungserfahrung als Lehr- und Lernerfahrung als Erfahrung von Gastfreundschaft gedeutet werden. Es wäre durchaus fruchtbar für eine Lehrerin, die Schülerinnen als ihre Gäste zu sehen. Das Motiv der Gastfreundschaft spielt in der Führungsethik eine gewisse Rolle. In ihrem Buch *Hostmanship* beschreiben Jan Gunnarsson und Olle Blohm das Führen von Menschen im Sinne des Gastgeberdaseins.[14] Auch die Lehrerin-Schülerin-Beziehung kann mit Begriffen der Führungsethik verdeutlicht werden, gilt es doch hier, Verantwortung zu übernehmen und eine „Kultur der Generativität" zu entwickeln. Einiges über die Gastfreundschaft kann man der *Regula Benedicti* entnehmen: Im Abschnitt 53 ist die Rede von der Behandlung der Gäste – hier lesen wir, dass allen Gästen die Ehre zu erweisen ist. Was heißt es etwa, Schülerinnen und Schülern die Ehre zu erweisen? Hier lesen wir, dass wir angemeldeten Gästen entgegen eilen sollen – was bedeutet es, Studierenden entgegen zu eilen? Hier ist die Rede vom Friedenskuss, der den Gästen zu geben ist; ohne dies übertreiben zu wollen: Was heißt es aber, Schülerinnen und Schüler nicht als „Feinde", sondern als „Freunde" zu sehen, also den Unterricht nicht als „Kampfsituation", sondern als Friedenssituation? Man solle, so besagt die Regula, den Gästen mit Demut begegnen, Eifer und Sorge zeigen (das Bild der Fußwaschung!). Was bedeuten diese Aspekte in einem Bildungsprozess? Man mag sich an Augustinus' Schrift *De catechizandis rudibus* (entstanden um 400) erinnert füheln, in der Augustinus in seinen Überlegungen über den ersten katechetischen Unterricht darauf hinwies, dass die Menschen, mit denen Du in einem Bildungsprozess arbeitest, als Menschen und in dem, was sie wissen, zu ehren und zu achten sind. Dann ist ihnen die Möglichkeit zu geben, auf behutsame Weise einiges von dem, was sie gelernt haben, wieder zu verlernen. Dies wiederum ist nur möglich, wenn der Lehrer und die Lehrerin glaubhaft am Wohl der anvertrauten Lernenden interessiert ist und sich am Gemeinwohl orientiert – und nicht etwa ein schlechter Hirte im Sinne von Ez 34 ist. Und weiters ist es nach Augustinus wichtig, Menschen, die in einem Bildungsprozess involviert sind, einen Sinn für das Mysteruim, für das prinzipiell Nichtverstehbare zu ver-

---

ung ein, sodass Adam die Erfahrung machen kann, dass ihm auf seltsame Weise der innere Zusammenhang abhanden gekommen ist (55). Wissen stellt sich allmählich ein, wird Schritt für Schritt errungen, ist also die Einladung zu einem Weg (122). Und Wissen hat seinen Preis, wie Adam weise erkennt: „Das Böse gehört auch zum Wissen" (140) – und die Schlange setzt noch eines nach: „Ich habe dir doch gesagt, dass Erkenntnis Leid mit sich bringt" (259). So lassen sich Konturen einer Bildungstheorie wie einer Erkenntnistheorie aus der Tiefeninterpretation dieses Mythos gewinnen – vgl. auch Pagels, Elaine, Adam, Eva und die Schlange. Die Theologie der Sünde, Reinbek 1991; Wiesel, Elie, Adam oder das Geheimnis des Anfangs, Freiburg/Br. 1998.

14 Gunnarsson, Jan/Blohm, Olle, Hostmanship. The art of making people feel welcome, Stockholm 2003.

mitteln, um von da aus auch eine Grundlage für eine Haltung von Offenheit und Demut zu gewinnen. Hier lassen sich wichtige Konturen einer Kultur der Gastfreundschaft entziffern.

Es kann freilich ebenso fruchtbar für eine Lehrerin sein, die Schülerinnen als Gastgeberinnen anzusehen. Vielleicht kann man folgenden Satz formulieren: Kinder sind Gastgeber, die uns Erwachsene im Haus der Verantwortung wohnen lassen. Dieses Bild vom Respekt vor Gastgebern hat George Steiner seinerzeit sehr schön ausgedrückt: In einem Feuilletonbeitrag für die Frankfurter Allgemeine Zeitung formulierte Steiner: „Wir alle sind Gäste des Lebens. Das Sein ist unser Gastgeber. Wir sind vom Leben eingeladen. Niemand hat ein Recht, geboren zu sein. Jeder ist Gast im mysterium tremendum des Lebens ... . Leben heißt, eine willkürliche Gabe in Empfang nehmen. Wie soll sich ein Gast benehmen? Er soll das Haus, in welchem er Gast war, etwas sauberer, etwas schöner, etwas sicherer verlassen, als er es vorfand ... Die Menschen sind gegenseitig Gäste und Wirte, so wie beide Gäste des Lebens sind ... Wie soll sich ein Gast seinem Wirt gegenüber benehmen? Er soll versuchen, alles, was er kann, über die Gebräuche, die Überzeugungen, den Glauben des Gastgebers zu erlernen, auch, soweit möglich, seine Sprache.“[15]

Das ist ein klares Wort in Bezug auf den Aufbau einer Kultur von Gastfreundschaft – es wäre eine Überlegung wert, die Idee des Gastgebertums von Schülerinnen und Schülern auf ein Modell von Schule zu übertragen. Wiederum gilt der Satz: Die Lehrerin und der Lehrer helfen, ein epistemisches Haus bewohnbar zu machen, das im Bildungsprozess zudem schrittweise erhellt wird.

3. Bildung und innerer Reichtum: Selbstbildung und Selbstsorge

Lernen ist, so haben wir bei Thomas von Aquin gesehen, ein Betätigen des eigenen Verstandes; der Lehrer kann den tätigen Verstand des Schülers nicht bewegen, das kann nur der Schüler tun. Lernen ist damit sowohl „innere Arbeit“ als auch“: „Arbeit am Innen“. Bildung ist „Arbeit am Innen“; die Gastfreundschaft, um die es geht, bezieht sich um die Wohnlichkeit epistemischer Räume, also um die Wohnlichkeit innerer Räume. Die Krankheiten, die durch Bildungsprozesse geheilt werden sollen, sind „innere Krankheiten“. So wird Bildung zur „Arbeit am Selbst“.[16] Damit sind wir bei der Frage nach dem Menschenbild angelangt.

---

[15] Steiner, George, Wir alle sind Gäste des Lebens und der Wahrheit, FAZ Feuilleton, 31. Mai 2003, 39.

[16] Das mag für Wittgenstein-Insider vertraut klingen – Wittgenstein hatte die Philosophie als „harte Arbeit an Einem selbst“ charakterisiert: vgl. G. Gebauer et al. (Hg.), Wittgenstein – Philosophie als „Arbeit an Einem selbst“, München 2009.

Die „Quellen des Selbst“ hat Charles Taylor in seinem gleichnamigen Opus magnum untersucht.[17] Darin hatte Taylor aufgezeigt, dass ein entscheidender Wendepunkt in der Ideengeschichte in den *Confessiones* des Augustinus zu finden ist. In diesem Werk entwickelt Augustinus die Introspektion als philosophische Methode, ein neues genus litterarium, und vor allem: ein neues Menschenbild, das den Menschen als Wesen von Komplexität und Tiefe auszeichnet. Bildung wird damit zur Arbeit an dieser Komplexität und Tiefe.

Im Buch X der *Confessiones* wird deutlich, wie Augustinus diesen Innenraum des Menschen, den es zu formen gilt, auffasst. Augustinus verwendet das Bild der Halle, der Behausung, das Bild des Gefäßes und der Manteltasche, ja auch das Bild des „Magens des Geistes“ für das Innere des Menschen. Hier finden sich viele der Art nach verschiedene Bilder. Hier finden sich Sätze und Zahlen, Bilder und Erzählungen, Erinnerungen an Episoden, Gerüche und Gefühle. Hier ist also ein Reichtum, der geordnet werden will. Bildung ist ein Weg, innere Unordnung in innere Ordnung zu verwandeln. Das hat bei Augustinus durchaus mit Herzensbildung zu tun (das Gebet als ordnende Tätigkeit). Innerer Reichtum ist wesentlich für das Denken. Denken ist der Prozess, im Inneren Zerstreutes zusammen zu holen. Dazu bedarf es also offensichtlich einerseits des inneren Reichtums und andererseits der Möglichkeit, Ordnung in diesen Reichtum zu bringen. Den analogen doppelte Mangel – Mangel an inneren Inhalten und Mangel an innerer Ordnung – kann man als „innere Armut“ bezeichnen. Thomas Müller hat in seinem Buch über das Phänomen der inneren Armut[18] auf die Konsequenzen von innerer Leere und innerer Unordnung hingewiesen: Haltlosigkeit, Überforderung, Entrhythmisierung. Auch Wohlstandskinder sind davor nicht gefeit. Innerer Reichtum ist demgegenüber die Fähigkeit, Querverbindungen herzustellen, Neues einzuordnen, Neues als Neues identifizieren zu können.[19] Innerer Armut ist nach Thomas Müller dadurch abzuhelfen, dass man Widerstandsfähigkeit stärkt, Bedürfnisse erkennt, Eigenbewegung entwickelt – und vor allem: Begegnungsräume erschließt und Weltberührungen ermöglicht. Auf diese Weise können ein „Sinn für Sinn“, ein „Sinn für Wert“, ein „Sinn für Neues“ kultiviert werden. Diese „Arbeit am Selbst“ hängt wesentlich mit der Ausbildung eines „Selbstkonzepts“, eines „Selbstbildes“, einer „Auffassung von sich selbst“ zusammen.[20] Ein Selbstkonzept wiederum ist abhängig von der

---

17 Taylor, Charles, Quellen des Selbst. Die Entstehung der neuzeitlichen Identität, Frankfurt/Main 1994.

18 Th. Müller, Innere Armut. Wiesbaden 2008.

19 Vgl. die instruktiven Gedanken von Peter Bieri, Wie wäre es, gebildet zu sein? (Festrede an der Pädagogischen Hochschule Bern über Bildung vom 4. November 2005).

20 Man denke an die Arbeiten von Campbell – J.D. Campbell, Self-esteem and the clarity of the self-concept. *Journal of Personality and Social Psychology* 58 (1990) 538-545; J.D. Campbell, B. Fehr, „To know oneself is to like oneself“. *Journal of Personality and So-*

Möglichkeit und Fähigkeit zur Selbstreflexion und zur Selbstartikulation.[21] Selbstartikulation mit Hilfe des sensiblen Einsatzes von Sprache trägt zu innerem Reichtum bei und ist eine Fähigkeit, die in einem Bildungsweg erschlossen und vertieft werden kann. Ich gebe ein Beispiel: Wenn man über das eigene Leben und etwa die Frage „Was ist es, das ich wirklich wirklich will" nachdenken möchte, kann Micheal O'Siadhails Gedicht *Is That?*[22] Ein hilfreicher Ausgangspunkt sein: In diesem poetischen Text ist die Rede vom Blick in ein erleuchtetes Zimmer bei einem abendlichen Spaziergang („Homing from a walk before turning in / we glance through someone's uncurtained window / lights and shades of another life"). Dann zeigt sich, dass auch unser Leben von außen betrachtet werden kann; es ist möglich, auf das eigene Innere einen Blick von außen zu werfen („It seems as though / we stand outside ourselves or shed a skin / turning our world a moment inside out"). Und dann stellen sich Fragen über die eigene Verortung im Universum und das eigene Leben („So, there it is: a room in the universe / Somewhere on the a map an arrow is pointing down / you are here .... Is that where we eat and talk and play, nurse / our abrasions, wonder how else it might have been?"). Mit diesem Gedicht werden Bilder an die Hand gegeben, denen man nachgehen kann, Fragerichtungen – Möglichkeiten der Artikulation. Und damit wird innerer Reichtum aufgebaut. Gedichte und Erzählungen können Selbsterkennntnis wie auch Selbstbejahung vermitteln. Mit Narrationen können nicht nur Werkzeuge zur Selbstartikulation gegeben, sondern auch Hoffnungsgeschichten und identitätsstiftende Erzählungen vermittelt werden.

Auf dem Hintergrund eines Menschenbildes, das den Menschen als Wesen von Komplexität und Tiefe sieht, kann Bildung als „Arbeit am Selbst" verstanden und Bildungsarbeit als Aufbau von „Selbst"[23] aufgefasst werden. In seinem be-

---

cial Psychology 58 (1990) 122-133; vgl. auch im selben Journal – A.H. Baumgardner, Self-esteem and the clarity of the self concept. *Journal of Personality and Social Psychology* 58 (1990) 1062-1072.

21 Die Fähigkeit zur Selbstartikulation und zur Beschreibung der eigenen Innerlichkeit ist in hohem ;aße förderlich für ein ausgeglichenes und glückliches Leben, weswegen die Bedeutung von Dichtung und Sprachkunst als Wegen zu sich selbst nicht unterschätzt werden sollten; gl. L.A. King, The Health Benefits of Writing about Intensily Positive Experiences. Journal of Research in Psychology 38 (2004) 150-163; K. Floyd et al., Affectionate Writing reduces Total Cholesterol. Human Communication Research 33 (2007) 119-142; bemerkenswert ist in diesem Zusammenhang der Band von Stephen Lepore und Joshua Smyth: S. Lepore, W.M. Smyth (eds.), The Writing Cure. How expressive writing promotes health and emotional well-being. Washington/DC 2002.

22 M. O'Siadhail, Poems 1975-1995. Newcastle 1999, 155.

23 Vgl. Chr. André, F. Lelord, Die Kunst der Selbstachtung. Berlin ^{4}2009.

merkenswerten Buch *The Idea of the Self* untersucht Jerrold Seigel[24] den Begriff des „Selbst", um den es nach meinem Verständnis in der Bildungsarbeit gehen soll. Seigel beschreibt das Zusammenspiel von „thought" und „experience" als entscheidend für den Aufbau des Selbst. Der Reflexivität kommt hier ein besonderer Stellenwert zu. Bildung baut das Selbst auf – in wenigstens sieben Hinsichten: (i) Das Selbst wird im Sinne der sozialen Identität durch Zugehörigkeit zu identitätsstiftenden Gruppen aufgebaut: Bildunsgsprozesse sind als soziale und kulturelle Prozesse auch gleichzeitig Einladungen zur Mitgliedschaft in solchen Gruppen wie auch Prozesse, die den Schlüssel in die Hand geben, Türen zu identitätsstiftenden Gruppen zu öffnen. (ii) Das Selbst wird im Sinne der kulturellen Identität durch die Einbettung des eigenen Lebens in identitätsstiftende Erzählungen kultiviert; Identität wird wesentlich durch die Einbettung des eigenen Lebens in einen größeren Zusammenhang aufgebaut; man denke an die Abschiedsrede von Moses in Dt 29 oder an die Apologie des Stephanus in Apg 7; in beiden Texten wird Identität als Einbettung in einen größeren Zusammenhang dargestellt. Bildung eröffnet den Zugang zu solchen Erzählungen, die damit auch Lebenskraft und Selbststand vermitteln. (iii) Das Selbst wird über Selbstachtung als Achtung vor der eigenen Menschenwürde auf der Grundlage der Fähigkeit, sich selbst als Mensch zu sehen, aufgebaut; dies wird durch eine Erziehung zur Humanität gefördert, die Menschen als Menschen sehen lässt und auch die Selbstwahrnehmung mit der Einsicht in die Idee der Menschlichkeit verbindet. (iv) Das Selbst wird durch Selbstvertrauen im Sinne des Vertrauens auf die eigenen Fähigkeiten und Befähigungen, die damit auch erkannt sein wollen, aufgebaut; um freilich die eigenen Befähigungen erkennen zu können, bedarf es eines geschützten Raumes, um überhaupt einmal angstfrei herausfinden zu können, welche Potentiale im „Selbst" verborgen sind und realisiert werden können. (v) Das Selbst wird durch Selbstsicherheit – verstanden als die Fähigkeit, Entscheidungen zu treffen – kultiviert; dazu bedarf es der Einsicht in Überlegungen zum wohlerwogenen Urteil, eine gewisse Risikobereitschaft, die die Angst vor Fehlern überwindet; das hat mit Ermutigung und Ermächtigung zu tun. (vi) Das Selbst wird durch Selbsterkenntnis, verbunden mit der Fähigkeit, über sich nachdenken und ein „geprüftes Leben" führen zu können, aufgebaut; die angesprochenen Fähigkeiten zu einer Metaebene, zur Selbstdistanz sind hier ebenso notwendig wie die Möglichkeit, Fragen an das eigene Leben heranzutragen. (vii) Das Selbst wird schließlich durch Selbstbejahung als Fähigkeit, „Ja" zu sich und dem Leben sagen zu können, aufgebaut. Die Fähigkeit, sich selbst und das Leben bejahen zu können, kann als Charakteristikum geistiger Gesundheit aufgefasst werden.

---

[24] J. Seigel. The Idea of the Self. Cambridge 2005.

Bildung baut das Selbst auf. Und es gilt immer noch der Satz: Die Lehrerin und der Lehrer helfen, ein epistemisches Haus bewohnbar zu machen, das im Bildungsprozess zudem schrittweise erhellt wird – dieses epistemische Haus ist die Interiorität des Menschen. Bildung wird damit als Prozess der Selbstwerdung denkbar. Auf diesem Hintergrund ließen sich abschließend drei „basic capabilities“ ableiten, drei elementare Fähigkeiten, die in einem Bildungsprozess zu vermitteln sind.[25] Diese Suche nach elementaren Fähigkeiten ist zwar im Rahmen des so genannten „Fähigkeitenansatzes“ von Amartya Sen, Martha Nussbaum und anderen umstritten, hilft aber doch, Fokus zu gewinnen und Prioritäten zu setzen. Ich schlage vor, dass im Lichte der Überlegungen zur Selbstkultivierung der Bildungsprozess drei elementare Fähigkeiten vermitteln soll:

a) Ein Bildungsprozess muss die Grundfähigkeit von „Teilen“ und „Mitteilen“ vermitteln. Damit ist einerseits die Fähigkeit gemeint, sich als „Mensch unter Menschen“ zu verstehen und einen „Sinn von Selbst“ zu entwickeln der das eigene Leben als Leben im Rahmen von Bindungen auffasst[26]; damit ist andererseits die Fähigkeit gemeint, sich selbst artikulieren zu können.

b) Ein Bildungsprozess muss die Grundfähigkeit der Selbstsorge vermitteln – damit ist die eben skizzierte „Arbeit am Selbst“ gemeint, näherhin Selbstdisziplin, Selbstplanung und Selbstmotivation.

c) Ein Bildungsprozess muss die Grundfähigkeit des Fragens vermitteln, die Fähigkeit also, relevante Fragen zu stellen.[27]

Bildungsprozesse sind eingeladen, in ihren Planungen diese Grundfähigkeiten zu befördern. Schließlich: Bildung ist ein Kampf gegen die Dummheit. Und Dummheit kann aufgefasst werden als Mangel an Entscheidungsfreiheiten, jene Fähigkeiten auszubilden und Möglichkeiten zu nutzen, die erforderlich sind, um Identität im öffentlichen Raum aufbauen und erhalten zu können, und um imstande zu sein, sich selbst ernst zu nehmen und relevante Fragen zu stellen.

---

25 Drei „basic capabilities“ hat auch Martha Nussbaum für Bildungseinrichtungen formuliert: Eine Bildungseinrichtung muss die Fähigkeit, ein „examined life“ zu führen, fördern; zweitens die Fähigkeit, in Begriffen der allgemeinen Menschheit zu denken und drittens die Fähigkeit zur narrativen Vorstellungskraft (Umgang mit Mythen, Symbolen, Narrationen, Poesie), vgl. Nussbaum, Martha, Cultivating Humanity, Cambridge 1997.

26 Ein Leben mit dem Blick auf andere ist nicht zuletzt glücksbringend – vgl. Dunn, E.W. et al., Spending Money on Others Promotes Happiness, *Science* 319 (2008) 1687-1688.

27 Dies entspricht den klaren Gedanken zum Bildungsprozess nach Michael Walzer: Erziehung ist ein soziales Überlebensprogramm; es soll in einem Milieu von kritischem Bewusstsein stattfinden; es soll Produktion und Reproduktion von sozialer Kritik sein – Walzer, Michael, Sphären der Gerechtigkeit, Frankfurt/Main 1998, 288-300. Damit bedarf es der zentralen Fragefähigkeit.

Bildung nur jenseits der „Lebensnot"?
Familie als (religiöser) Lernort

Silvia Arzt

Einiges, was Konrad Paul Liessmann in Bezug auf die Bildung einmahnt, ist auch der (wissenschaftlichen) Religionspädagogik ein Anliegen. Gemeinsam ist Liessmann und der Religionspädagogik auch die Konzentration auf Schule und Hochschule als bedeutendste Bildungsorte. Vor allem aus der Perspektive der Lernenden sind aber auch andere Orte wahrzunehmen. So kommt der Familie als Ort der Bildung eine wichtige Rolle zu. Das Anliegen dieses Beitrags ist es deshalb, Chancen und Grenzen der Familie in ihrer Funktion als Bildungsort aufzuzeigen.

Ziele religiöser Bildung

Weit davon entfernt, den Menschen (noch) das Memorieren von Katechismussätzen abzuverlangen, versteht Religionspädagogik religiöse Bildung als „Beitrag zur Menschwerdung" (Adolf Exeler), als Unterstützung bei der Identitätsbildung. Auch ihr geht es also um das Humanum, und zwar um Menschen, die in dieser Welt menschenwürdig leben können, die an der Welt interessiert sind, auch im Sinne einer gerechteren Welt. Und es geht ihr um die Förderung einer menschenfreundlichen Gottesbeziehung, die ein positives Menschenbild zur Grundlage hat, das Leben als Geschenk betrachtet und Offenbarung als „liebende Selbstmitteilung Gottes" versteht.[1] Die Menschen werden nicht als „Humankapital" betrachtet und die Studierenden nicht als „Output", sondern – schöpfungstheologisch begründet – als Abbilder Gottes. Jede und jeder ist als solches mit einer besonderen Würde ausgestattet und soll die Charismen, die sie/er hat, entfalten können, auch zum Wohle anderer. Zu einer gelingenden Entfaltung einer Person, aber auch zu einem gedeihlichen Zusammenleben will Religionspädagogik beitragen.

Religiöse Bildung sieht Religiosität als eine „Grundkonstituente" des Menschen. Die Menschen sind dazu fähig, sich und die Welt zu hinterfragen und auf etwas

---

1 Vgl. dazu Mette, Norbert, Religiöse, Christliche Erziehung, in: Lexikon der Religionspädagogik, Band 2 (2001) 1656-1662.

Unendliches/Absolutes hin zu überschreiten. Religiöses Lernen kann hier „eine Einübung ins Staunen, Fragen, Zweifeln und Sich-Wundern zu sein; eine Befähigung zur Aktivierung des Möglichkeits-Sinns, zum hypothetischen Denken, zu kreativen Utopien; aber auch: eine kritische Reflexion auf den Umgang mit den eigenen Sehnsüchten“[2]. Religiöser Bildung geht es aber nicht nur um die Begleitung der Einzelnen in der Entwicklung der eigenen Religiosität (die in den Praxisfeldern begleitet wird und in theoretischen Arbeiten reflektiert bzw. in empirischen Arbeiten auch erforscht wird). Religiöse Bildung trägt auch dazu bei, das kulturelle und historische Erbe einer Gesellschaft zu erschließen. Da das Christentum die europäische Kultur und Geschichte geprägt hat, ist es wesentlich, das Erwerben von Kenntnissen über das Christentum als Bildungsziel in Europa zu verstehen. In einer zunehmend multikulturellen und mutlireligiösen Gesellschaft ist auch das Wissen um „andere“ Religionen unabdingbar.[3]

Im Religionsunterricht an Schulen in Europa finden sich heute vor allem drei Konzepte religiöser Erziehung[4]: (1) Der konfessionelle Zugang, der mit den Überzeugungen und religiösen Praktiken einer bestimmten religiösen Gemeinschaft vertraut macht. (2) Der religionswissenschaftliche Zugang, der über verschiedene religiöse Traditionen informiert. (3) Der ethische Zugang, der Religion als Quelle von Sinn und Lebensorientierung betrachtet.

Ob die religiöse Bildung an den Schulen in Österreich auch weiterhin vor allem im konfessionellen Religionsunterricht geschehen soll (der jetzt alle drei Konzepte miteinander verschränkt) oder in einem Ethikunterricht (der den konfessionellen Zugang nicht vertreten kann), ist eine immer wieder diskutierte Frage und auch ein Feld heftiger Debatten. Diese nehmen auch in der Religionspädagogik breiten Raum ein, die vor allem auf den Religionsunterricht fokussiert. Die anderen so genannten „Lernorte“ von Religion werden als „außerschulische“ Lernorte zusammengefasst, obwohl sie etwa sehr unterschiedliche Lebensalter (Kinder und auch ältere Erwachsene) und Räume (Familie und Gemeinde) umfassen. Bildung, auch religiöse Bildung, geschieht auch an diesen Orten.

---

2 Englert, Rudolf, Warum Antworten manchmal so viele Fragen aufwerfen. Über strukturelle Probleme im religionspädagogischen Legitimationsdiskurs, in: Religionspädagogische Beiträge 50 (2003) 5-18, 11.

3 Interreligiöses Lernen ist ein breites Arbeitsfeld der Religionspädagogik. Siehe z.B. Leimgruber, Stephan, Interreligiöses Lernen. Neuausgabe, München 2007.

4 Vgl. dazu: Riegel, Ulrich/Ziebertz, Hans-Georg (Hg.), How Teachers in Europe Teach Religion. An International Empirical Study in 16 Countries, Berlin 2009. Diese drei Konzepte, so zeigt die Studie, finden sich sowohl im katholischen wie auch evangelischen Religionsunterricht in Österreich.

Bildung nur in der (Hoch)schule?

Liessmann kritisiert in seiner „Theorie der Unbildung" vor allem die Universitätsreformen der letzten Jahre. Statt Wissen als Durchdringung der Welt ginge es vor allem um „skills", am Markt gefragte Fähigkeiten und nicht (mehr) um „die Selbstbildung des Menschen, eine Formung und Entfaltung von Körper, Geist und Seele, von Talenten und Begabungen, die den Einzelnen zu einer entwickelten Individualität und zu einem selbstbewussten Teilnehmer am Gemeinwesen und seiner Kultur führen sollte."[5] Und er hat mit seiner Kritik natürlich Recht. Allerdings verschwindet mit dem Ende des humanistischen Bildungsideals an Universitäten nicht die Bildung insgesamt – denn diese ist nicht auf Universitäten und auch nicht auf Schulen beschränkt, auch die religiöse Bildung nicht. Um dies angemessen wahrnehmen zu können, muss folgender Absatz kritisch gegengelesen werden: „Stätten der Bildung waren für Nietzsche der *Gegensatz* zu Anstalten der Lebensnot. Orte, die nicht von den Dürftigkeiten und Bedürftigkeiten des Lebens geprägt sind, Orte der Freiheit deshalb, weil diejenigen, die sich dort als Lehrende und Lernende befinden, frei sind vom Zwang zur Nützlichkeit, zur Praxisrelevanz, zur Lebensnähe, zur Aktualität – mit einem Wort: Es waren Orte der *Muße*. (...) Eine Schule, die aufgehört hat, ein Ort der Muße, der Konzentration, der Kontemplation zu sein, hat aufgehört, eine Schule zu sein. Sie ist dann eine Stätte der Lebensnot geworden. Und in dieser dominieren dann die Projekte und Praktika, die Erfahrungen und Vernetzungen, die Exkursionen und Ausflüge. Zeit zum Denken gibt es nicht."[6]

Zum einen ist die große Skepsis gegenüber Praktika und Projekten von der Religionspädagogik zu hinterfragen. Religionspädagogik versteht sich als Teildisziplin der „Praktischen Theologie" und bezieht sich somit immer auch auf die „Alltagspraxis religiösen Lehrens und Lernens"[7], die sie mithilfe der Theologie und der Humanwissenschaften reflektiert – und auch verbessern will. Es braucht in der Religionspädagogik also immer beides – Zeit zum Denken, aber auch Projekte, Praktika und Erfahrungen, wesentliche methodische Grundlage ist der Theorie-Praxis-Zirkel.[8]

Zum anderen ist die Kontrastierung von Bildungsorten jenseits der „Lebensnot" und den „Stätten der Lebensnot" als Orte der Unbildung zu hinterfragen. Ungestört von der „Lebensnot" denken können Menschen an Universitäten.

---

5 Liessmann, Konrad Paul, Theorie der Unbildung. Die Irrtümer der Wissensgesellschaft, Wien 2006, 54.

6 Ebd., 62.

7 Porzelt, Burkard, Grundlegung religiöses Lernen. Eine problemorientierte Einführung in die Religionspädagogik, Bad Heilbrunn 2009, 139.

8 Grundlegend zur Epistemologie und Methodik Praktischer Theologie siehe etwa Klein, Stephanie, Erkenntnis und Methode in der Praktischen Theologie, Stuttgart 2005.

Dennoch geschieht ein hohes Ausmaß an Bildung auch an Orten, an denen durchaus auch die „Lebensnot" ein Thema ist – und Zeit braucht. Was die Ethikerin Ina Praetorius für die Wissenschaft formuliert, kann auf Bildung übertragen werden: „Wissenschaft ist Denken in der störungsfreien Zeit. Der Wissenschaftler ist einer, der bei der Arbeit nicht gestört werden darf. Der gute Gedanke ist der Gedanke aus der störungsfreien Zeit. Oder allenfalls der Gedanke, dem man es nicht anmerkt, daß er in der fragmentierten Zeit entstanden ist. Um störungsfreie Zeit herzustellen, braucht es Diener. Die Aufgabe der Dienerin besteht darin, das vom Denker fernzuhalten, was als Störung definiert ist."[9] „Wissenschaft in westlicher Tradition meint Weltentwerfen in der Herrschaftszeit. Derjenige Denker denkt gut, der die alltägliche Bewältigung des Kontingenten an andere, insbesondere an Frauen, delegiert. (...) Das Denken derer, die die störungsfreie Zeit erzeugen, ist vom Standpunkt des Denkers aus gesehen nicht existent (...) Wer in der fragmentierten Zeit zu denken versucht, erscheint demjenigen, der sich störungsfreie Zeit angeeignet hat, zwangsläufig als konzentrationsunfähig, mithin unfähig zum stringenten Gebrauch der Vernunft."[10] „Es ist historisch erklärbar, wie sich das Denken in der störungsfreien Zeit als das vermeintlich einzig wertvolle hat etablieren können. Diese Norm kann aber nicht zeitlose Gültigkeit beanspruchen. (...) Die westliche Wissenschaft, dieses großangelegte Männerprojekt, das in der von Frauen und anderen Unterdrückten störungsfrei gehaltenen Zeit expandiert, ist fähig, die Welt zu zerstören, nicht aber, ein lebenswertes Leben für alle zu ermöglichen."[11]

In Österreich werden Universitätsprofessoren um ein Vielfaches höher bezahlt und genießen um ein Vielfaches höheres Ansehen als etwa Kindergartenpädagoginnen. Dabei bemühen gerade diese sich auch um die „Entfaltung von Körper, Geist und Seele, von Talenten und Begabungen", die zu Individualität und Sozialität führen sollte. Aber sie kümmern sich auch um die Körper der ihnen Anvertrauten in den vielen auch notwendigen pflegerischen Tätigkeiten. Die Bildungsforschung spricht hier von der geschlechtshierarchischen „Bildungspyramide"[12]. Je älter die Lernenden, je mehr vor allem kognitives Wissen im Vordergrund steht, desto mehr Prestige ist mit dem Lehrberuf verbunden (und auch mehr Gehalt).

---

9 Praetorius, Ina, Theologie in der fragmentierten Zeit. Reflexionen, ausgehend vom Begriff „Postmoderne", in: dies., Skizzen zur feministischen Ethik, Mainz 1995, 33-46, 38f.

10 Ebd., 45.

11 Ebd.

12 Kreienbaum, Maria Anna, Bildungspyramide zur Frauenbeteiligung im Bildungswesen, in: dies./ Sigrid Metz-Göckel (Hg.), Koedukation und Technikkompetenz von Mädchen. Der heimliche Lehrplan der Geschlechtererziehung und wie man ihn ändert, Weinheim u.a. 1992, 61.

Ein weiterer (oft unterbewerteter und übersehener) Bildungsort ist die Familie, für die ähnliches gilt wie für den Kindergarten. Und geradezu „klassisch“ findet sich Familie in folgendem Abschnitt erwähnt:
„Anstalten der Lebensnot sind unsere Schulen aber auch in einem weit über Nietzsches Kritik hinausgehenden Sinn: die Not des Lebens zwingt sie mittlerweile dazu, alles an Aufgaben anzunehmen, was an sie herangetragen wird: Ersatz für zerfallende Familien, letzter Ort der Kommunikation, Drogen- und Aidsprophylaxeinstitution, erster Therapieplatz, Hort der sexuellen und sonstigen Aufklärung, Problemlösungsanstalt für die ungelösten Fragen der Erwachsenenwelt von der Umweltverschmutzung bis zu den Kriegen, von der Integration der Migranten bis zum Kampf der Kulturen, vom Elend der dritten Welt bis zur Europäischen Wettbewerbsideologie, den rasanten Entwicklungen einer wachstumsorientierten Ökonomie und Technologie hilflos ausgeliefert, immer von den neuesten Errungenschaften der Technik überfordert und immer hinterherhinkend, vom Anspruch, kognitives Wissen für alle zu vermitteln und dabei ohne Selektionsdruck zu selegieren förmlich zerrissen. Aber, und da ist Nietzsches Wort ernst zu nehmen: nicht alles, wozu die Not zwingt, ist deshalb eine Tugend.“[13]

Ja, Schule kann nicht alles – und zu viel wird den Schulen aufgebürdet von gesellschaftlichen Desideraten und (scheinbaren) Fehlentwicklungen. Außer Acht bleibt in diesen Debatten, dass Schule(n) nicht der Ort sind, an dem die Menschen den größten Teil ihres Lebens verbringen (von Hochschul- und LehrerInnen abgesehen). Menschen bilden sich auch in der Schule, aber auch schon vorher und währenddessen in der Familie, auch in der Fort- und Erwachsenenbildung, im Ehrenamt, in Vereinen und indem sie lesen, reisen, ... [14]

Bildung ist ein Gut, das man/frau nicht an spezifischen formalen Bildungseinrichtungen „erhält“, sondern das sich Menschen aktiv aneignen im Lauf ihres Lebens (was übrigens auch nicht mit dem „höchsten Bildungsabschluss“ Studium mit etwa 25 Jahren endet).

Wenn Familie im Zusammenhang mit Bildung Thema wird, so meist defizitär, wie auch im obigen Zitat, das allein „zerfallende Familien“ erwähnt, im Vordergrund stehen die (scheinbar) immer stärker ausfallenden familialen Leistungen.

Auch in der Religionspädagogik dominiert ein problematisches Bild: der Ausfall religiöser Sozialisation in der Familie wird oft beschrieben – und damit noch einmal die Bedeutsamkeit des schulischen Religionsunterrichts betont, der

---

13 Liessmann, Theorie der Unbildung, 62.

14 Auch Wilhelm von Humboldt hat sich wesentlich außerhalb formaler Bildungsinstitutionen gebildet, vor allem etwa im Reisen und Austausch mit wichtigen Personen seiner Zeit und seiner Frau Caroline, siehe dazu: Rosenstrauch, Hazel, Wahlverwandt und ebenbürtig. Caroline und Wilhelm von Humboldt, Frankfurt am Main 2009.

diesen Ausfall kompensieren soll. Erst langsam kommt (auch in der Religionspädagogik, aber auch in der Bildungsforschung) Familie als Bildungsort[15] in den Blick. Erst seit einigen Jahren gibt es empirische Studien, die Einblick geben, was Familien hier tatsächlich leisten (oder auch nicht) und dazu beitragen, Pauschalurteile etwas aufzulösen.

Hilfreich wäre es meines Erachtens, die einzelnen Lernorte nicht gegeneinander auszuspielen, den einen auf Kosten des anderen zu profilieren, sich gegenseitig die Schuld am Nicht-Gelernten zuzuweisen, sondern: die Lernorte als zumindest in den Lernenden vernetzte zu betrachten und realistisch die Chancen und Grenzen des jeweiligen Bildungsortes zu sehen, seine besondere Qualität und auch seine Rahmenbedingungen – das schützt diesen auch vor Zuschreibungen von Aufgaben, die nur überfordern können. Angedacht wird ein Zueinander der religiösen Lernorte u.a. etwa in einer „systemischen Religionspädagogik“[16], die eine Ausweitung der Religionspädagogik weg von einer „Fachdidaktik eines schulischen Unterrichtsfachs“[17] hin zu einer mehr systemischen Theorie religiöser Bildungsprozesse beabsichtigt. Dabei wird eher lebensweltlich angesetzt und eher bei den Lernenden, in denen verschiedene Bildungsorte ohnehin vernetzt sind und sich auch gegenseitig beeinflussen.[18]

Familie als (religiöser) Bildungsort: Chancen und Grenzen

Viele Mütter und Väter, Großmütter und Großväter wollen, dass ihre (Enkel-)Kinder religiöse Menschen werden im ursprünglichen Sinn des Wortes: der Rückgebundenheit an Gott/ein Absolutes, dass Glaube im Leben hilfreich sein kann, dass es einen tragenden Grund des Lebens gibt, der über die sozialen Beziehungen und die unmittelbar wahrnehmbare Welt hinausgeht. Und sie ermöglichen Kindern, diese Rückgebundenheit an ihnen/mit ihnen zu erleben, und das auch mitten im Alltag, eingebunden in Alltagsroutinen und -anforderungen.

In den allermeisten Familien gibt es Abendrituale, vor allem mit jüngeren Kindern, die den Übergang vom Tag in die Nacht begleiten und erleichtern. In eini-

---

15 Z.B. Büchner, Peter/Brake, Anna (Hg.), Bildungsort Familie. Transmission von Bildung und Kultur im Alltag von Mehrgenerationenfamilien, Wiesbaden 2006.

16 Domsgen, Michael (Hg.), Religionspädagogik in systemischer Perspektive. Chancen und Grenzen, Leipzig 2009.

17 Grethlein, Christian, Lernort-Theorie – eine religionspädagogische Differenzierung in heuristischem und didaktischem Interesse, in: Domsgen, Michael (Hg.), Religionspädagogik in systemischer Perspektive. Chancen und Grenzen, Leipzig 2009, 73-92, 74.

18 Dies ist auch die Perspektive der Rostocker Langzeitstudie zur religiösen Entwicklung von Kindern, die die Kinder und ihr Gottesverständnis in den Mittelpunkt stellt, und die Zusammenhänge mit Eltern und Schule usw. darstellt. Siehe dazu die Reihe „Kinder erleben Theologie“, herausgegeben von Anna-Katharina Szagun und Klaus Kießling.

gen Familien enthalten die Abendrituale religiöse Elemente[19]: ein Kreuzzeichen wird dem Kind vor dem Einschlafen auf die Stirn gezeichnet, ein Abendgebet gesprochen, ein Danke für den Tag gesagt. „Gott" wird als Vokabel eingebracht, verbunden mit körperlicher Nähe – eine der Ursprungssituationen von Religiosität. In manchen Familien werden im Zuge des Abendrituals auch biblische Geschichten vorgelesen – und es geschieht damit eine erste Einführung in diese Quellen des christlichen Glaubens.

Nicht wenige Eltern besuchen auf den zahlreichen Spaziergängen mit den Kindern eine Kirche, zünden ein Licht an, halten eine kurze Stille oder ein kurzes Gebet – und erschließen den Kirchenraum für Kinder als Ort der Stille und des Gebetes. Nicht nur die Kerzen und die Stille nehmen Kinder wahr, auch den eigenen Geruch, den ein Kirchenraum hat, die eigene Akustik, die Bilder des Kreuzwegs etwa. Wer ist das? Was ist das? Was tun die da? fragen die Kinder und viele Eltern bemühen sich, diese Fragen zu beantworten – und machen erste Erkundungen in die von der jüdisch-christlichen Tradition geprägte Zeichensprache unserer Kultur möglich.

Nicht nur im Alltag, auch zu festlichen Anlässen spielt Religion eine Rolle in Familien – und Familien feiern gerne. Zumindest Geburtstag und Weihnachten[20] werden in allen Familien gefeiert, die Wohnungen werden auch zu anderen jahreszeitlichen Festen geschmückt, religiöse Bilder und Symbole wie Kreuz oder Rosenkranz, Statuen usw. sind in vielen Wohnungen zu finden. Kinder, für die die Bilder eine wesentliche Sprache sind, nehmen dies wahr, fragen nach, ... und (Groß)eltern führen damit auch in die christliche Symbolsprache ein.

Auch die „großen Fragen" stellen Kinder sehr früh, die philosophischen und religiösen Fragen des Menschseins – und die ersten Ansprechpartnerinnen sind die Mütter und andere nahe Menschen. Beim Anschauen des Fotoalbums mit einem Foto der verstorbenen Großmutter kommt die Frage auf, warum sie gestorben ist – und wo sie jetzt ist. Und was sie dort tut. Und was ist eigentlich, wenn die Eltern gestorben sind? Und waren die Dinosaurier vor den Menschen auf der Erde.... in diesen Gesprächen erweisen sich Kinder und Eltern als Ko-Kon-

---

19 Vgl. dazu: Morgenthaler, Christoph/Hauri-Bill, Roland, Tapes and Tables. Mixed Methods Research on Family Religion, in: Journal of Empirical Theology 20 (2007) 77-99, 87: Morgenthaler und Hauri-Bill berichten, dass bei 90% der von ihnen befragten Familien ein Gute-Nacht-Kuss Teil des Abendrituals ist, für etwa 50 % gehört das Sprechen über die Ereignisse des Tages dazu. Erstaunt zeigen sich die Autoren darüber, dass bei 37 % der Familien auch ein Gebet zum Abendritual gehört.

20 Siehe dazu Baumann, Maurice/Hauri, Roland (Hg.), Weihnachten – Familienritual zwischen Tradition und Kreativität, Stuttgart 2008.

strukteurInnen[21] von Religion: beide stellen Fragen, beide versuchen Antworten zu geben.

Familie bleibt ein wichtiger Bildungsort, nicht nur in der Zeit vor den formalen Bildungsinstitutionen – Familie begleitet Kinder und Jugendliche durch die Schulzeit und unterstützt das Lernen dort. Familie ist auch der erste Ort intergenerationellen Lernens. Gerade im Bereich der Religiosität reflektieren etwa Eltern oder auch Großeltern ihre eigene Familien- und Lerngeschichte, greifen auf Elemente in den eigenen religiösen Erziehungsbemühungen zurück (wenn sie etwa das gleiche Abendgebet mit den eigenen Kindern beten, das mit ihnen selbst gebetet wurde), modifizieren sie aber auch und bringen neue Aspekte ein.

Manche Familien machen die Kinder auch mit dem Gemeinschaftsaspekt des Christentums bekannt. Sie besuchen mit ihren Kindern Gottesdienste und ermöglichen so den Kindern die Erfahrung, dass beten und singen und feiern auch in größerer Gemeinschaft möglich ist, dass christlicher Glaube nicht nur eine Sache der einzelnen und der eigenen Familie ist, sondern viel mehr Menschen miteinander verbindet.

Familien entwickeln eine eigene Familienreligiosität, Eltern, Kinder (und auch Großeltern) tun dies gemeinsam. Sie machen für Kinder grundlegende religiöse Erfahrungen möglich. Die Familienreligiosität ist in jeder Familie anders. Die Folge ist, dass im Religionsunterricht Kinder mit sehr verschiedenen Familienreligiositäten zu finden sind. Kinder, die gelernt haben, dass Menschen nach dem Tod im Himmel sind, ebenso wie Kinder, die gelernt haben, dass Menschen wieder geboren werden. Kinder, die regelmäßig Gottesdienste besuchen, und solche, die das noch nie getan haben. Kinder, die ein Kreuzzeichen machen können, und jene, für die das „komisch" ist. Kinder, die das „Vater unser" aus dem Einschlafritual kennen und Kinder, die „nur" freie Gebete kennen. Kinder, die einen Gottesbezug haben, und Kinder, die bezweifeln, dass sie an Gott glauben. Kinder, die es gewohnt sind, dass sie alle möglichen Fragen über Gott und die Welt stellen können und darüber mit ihnen gesprochen wird, und Kinder, die keine Antworten bekommen haben. Diese Differenzen, diese Vielfalt wahrzunehmen und mit ihr angemessen umzugehen, ist eine große Herausforderung schon im Religionsunterricht der Volksschule – eine Aufgabe, die sich in Familien so meist nicht stellt.

Dennoch ist auch die Familie ein Lernort, an dem Heterogenität eine Rolle spielt, auch im religiösen Bereich. In vielen Familien gehören die EhepartnerInnen unterschiedlichen Konfessionen (einschließlich Konfessionslosigkeit)

---

[21] Siehe dazu etwa: Bucher, Anton, Kinder als Ko-Konstrukteure ihrer Wirklichkeit, in: Diakonia 29 (1998) 311-318; Boyatzis, Chris J., The Co-construction of Spiritual Meaning in Parent-Child Communication, in: Ratcliff, Donald (Hg.), Children's Spirituality. Christian Perspectives, Reserach, and Applications, Eugene 2004, 182-200.

oder auch Religionen[22] an – und wenn Religion in diesen Familien ein Thema ist, über das gesprochen wird, wenn Religion im Alltagsleben eine Rolle spielt, können sich Familien als Lernort für „konfessionelle Zwei- oder gar Mehrsprachigkeit"[23] erweisen.

Die Familie als Bildungsort zeichnet die Beziehungshaftigkeit aus, der Bezug zum kindlichen Alltag. Religiöse Bildung in Familien ist unsystematisch, von biografischen Prägungen mehr abhängig als von Bildungsplänen und Lernzielen, stark orientiert am einzelnen Kind (statt einer Gruppe von Kindern), stark intergenerationelles Lernen (wobei alle Generationen zugleich Lernende wie auch Lehrende sind). Weniger möglich ist eine systematische Einführung in die Grundlagen, Tradition und Glaubenspraxis des Christentums. Auch das peer-Lernen spielt bei der eher an der Vater-Mutter-zwei-Kinder-Norm orientierten Familie weniger eine Rolle.

Und natürlich wird dort am meisten gelernt, wo ein offenes Kommunikationsklima herrscht und auch Muße ist, um gemeinsam Rituale und Feste zu gestalten, miteinander zu sprechen und Zeit zu verbringen. Dies ist nicht in allen Familien der Fall, und Familien sind auch nicht nur heile Inseln in einer von vielen An- und Herausforderungen geprägten Welt. Familien können zugleich Quelle von Sinn und Hort von Verwicklungen sein, sind von Ambivalenzen geprägt. Familien sind Orte der „Lebensnot", aber auch Orte, die zur Bildung der Menschen Entscheidendes beitragen (können).

---

22 Vgl. etwa Froese, Regine, Zwei Religionen – eine Familie. Das Gottesverständnis und die religiöse Praxis von Kindern in christlich-muslimischen Familien (Religionspädagogik in pluraler Gesellschaft 7), Gütersloh/Freiburg i. Br. 2005; siehe auch: Kohler-Spiegel, Helga, Interreligiöses Lernen in Familien, in: Gellner, Christoph (Hg.), Paar- und Familienwelten im Wandel. Neue Herausforderungen für Kirche und Pastoral, Zürich 2007, 125-137.

23 Gellner, Christoph, Jede Ehe ist eine Mischehe. Konfessionsverbindende Paar- und Familienkonstellationen, in: Ders. (Hg.), Paar- und Familienwelten im Wandel. Neue Herausforderungen für Kirche und Pastoral, Zürich 2007, 101-124, 110.

Bildung von Gefühlen und Bildung überhaupt – Welche Verbindung?

Bernhard Schwaiger

1. Einleitung und Fragestellung

Dass *Bildung* – wie immer man diesen Begriff auch definiert[1] – und *Gefühle* – wie immer man auch diesen Begriff definiert[2] – etwas miteinander zu tun haben, ist seit alters her eine ausgemachte Sache. Positive Gefühle wie Freude, Interesse oder Wohlbehagen werden als Grundlage für gedeihliche Prozesse bei der Bildung von Menschen angesehen. Schon Heinrich Pestalozzi verwies auf die bedeutsame Trias von Herz, Geist und Hand, Maria Montessori verwies auf die Bedeutung des als angenehm empfundenen Zustands des Versinkens im Tun oder Otto Friedrich Bollnow sah in Geborgenheit und Glück zentrale Determinanten gelingender Bildung.[3] Ich möchte im Folgenden allerdings dem Zusammenhang nachgehen, wie Gefühle ihrerseits in den ersten Lebensjahren gebildet werden. Gefühle ermöglichen nicht nur Bildungsprozesse, sie sind auch Gegenstand von Bildungsprozessen.[4] Rolf Arnold räumt in seinem Konzept einer

---

1 Ich halte es an dieser Stelle mit Max Horkheimer, der 1952 in seinem Vortrag „Begriff der Bildung" vor den neu immatrikulierten Student(inn)en der Frankfurter Universität über den Bildungsbegriff sagte:„Erwarten Sie nicht, daß ich ihn definiere." Dies deshalb, weil er in ihm zu viele Spannungen, Mehrdeutigkeiten und Widersprüche sah. Vgl. Horkheimer, Max, Begriff der Bildung, in: Gesammelte Schriften, Bd. 8: Vorträge und Aufzeichnungen 1949–1973, Frankfurt am Main 1985, 409–419 (Zitat: 409).

2 Von den schwer zu überblickenden Definitionsvorschlägen (vgl. schon Kleinginna/Kleinginna 1981!) bevorzuge ich die Sichtweise von Antonio R. Damasio (1995), welcher zwischen primären und sekundären Gefühlen sowie Empfindungen unterscheidet. Vgl. Kleinginna, P.R., Jr./Kleinginna, A.M., A categorized list of emotion definitions, with suggestions for a consensual definition, in: Motivation and Emotion 5 (1981) 345–355; Damasio, Antonio R., Descartes' Irrtum, München 1995.

3 Vgl. dazu den Überblick bei Hascher, Tina, Emotionen und Lernen, in: Ganthaler, Heinrich/Neumaier, Otto/Zecha, Gerhard (Hg.), Rationalität und Emotionalität (Austria: Forschung und Wissenschaft, Philosophie, Bd. 9), Wien 2009, 81–96.

4 Mag sein, dass der/die geschätzten Leser(in) an dieser Stelle eher an Erziehung denn an Bildung denkt. Die Kategorien Erziehung und Bildung werden in der Erziehungswissenschaft traditionell unterschieden, indem Erziehung eher den Objektstatus und Bildung eher den Subjektstatus der Edukanden betont, wobei – auch in einer zeitlich verstandenen Abfolge – Erziehung Bildung erst ermögliche. Ich tendiere zu einem breiten Begriff von

Ermöglichungsdidaktik und des Selbstlernens den Emotionen insofern eine zentrale Rolle ein, als sie in der ontogenetischen Entwicklung sozusagen die ersten Brillen sind, mit denen wir – auch späterhin – die Welt betrachten und uns Bildung(swissen) aneignen.[5] „Wahrnehmung ist ein Für-wahr-Nehmen, wie die Systemiker sagen, und die ersten Brillen, durch die wir dabei schauen, sind unsere emotionalen Gewissheiten im Umgang mit Anerkennung, Abhängigkeit, Zuwendung und Wirksamkeit. Wenn wir diese Bedeutung der emotionalen Grundspurungen nicht adäquat fassen, sitzen wir einer Wissensillusion auf, die uns glauben machen will, Wissen allein führe zu Kompetenzen. Haben wir nicht alle längst erkannt, dass man viel wissen und nichts können kann?"[6] Ich stimme dem Grundtenor des Ansatzes von Arnold gerne zu. Die emotionalen Grundspurungen, von denen er spricht, bedürfen allerdings aus meiner Sicht einer Präzisierung, sonst bleiben sie ein eingängiges Schlagwort, das seine theoretische und praktische Wirkung rasch verliert. Ich möchte deshalb (1.) den Vorgang der Bildung von Emotionen in der frühen Entwicklung des Menschen genauer unter die Lupe nehmen und stütze mich dabei auf das von Peter Fonagy eingeführte Konzept der Mentalisierung[7], (2.) an Hand eines klinischen Beispiels die Bildung von Emotionen im Rahmen eines therapeutischen Prozesses veranschaulichen und (3.) abschließend der Frage nachgehen, ob dadurch allgemeine Aspekte von *Bildung an sich* deutlicher werden.

2. Wie aus Basisemotionen Gefühle gebildet werden

Das Neugeborene bringt ein Set von Basisemotionen mit (Interesse, Freude, Ekel, Überraschung und Kummer). Von Anfang an richten sich diese Basisemotionen an die Mutter und beide (Mutter und Baby) bilden ein affektives Kommunikationssystem, in welchem die Mutter die zentrale Aufgabe hat, die Affekte des Babys zu regulieren. Die Regulation durch die Mutter ist unverzichtbar, denn die vom Baby mitgebrachten Regulationsmechanismen (z.B. Abwenden oder Daumenlutschen) reichen nicht aus, die oft intensiven Gefühlsstürme selbstständig bewältigen zu können. Die Bildung von Emotionen ist als ein Entwicklungsprozess zu verstehen, in welchem der Säugling die zunächst implizit

---

Bildung, welcher Erziehung mit einschließt. Vgl. dazu Borst, Eva, Theorie der Bildung. Eine Einführung (Pädagogik und Politik, Bd. 2), Hohengehren 2009.

5 Arnold, Rolf, Die emotionale Konstruktion der Wirklichkeit. Beiträge zu einer emotionspädagogischen Erwachsenenbildung (Grundlagen der Berufs- und Erwachsenenbildung, Bd. 44), Hohengehren 2005. Ders., Ich lerne, also bin ich. Eine systemisch-konstruktivistische Didaktik, Heidelberg 2007.

6 Interview mit Rolf Arnold in: Psychologie Heute, Juli 2009, 41.

7 Fonagy, Peter/Gergely, György/Jurist, Elliot L./Target, Mary, Affektregulierung, Mentalisierung und die Entwicklung des Selbst, Stuttgart 2004.

(automatisch, unbewusst, prozedural, primärprozesshaft) ablaufenden emotionalen Regungen langsam in eine explizite (kontrollierte, bewusste, deklarative, sekundärprozesshafte) Repräsentationsform bringt und dadurch die Hinweisreize für seine inneren Zustände bewusst registrieren, den Gegenstand der Emotion und spezifische dispositionelle Emotionszustände identifizieren kann. Dieser Entwicklungsschritt wird durch das sogenannte soziale Biofeedbackmodell der mütterlichen Affektspiegelung zu erklären versucht. Die äußere Präsentation (Spiegelung) eines Gefühlszustandes des Säuglings durch die Mutter wird vom Säugling als mit seinem aktuellen inneren Zustand kontingent identifiziert. Man kann zur Veranschaulichung dieses Vorganges auf einen bekannten Prozess verweisen, der Strukturähnlichkeiten aufweist, nämlich das Trainingsverfahren des Biofeedbacks. Dabei werden innere Zustände (z.B. Blutdruck), die zunächst nicht wahrnehmbar und auch nicht kontrollierbar sind, durch kontinuierliche Messungen äußerlich sichtbar gemacht. „Das wiederholte Erleben einer solchen externalisierten Repräsentanz des inneren Zustandes führt schließlich zur *Sensibilisierung für* den inneren Zustand und ermöglicht in bestimmten Fällen sogar die *Kontrolle über ihn.*"[8] Bei der mütterlichen Affektspiegelung läuft ein analoger Prozess ab. Die Mutter bietet dem Säugling intuitiv einen mit dem Zustand des Säuglings – bestehend aus inneren, physiologischen Zustandsveränderungen, Ausdrucksverhalten und dessen Rückmeldung – kontingenten äußeren Biofeedback-Hinweis. Diesen Hinweis kann der Säugling deshalb verwerten, weil er über einen angeborenen Lernmechanismus verfügt, den Gergely und Watson[9] als Kontingenzentdeckungsmodul beschrieben haben. Dieses ist durch zwei voneinander unabhängig variierende Mechanismen charakterisierbar, dem Hinlänglichkeitsindex (HI, prognostisch ausgerichtet) und dem Notwendigkeitsindex (NI, retrospektiv ausgerichtet).[10] Untersuchungen an Säuglingen deuten darauf hin, dass diese in den ersten drei Lebensmonaten besonders an perfekten Kontin-

---

8 Ebd., 169.

9 Gergely, György/Watson, John S., Early social-emotional development: Contingency perception and the social biofeedback model, in: Rochat, Philippe (Ed.), Early social cognition: understanding others in the first months of life. Hillsdale (N.J.) 1999, 101–137.

10 Illustrierbar ist der damit verbundene Grundgedanke am bekannten Säuglingsexperiment *Schnur am Beinchen*, bei welchem ein Mobile durch eine Schnur bewegt wird. Wenn das Mobile nur durch die am Beinchen befestigte Schnur bewegt wird, sind HI und NI für das Baby gleich 1.0 (= perfekte Kontingenz). Wenn es auch durch den Experimentator bewegt wird, bleibt HI gleich und NI sinkt vielleicht auf 0.5. Starke These: Der Säugling experimentiert aktiv, wenn er merkt, dass HI und NI unterschiedlich ausfallen, indem er entweder die von ihm untersuchte Reaktionskategorie reduziert (wenn NI > HI) oder erweitert (HI > NI). Beispiel: Der Säugling bemerkt – während er mit *beiden* Beinen strampelt –, dass das Mobile, welches nur an *einem* Bein befestigt ist, sich wie HI=0.5, NI=1.0 verhält. Er wird nun die von ihm untersuchte Reaktionskategorie vielleicht reduzieren, d.h. er strampelt nur mit dem Bein, an dem die Schnur befestigt ist und optimiert dadurch HI in Richtung 1.0.

genzen interessiert sind. Perfekte Kontingenzen ergeben sich zwischen körperlichen Aktionen und dem daraus resultierenden Feedback (aus der Muskulatur, Tiefensensibilität etc.) und weniger bei der Wahrnehmung von Reizen aus der äußeren Welt. Es könnte also sein, dass Säuglinge in den ersten drei Lebensmonaten eine primäre Repräsentanz des Körperselbst in Abgrenzung zur Umwelt aufbauen. Nach drei Monaten scheint sich der Kontingenzentdeckungsmechanismus reifungsbedingt umzustellen auf zwar hohe, aber nicht perfekte Grade an (sozialer) Kontingenz, wie sie typischerweise im Austausch mit den ersten Bindungsfiguren erlebbar sind. Es erfolgt also eine Art Verlagerung von der intensiven Selbsterforschung zur Erforschung und Repräsentanz der sozialen Welt. Eine zentrale Funktion des Kontingenzentdeckungsmechanismus besteht in dieser Entwicklungsphase darin, dass der Säugling für Reizhinweise auf innere Zustände (Affekte) sensibilisiert wird, die er zunächst – ohne sie klar wahrzunehmen – aufgrund angeborener Reaktionsmuster (Basisemotionen) einfach via Mimik, Vokalisierung etc. abführt. Auf die solcherart distanzlos – d.h. ohne dazu sekundäre Repräsentationen zur Verfügung zu haben – gezeigten Emotionen reagiert die Mutter durch Spiegelung derselben und der Kontingenzentdeckungsmechanismus ermöglicht dem Säugling, einen Zusammenhang zwischen den von der Mutter gespiegelten Emotionen und seinen inneren Zuständen herzustellen. Der Säugling dürfte sich bei dieser Form der Affektregulierung, bei welcher er selbst durch sein Bestreben nach Kontingenzmaximierung so aktiv beteiligt ist, als Urheber der Regulierung erleben. Andere Formen von Affektregulierung unterscheiden sich in dieser Hinsicht oft deutlich, etwa die disruptive Form von Beruhigung. Bei dieser wird einem negativen Affekt ein intensiver positiver Affekt entgegengesetzt, etwa durch Kitzeln oder In-die-Luft-Werfen des Babys. Bei solchen Formen von Beruhigung dürfte sich das Baby nicht als selbstregulierender Akteur erleben.

Von besonderem Interesse ist in diesem Kontext die Frage, wie negative Affektzustände reguliert werden. Wenn der Säugling in einem negativen Affektzustand ist, wie kann man sich das vorstellen, dass die Spiegelung dieses negativen Affekts durch die Mutter eine Beruhigung beim Baby erzeugen kann? Müsste es nicht vielmehr zu einer Art Negativspirale, einer Eskalation kommen? Woher weiß das Baby, dass die Spiegelung durch die Mutter nicht ein Ausdruck des Affektzustandes der Mutter ist (und damit potentiell bedrohlich, z.B. bei Wut oder Furcht), sondern dass sich die Spiegelung auf den eigenen Zustand bezieht? Dieses Zuschreibungsproblem wird durch ein spezifisches Wahrnehmungsmerkmal der affektiven Äußerung der Mutter gelöst, welches als *Markierung* bezeichnet wird. „Die Markierung wird in der Regel dadurch erreicht, daß die Mutter *eine übertriebene Version* ihres realistischen Gefühlsausdrucks produziert.“[11] Dies wird durch eine erhöhte Stimmlage, übertriebene Stimmlagenmodulation

---

[11] Fonagy et al., Affektregulierung, 184.

(Babytalk, Ammensprache) und übertriebenen mimischen Ausdruck erreicht. Von entscheidender Bedeutung ist bei diesem Vorgang der Umstand, dass die Mutter mit dem Kind so interagiert, als ob dieses schon über entwickelte sekundäre Repräsentationen (z.B. Gedanken, verbalisierbare Gefühle) verfügen würde. Durch die Markierung wird die Zuschreibung des Affekts an die Mutter gehemmt und der mit dem Affekt verbundene dispositionelle Zustand von der Mutter abgekoppelt. Der solcherart abgekoppelte Gefühlsausdruck wird vom Säugling durch den hohen Grad an kontingenter Beziehung zwischen Mutter und Säugling referentiell in ihm selbst verankert, d.h. als Selbstzustand. Dadurch kommt es insofern zur Bildung von Gefühlen, als erst ab diesem Entwicklungsstadium über Gefühle ansatzweise nachgedacht (sekundäre Repräsentation) und eine Regulierung derselben eingeübt werden kann.

Der beschriebene Vorgang der Bildung von Emotionen sowie dessen Ergebnis wird von der Forschungsgruppe um Peter Fonagy als *Mentalisierung* bezeichnet. Fonagy et al. definieren Mentalisierung als eine Fähigkeit, „sich mentale Zustände im eigenen Selbst und in anderen Menschen vorzustellen“[12]. Sowohl Philosophen[13] als auch Kognitionspsychologen[14] haben sich mit der Frage auseinandergesetzt, wie sich unsere Fähigkeit, uns selbst und anderen Menschen kausale mentale Zustände zuzuschreiben, entwickelt. Diese Fähigkeit ermöglicht uns, Vorhersagen über das Verhalten von Akteuren zu treffen und stellt(e) einen evolutionären Vorteil dar. Zumeist wurden *Überzeugungen* (z.B. „false beliefs“ über einen faktischen oder möglichen Sachverhalt) oder *Wünsche* (Vorstellungen über künftige Verhältnisse) untersucht. Zu mentalen Zuständen sind aber auch *Gefühle* zu zählen. Sie bilden den zentralen Phänomenbereich des Mentalisierungskonzepts.

3. Therapeutisches Fallbeispiel „Edward“ (vier Jahre)

Im Folgenden gebe ich einen Einblick in die psychotherapeutische Arbeit mit einem zu Beginn der Therapie vierjährigen Jungen, den ich Edward nenne. Die Therapie war im Rahmen eines aufsuchenden Settings so konzipiert, dass ich in die Wohnung der Familie ging.

3.1 Familiärer Hintergrund und Säuglingszeit

Edwards Mutter hatte wenig sie sichernde Beziehungserfahrung mit ihren Eltern machen können. Im Rahmen ihrer Herkunft (Osteuropa) schien sie in dieser Hinsicht (Beziehungsmangel zwischen Eltern und Kindern) keine Ausnahme

---

12 Fonagy et al., Affektregulierung, 31.

13 Vgl. Dennett, Daniel, The Intentional Stance, Cambridge (Mass.) 1987.

14 Vgl. Perner, Josef, Understanding the representational mind, Cambridge (Mass.) 1991.

gewesen zu sein: So ging man mit Kindern generell um. Die heimatliche Umwelt bot allerdings – etwa innerhalb der Geschwisterschar – genug emotionale Nischen, sodass dieser primäre Mangel nicht sichtbar durchschlug. Das vertraute Umfeld schützte sie, kaschierte ihren inneren Mangel. Edwards Mutter führte in ihrer Heimat ein akzeptiertes, ja respektiertes Leben. Meine These im Anschluss an Diem-Wille geht dahin, dass Edwards Mutter durch die Emigration nach Österreich ihre „psychologische Haut", welche ihr ihre Heimat geboten hatte, verlor. „Die Sprache, die bekannten Straßen und Landschaften, die selbstverständlichen sozialen Umgangsweisen und die genaue Kenntnis der zu erwartenden Reaktionen der Umwelt werden zurückgelassen. Der Emigrant verliert nicht nur seine Bindungen zu diesen Objekten, sondern ist auch in Gefahr, Teile seines Selbst zu verlieren."[15] Den Begriff „psychologische Haut" entlehnt Diem-Wille bei Melanie Klein. Aus deren Sicht schützen uns die vertrauten Gruppen und Institutionen vor psychotischen Ängsten in ähnlicher Weise wie das mütterliche *Containing*[16] das Kind vor psychotischen Ängsten schützt. Aufgrund des Mangels an stabilen inneren Objekten war die Emigration für Edwards Mutter eine schwere Belastung, die sie aus meiner Sicht in die Isolation und Depression geführt hatte.[17] Ihre Hoffnung, in der Beziehung zu Edwards Vater und mit dem gemeinsamen Kind einen Ausgleich für ihr heimatloses Leben zu schaffen, war rasch enttäuscht worden. Denn genau das hatte sie in ihrer Heimat ja nicht gelernt, wie Beziehungen jenseits der vertrauten kulturellen Klischees tatsächlich funktionieren. Die doppelte Enttäuschung von Heimat- und Beziehungsverlust (Scheidung) führte dazu, dass es ihr nicht in ausreichendem Maße möglich gewesen war, ihrem Sohn ein stabiles Containing anzubieten; sie war ja selbst in dieser Hinsicht bedürftig gewesen. Edwards Innenwelt war am Beginn der Betreuung von bizarren psychotischen Ängsten erfüllt, von grässlichen Monstern, die ihn verfolgten und mit denen er im Kampf lag, manchmal unterliegend, manchmal obsiegend.

Edwards Geburt war schwierig, seine Mutter fühlte sich allein gelassen. Sie erfuhr kaum Unterstützung von ihrem Mann, im Gegenteil, sie musste die in großer Zahl zu Besuch kommenden Freunde von Edwards Vater bewirten und

---

15 Diem-Wille, Gertraud, Zur Bedeutung der Emigration für die Identitätsentwicklung. Ein Beitrag zur biographischen Forschung aus psychoanalytischer Sicht, in: Bittner, Günther (Hg.), Biographien im Umbruch. Lebenslaufforschung und Vergleichende Erziehungswissenschaft, Würzburg 1994, 83–103 (Zitat: 84).

16 „Containing" bezeichnet den Vorgang, durch welchen die für das Kind noch unregulierbaren Affekte von der Mutter aufgenommen und einer Beruhigung zugeführt werden.

17 Vgl. auch Bittner, Inge, Heimatverlust als psychisches Trauma? Erfahrungen aus psychoanalytischen Behandlungen, in: Bittner, Günther (Hg.), Biographien im Umbruch. Lebenslaufforschung und Vergleichende Erziehungswissenschaft, Würzburg 1994, 104–114; Grinberg, Leon/Grinberg, Rebeca, Psychoanalyse der Migration und des Exils, München 1990; Lüthke, Folkert, Psychologie der Auswanderung, Weinheim 1989.

sich praktisch allein um das Baby kümmern. Die Stillzeit fiel sehr kurz aus. Edwards Mutter hatte nicht das Gefühl, ihn durch das Stillen wirklich ernähren zu können. Edwards Vater verbot seiner Frau, mit ihrem Sohn in ihrer Muttersprache zu sprechen, was sie weitgehend befolgte. Die neue Sprache bereitete ihr damals noch Schwierigkeiten, sodass sie ihrem Baby auch auf dieser Ebene wenig Heimat, wenig Containing bieten konnte. Gerade das Sprechen mit einem Baby bietet diesem – wie unter Punkt 2 ausgeführt – eine besonders wichtige Möglichkeit, den anstürmenden Affekten in der mütterlichen Sprachmelodie einen verständnisvollen Widerhall zu geben und zugleich durch ihre Benennung eine Distanzierung einzuführen, durch welche das Baby langsam in die Lage kommt, die Regulation der Affekte selbst vorzunehmen.[18] Fehlt diese Form der „Ver-Wörterung" von Affekten, besteht die Gefahr, dass Gefühlszustände lediglich über Körperreaktionen ausgedrückt werden können und somit der Weg in die Somatisierung beginnt.[19] Edward zeigte bereits mit eineinhalb Jahren Symptome eines chronisch entzündlichen Darms.

3.2 Therapeutischer Zugang

In der therapeutischen Arbeit mit Edward fiel mir immer wieder auf, wie wenig er ein eigenes genuines Interesse an einem wechselseitigen Austausch hatte. Stattdessen wollte er fortwährend dominieren und mich als Selbstobjekt kontrollieren. Diese narzisstisch anmutende Störung war so stark ausgeprägt, dass sie auf mich manchmal den Eindruck machte, als ob ich hier an einen neurologisch grundgelegten Fels, d.h. Widerstand stoße, der einer psychoanalytischen Durchdringung widerstand. Fonagy et al. weisen darauf hin, dass eine biologisch begründete, fehlende Umschaltung des Kontingenzentdeckungsmechanismus im ersten Lebensjahr ein Grund dafür sein könnte, dass sich Babys nicht der sozialen Welt zuwenden können.[20] Inwieweit dies auch für Edward zugetroffen hatte, ließ sich im Nachhinein nicht mehr klären.

Edward war am Beginn der Betreuung vier Jahre alt. Er war äußerlich normal entwickelt, hatte allerdings Defizite im Bereich der sogenannten Basissinne[21]. Seine Darmentzündung und ihre Behandlung waren ein Dauerthema seines Alltags. Er hatte sein eigenes Kinderzimmer, schlief aber anfänglich nicht

---

18 Fonagy et al., Affektregulierung; Stern, Daniel, Die Lebenserfahrung des Säuglings, Stuttgart 1992.

19 Vgl. Jany, Karl Christian, „Der Automatiker", in: Bovensiepen, Gustav/Hopf, Hans/Molitor, Günther (Hg.), Unruhige und unaufmerksame Kinder. Psychoanalyse des hyperkinetischen Syndroms, Frankfurt am Main 2002, 209–236 (insbesondere 220).

20 Fonagy et al., Affektregulierung, 219f.

21 Vgl. Smith Roley, Susanne/Blanche, Imperatore Erna/Schaaf, Roseann C., Sensorische Integration. Grundlagen und Therapie bei Entwicklungsstörungen, Berlin 2004. Zu den Basissinnen zählt man den vestibulären, taktilen und propriozeptiven Sinn.

selten im Doppelbett bei seiner Mutter, nässte und kotete noch häufig ein. Er operierte noch im sogenannten Modus der psychischen Äquivalenz,[22] d.h. er nahm Vorstellungen nicht als Repräsentationen war, sondern als direkte Abbilder der Realität. Er fiel mir – wie bereits erwähnt – dadurch auf, dass er seine Umgebung fast ausschließlich selbstobjekthaft wahrnahm und behandelte: Solange er das Gefühl hatte, seine Umgebung vollständig kontrollieren zu können, war er bester Dinge. Sobald sich die Umgebung aber seinem Zugriff widersetzte, brach regelmäßig und mit enormer Wucht (narzisstische) Wut aus ihm hervor. Er attackierte dann die Objekte seiner Umgebung (Mutter, Kindergartentante, Therapeut(inn)en, mich), sei es verbal oder körperlich (Schlagen, Beißen, Spucken) und versuchte, sie so wieder seiner Kontrolle gefügig zu machen. Er mied den Augenkontakt, neigte zu repetitivem Verhalten und war nur schwer in eine Gruppe (Kindergarten) integrierbar. Für seine (erzieherische) Umgebung war er aus all diesen Gründen nur schwer zu ertragen und er fand keinen, seinem Alter angemessenen Kontakt zu Gleichaltrigen.

Die Anfangsphase erlebte ich als besonders anstrengend, weil es mir nicht leicht fiel, mich als Selbstobjekt anzubieten und seine Wutausbrüche zu ertragen. Andererseits zeigte mir Edward in vielen Phasen des Miteinanders unglaublich phantasievolle Szenen und regelrechte Aufführungen, die er mir mit höchster Intensität darbot, in die er distanzlos versank, sodass er manchmal in Schweiß gebadet war. Nicht selten fühlte ich mich von ihm geradezu beschenkt. Ich konnte ja einem beinahe als künstlerisch zu bezeichnenden Ausdrucksgeschehen unmittelbar beiwohnen, in welchem die Isolation des kleinen Jungen einerseits einen Höhepunkt erreichte, indem er sich völlig in seine private Welt verabschiedete, seine Isolation aber andererseits auch eine Öffnung nach draußen erfuhr, weil er seine Welt *mir* zeigen wollte. Thematisch rankten sich seine Spiele häufig um oral- und analsadistische Inszenierungen, um Einverleibungen, Umhüllungen, Verdauungsvorgänge, Verwandlungen, Ausscheidungsvorgänge und Ausstoßungen. Offensichtlich setzte er die ihn beunruhigende Ess- und Verdauungsthematik auf diese Weise in Szene. Ich erlebte ihn dabei als praktisch unzugänglich für Deutungen, sodass ich sie eher unterließ und ihn hauptsächlich aufmerksam wahrnahm und spiegelte. Darauf war sein Hunger gerichtet.

In theoretischer Hinsicht waren für mich die Überlegungen von Fonagy et al.[23] hilfreich. Edward schien sich noch in einer Entwicklungsphase zu befinden, in welcher ihm die Unterscheidung zwischen innerer und äußerer Wirklichkeit nicht geläufig war. Etwa im dritten Therapiejahr war ihm diese Unterscheidung besser zugänglich und sein Spiel gewann Als-ob-Charakter. Bei einem von Edward gebastelten Kegelspiel versetzte ich mich spontan in die Rolle der Kegeln

---

22 Fonagy et al., Affektregulierung, 262f.
23 Fonagy et al., Affektregulierung.

und tat so, als ob diese die verschiedensten Gefühle angesichts der heranrollenden Kugel äußern würden (ängstliche oder spaßige Laute). Edward war von dieser Spielvariante total fasziniert und verlangte sie immer wieder. Im dritten Jahr wäre es ihm am liebsten gewesen, wenn das reale Leben wie ein Als-ob-Spiel funktioniert hätte, das sich seinen Wünschen fügte. Der Transfer von der Spielsituation in die alltägliche Interaktion erwies sich lange als schwierige Hürde. Edward gelang es nur sehr langsam, seine Beziehungen unter dem Gesichtspunkt zu gestalten, dass seine Interaktionspartner Innenseiten haben könnten, auf die er Rücksicht nehmen sollte. Edward stellte sich mir insgesamt als ein Multiproblemkind dar, das durch seine komplexe Beschaffenheit in kein einfaches diagnostisches Schema passte.

3.3 Schritte zur Triangulierung

In der therapeutischen Alltagsarbeit stand für mich das Thema der Triangulierung[24] im Mittelpunkt. Zum einen fehlte Edward von Anfang an eine für ihn präsente Vaterfigur, denn sein leiblicher Vater konnte diese Rolle nicht ausfüllen, weil er fast ausschließlich mit eigenen Schwierigkeiten beschäftigt war und für Edward keinen Platz, keinen Raum in sich eröffnen konnte. Meine regelmäßigen Besuche bei Edward und seiner Mutter konnten natürlich das Fehlen des Vaters nicht ersetzen, stellten aber eine Art Nottriangulierung dar, durch welche eine langsame Öffnung der verknäuelten Mutter-Kind-Beziehung angebahnt werden konnte. Ich führte einen beständig gleichbleibenden Ablauf der Therapiesitzungen ein: Nach meiner Ankunft in der Wohnung arbeitete ich nach einer Phase der Begrüßung zuerst mit der Mutter von Edward und erwartete von ihm, dass er sich in dieser Zeit in seinem Kinderzimmer beschäftigte. Ich wollte ihm damit erlebbar machen, dass es eine Beziehung gab, von der er bei aller Liebe, die ihm sonst entgegenkam, ausgeschlossen war. Edward war von dieser Regel zunächst alles andere als begeistert, denn er wollte zuerst und vor allem drankommen. Ich bat Edwards Mutter, dass sie die Einhaltung dieses Rahmens gegenüber Edward durchsetzte, was sie auch übernahm. Edward kam natürlich immer wieder kontrollierend in den Raum und störte die Gespräche zwischen seiner Mutter und mir. Um es ihm leichter zu machen, gab ich ihm manchmal meine Uhr als Übergangsobjekt mit und zeigte ihm, wann ich zu ihm kommen würde. Im dritten

---

24 Mit „Triangulierung“ meine ich in diesem Kontext den Vorgang, durch welchen ich als „Vaterfigur“ in der Entwicklung von Edward eine besondere Bedeutung einnahm, indem ich durch meine Präsenz und Interventionen eine Öffnung der dyadischen Mutter-Kind-Beziehung anregte. Zum vielschichtigen Begriff der Triangulierung vgl. Dammasch, Frank, Triangulierung und Geschlecht. Das Vaterbild in der Psychoanalyse und die Entwicklung des Jungen, in: Dammasch, Frank/Katzenbach, Dieter/Ruth, Jessica (Hg.), Triangulierung. Lernen, Denken und Handeln aus psychoanalytischer und pädagogischer Sicht, Frankfurt am Main 2008, 13-39.

Therapiejahr schaffte es Edward, dass er – wenn er kommen wollte – an der Tür klopfte, auf ein „Herein“ wartete und beim Hinausgehen selber die Tür schloss. In einem zweiten Teil der Therapiesitzungen widmete ich mich ausschließlich Edward und wir zogen uns zumeist in das Kinderzimmer zurück. Ich wollte ihm damit erlebbar machen, dass es zwischen ihm und mir eine Beziehung gab, die nur uns beide betraf. Seine Mutter schaffte es, die Beziehung zwischen Edward und mir zu respektieren, mischte sich nicht ein, sondern genoss den Freiraum, den sie dadurch für sich hatte und saß rauchend auf dem Balkon, kochte oder ging einkaufen. In einem dritten, abschließenden Teil führte ich die „Familie“ zusammen, indem ich ein gemeinsames Spiel am Esstisch anregte. Ich wollte Edward damit erlebbar machen, wie es sich anfühlt, wenn er sich in einer komplexeren Beziehungsstruktur unter Einhaltung einer gemeinsamen Regel bewegt. Edward fiel es meist schwer, sich von der Zweierbeziehung zu mir zu lösen, nahm aber immer am gemeinsamen Spiel teil. Am Anfang der Betreuung kam es dabei häufig zu zerstörerischen Aktionen: Er war schnell überfordert, fegte das Spiel vom Tisch, hielt sich praktisch an keine Spielregeln und wollte nur gewinnen. Im dritten Therapiejahr beherrschte er das für ihn anspruchsvolle Kartenspiel „Uno“ ziemlich gut, konnte sich ansatzweise in die Position der Mitspieler versetzen (Mentalisierung!), tolerierte Niederlagen und begann es zu genießen, wenn wir uns gegenseitig belauerten (funkelnder Augenkontakt).

4. Bildung von Gefühlen und Bildung überhaupt – welche Verbindung?

Im abschließenden Teil möchte ich zusammenfassen, was uns das Konzept der Mentalisierung und das Fallbeispiel über die Bildung von Gefühlen sagen. Und ich stelle einige spekulative Überlegungen zum Thema Bildung an sich an.

4.1 Was sagt uns das Konzept der Mentalisierung über die Bildung von Gefühlen?

(a) Die Bildung von Gefühlen setzt bei Grundfähigkeiten an, die ein Säugling bei der Geburt mitbringt. Dazu gehören jedenfalls ein Set von Basisemotionen und die Fähigkeit zur Kontingenzentdeckung als basalem Lernmechanismus.

(b) Die Bildung von Gefühlen erfolgt so, dass der Säugling in der Interaktion mit seinen Eltern seine Basisemotionen zeigt und die Eltern in den meisten Fällen intuitiv richtig auf diese Äußerungen eingehen. Sie bringen selbst ein Können in die Interaktion mit (markierte Affektspiegelung), über das sie in der Regel nicht Auskunft zu geben vermögen. Der Kernmechanismus auf Seiten der Eltern besteht darin, dass diese mit ihrem Kind so interagieren, als ob es schon über mentale Innenseiten (Gefühle, Wünsche, Überzeugungen) verfügen würde, auf welche sie in der Interaktion Rücksicht nehmen. Sie nehmen in der Interaktion etwas vorweg, das noch nicht entwickelt ist und stimulieren, mentalisieren dadurch das Kind.

(c) Das (in der Alltagspraxis unausgesprochene) Ziel der Bildung von Gefühlen besteht darin, die eigenen, dem Säugling sozusagen noch fremden Basisemotionen als zu ihm selbst gehörige Gefühle erleb-, einorden- und kontrollierbar zu machen. Dadurch kommt es zu einer ersten Aufrichtung und Differenzierung des Mentalen im Säugling.

4.2 Was sagt uns das Fallbeispiel über die Bildung von Gefühlen?

(a) Im Störungsfall, wenn die erwarteten Fähigkeiten nicht von Geburt an da sind oder wenn die Eltern über keine intuitive Kompetenz verfügen, wird deutlich, welch komplizierte Bildungsprozesse im reibungslosen Normalfall eigentlich ablaufen, welch nachhaltige Wirkungen vom Gelingen oder Misslingen dieses Bildungsprozesses ausgehen und wie schwierig es ist, im Nachhinein erfolgreich zu intervenieren.

(b) Die Bildung von Gefühlen hat ihre Grenzen bei den (inneren) Begrenzungen der Bezugspersonen. Eltern, die selbst an einem Mentalisierungsmangel leiden, können ihre Kinder eben nicht oder nicht ausreichend mentalisieren. Als Vergleich könnte man an einen Psychoanalytiker denken, der seine Patient(inn)en in den Punkten, wo er selbst im Sinne einer Restneurose einen blinden Fleck hat, nicht über sich selbst hinaus begleiten kann.

(c) Die Bildung von Gefühlen hat in der Entwicklung des Menschen ihren zeitlichen Ort und findet in ihren wichtigen Grundzügen etwa bis zum vierten Lebensjahr statt.

(d) Dennoch ist eine Nach-Bildung möglich. Diese erforderte – wie im geschilderten Fallbeispiel – vom Therapeuten primär die Fähigkeit, sich einerseits empathisch als Selbst-Objekt zur Verfügung zu stellen und andererseits als Dritter triangulierend auf die Mutter-Kind-Dyade zu wirken. Die Nach-Bildung von Gefühlen (Mentalisierung) wurde also nicht dadurch erreicht, dass der Therapeut einfach zeitversetzt die markierte Affektspiegelung mit dem Kind allein quasi nachgeholt hätte. Vielmehr war es notwendig, beide – Mutter und Kind – so zu begleiten, dass sie einerseits die Beziehung zu ihm annehmen und aufrechterhalten und andererseits das für sie Fremde, das er in die Beziehung brachte, tolerieren und schließlich integrieren konnten. Der primäre Wirkmechanismus bestand darin, dass Mutter und Kind *erlebten*, dass sich jemand mit Geduld immer wieder empathisch darauf einstellte, in welcher inneren Verfassung und Bedürfnislage sie sich befanden. Ähnlich wie in der frühkindlichen Interaktion passierte also die Mentalisierungsarbeit zuerst ausschließlich auf Seiten des Therapeuten, indem er sich fortwährend eine Vorstellung von den Innenwelten von Mutter und Kind machte. Das bekannte psychoanalytische Konzept der Triangulierung interpretiere ich in diesem Zusammenhang als ein abstraktes Modell, das auch den Vorgang der Mentalisierung abbildet. So wie der Vater die Mutter-Kind-Dyade öffnet, so öffnet der Vorgang der Mentalisierung das Interaktionsgeschehen um die Ebene der sekundären Repräsentation, die Dimension des Mentalen.

(e) Das Fallbeispiel zeigt, dass dem Therapeuten einerseits auf Grund der ihm zur Verfügung stehenden Konzepte ein gezieltes Eingreifen möglich war, dass aber andererseits seine Kontrolle über den Prozess der Nach-Bildung durchaus begrenzt war, was etwa aus dem patchworkartigen Verlauf mit Fortschritten und Rückschlägen, Seitenwegen und Sackgassen ersichtlich wird. Das Verlässliche in dem Prozess stellte die permanente Bereitschaft des Therapeuten dar, den Prozess beharrlich zu reflektieren, dabei insbesondere die eigenen emotionalen Involvierungen, die sogenannte Gegenübertragung, für ein Verständnis seines Gegenübers zu nutzen.

4.3 Lassen sich aus dem Bisherigen allgemeine Gedanken über Bildung anstellen?

In den bisherigen Ausführungen kam nur ein sehr kleiner Ausschnitt von Bildung zur Sprache, nämlich die Bildung von Emotionen in der frühkindlichen Entwicklung und der Prozess der Nach-Bildung von Emotionen an Hand eines klinischen Fallbeispiels. Ich habe diese Engführung bewusst vorgenommen, um damit für das „große" Thema Bildung etwas Boden unter die Füße zu bekommen. Im nun abschließenden Teil möchte ich die bisherigen Beobachtungen mit allgemeinen Überlegungen zur Bildungsthematik in Beziehung setzen und sehen, mit welchen sie sich eher vertragen und mit welchen weniger. Es ist mir klar, dass ein solches Vorgehen gewagt ist, weil es unter der Annahme stattfindet, dass die in dem kleinen Ausschnitt beobachtbaren Strukturen und Prozesse sich auch in anderen Bildungsprozessen wieder finden, etwa in solchen, die im Rahmen des tertiären Bildungssektors stattfinden, also an Universitäten und (Fach-)Hochschulen. Gerechtfertigt scheint mir ein solches Vorgehen aus zwei Gründen: Zum einen dürften sich zumindest grundlegende Mechanismen von Bildungsprozessen ein Leben lang durchhalten, wie dies etwa in jüngster Zeit für das Phänomen der sogenannten Spiegelneuronen von Joachim Bauer[25] ge-

---

[25] Bauer, Joachim, Lob der Schule. Sieben Perspektiven für Schüler, Lehrer und Eltern, Hamburg ²2007. Als Spiegelneurone werden Neurone bezeichnet die sich *funktionell* (nicht neuroanatomisch) dadurch auszeichnen, dass sie feuern, wenn z.B. Bewegungen oder Gefühlszustände vom Subjekt selbst ausgehen *und* wenn lediglich Beobachtungen von Bewegungen oder Gefühlszuständen eines Interaktionspartners angestellt werden. Spiegelneurone werden als neurologische Basis für zwischenmenschliche Prozesse wie Empathie angesehen.

zeigt worden ist, zum anderen verstehe ich die von mir im Folgenden vorgenommenen Überlegungen lediglich als Anstöße zum Nachdenken. Ich verfolge keinen Reduktionismus, durch welchen etwa universitäre Bildung auf ein frühkindliches Entwicklungsschema zurückgestutzt werden soll.

4.3.1 Bildung als Veredelung von Natur versus Fähigkeiten

Bildung muss irgendwo ansetzen. Das Subjekt von Bildung bringt sozusagen den Rohstoff in den Bildungsprozess ein und dieser wird veredelt. Diese Vorstellung von Bildung verbindet sich seit alters her mit Ausdrücken wie *eruditio* (Aufklärung, Unterweisung, Unterricht), was ursprünglich so viel wie Entrohung bedeutete (von *rudis*, unbearbeitet, ungebildet, kunstlos, roh, wild) oder *Kultur*, welcher auf das lateinische *colere* zurückgeht, ein Verbum, welches das Pflegen und Bebauen des Landes bezeichnet. „Bildung wäre demnach die Umformung der ungeformten, primitiven Natur; der Mensch wird Herr über das, was ihm draußen und drinnen als befremdlich und bedrohlich erscheint."[26] Freilich erhebt sich dabei sofort die Frage, ob es in unserer Gesellschaft überhaupt noch Bereiche gibt, die als reine Natur anzusehen sind. Max Horkheimers knappe Diagnose lautete: „Es gibt nichts Unbetretenes mehr."[27] Wahrscheinlich ist es tatsächlich nicht mehr möglich, Bildung unter Bezugnahme auf die überfrachteten Begriffe von Natur und Kultur zu verstehen. Vielleicht sind an dieser Stelle Begrifflichkeiten hilfreich, die bescheidener ansetzen. Was ist der Rohstoff, den das Subjekt von Bildung einbringt? In dem von uns betrachteten Ausschnitt waren es die sogenannten Basisemotionen. Versteht man Bildung nicht als einen von einem metaphysisch aufgeladenen Naturbegriff ausgehenden Prozess, sondern als einen, der bei bestimmten Fähigkeiten des Menschen ansetzt, tut man sich in der Sache leichter. Aus meiner Sicht bietet sich der auf das aristotelische Denken zurückgehende, sogenannte Fähigkeitenansatz (capability approach) von Martha Nussbaum und Amartya Sen als Hintergrundfolie für die Bildungsthematik an.[28] Die vom Subjekt eingebrachten Fähigkeiten stellen in der Terminologie Nussbaums *basic capabilities* dar, die zu *internal* bzw. *combined capabilities* weiterentwickelt werden sollen. Das Ziel von Bildung ist ein gelingendes, als menschlich zu bezeichnendes Leben und besteht nicht in der bloßen Weitergabe von Kulturfertigkeiten, Wissen und Ähnlichem. Dieser Ansatz lässt auch eine Verbindung zum klassischen Bildungsbegriff eines Wilhelm von Humboldt herstellen, der prägnant formulierte: „Der wahre Zweck des

---

26 Horkheimer, Begriff der Bildung, 410.

27 Ebd., 411.

28 Vgl. Nussbaum, Martha C., Women and human development. The capabilities approach, Cambridge 2000; Sen, Amartya, Ökonomie für den Menschen. Wege zu Gerechtigkeit und Solidarität in der Marktwirtschaft, München ^{3}2005.

Menschen – nicht der, welchen die wechselnde Neigung, sondern welchen die ewig unveränderliche Vernunft ihm vorschreibt – ist die höchste und proportionirlichste Bildung seiner Kräfte zu einem Ganzen."[29] Die Entfaltung menschlicher Fähigkeiten geschieht nach Humboldt in einer sehr konkret gedachten Auseinandersetzung mit der menschlichen und nichtmenschlichen Umwelt. Bei allen Unterschieden zwischen heutigen und damaligen gesellschaftlichen Rahmenbedingungen, die von einer allzu raschen Übersetzung alter Bildungsideale ins Heute abraten lassen, scheint sich hier ein invariantes Merkmal für Bildung abzuzeichnen.[30]

4.3.2 Bildung als Vermittelung der Fähigkeit zu maßnehmender Distanz

Bildung verschafft dem Subjekt von Bildung die Möglichkeit, einen hilfreichen gedanklichen Abstand zu der Flut von selbst- oder fremderzeugten Äußerungen herzustellen. So wie die zunächst lediglich im Modus der Unmittelbarkeit abgeführten Basisemotionen langsam in die gedankliche und regulative Verfügungsmächtigkeit des Kindes gelangen, so sollten auch höhere Bildungsprozesse analoge Kompetenzen vermitteln. Gelungene Bildung im Allgemeinen und wissenschaftliche Bildung im Besonderen können als Fähigkeit zu Akten maßnehmender Distanz rekonstruiert werden, durch welche zugleich eine qualitativ neue Nähe zum interessierenden Einzelphänomen hergestellt wird.[31] Solche Bildungsprozesse können auch misslingen. Im Bereich der Gefühle kann es beispielsweise dazu kommen, dass das Kind – vor allem wenn die Spiegelung unmarkiert erfolgt – zu keiner sekundären Repräsentation des primären Gefühlsausdrucks (Basisemotionen) gelangt, weil durch das Fehlen der Markierung die referentielle Entkoppelung des Affekts ausbleibt und das Kind somit keine Möglichkeit hat, den gespiegelten Affekt als zu ihm selbst gehörig zu integrieren. Damit bleibt das Kind sozusagen auf der Äußerungsebene der Basisemotionen stecken. Im Bereich der Bildung können wir analoge Phänomene beobachten, etwa dann, wenn Bildung zu bloßem Telefonbuchwissen verkommt oder wenn aufgrund der Flut an Informationen und Publikationen dem einzelnen keine Möglichkeit eines distanznehmenden „Verdauens" mehr möglich ist und er/sie

---

29 Humboldt, Wilhelm von, Ideen zu einem Versuch, die Gränzen der Wirksamkeit des Staats zu bestimmen, in: Werke in fünf Bänden, hrsg. von Andreas Flitner und Klaus Giel, Band 1: Schriften zur Anthropologie und Geschichte (1792), Darmstadt 1960.

30 Zur nach wie vor gegebenen Aktualität des klassischen Bildungsbegriffs vgl. Koller, Hans-Christoph, Der klassische Bildungsbegriff und seine Bedeutung für die Bildungsforschung, in: Wigger, Lothar (Hg.), Wie ist Bildung möglich?, Bad Heilbrunn 2009, 34–51.

31 Vgl. zu diesem Punkt die präzise Analyse von Köhler, Theodor W., Rationalität, Distanz und Informationsinfarkt. Gedanken zu einem Strukturprinzip wissenschaftlicher Bildung (Salzburger Universitätsreden, Heft 78), Salzburg 1990.

deshalb die Flucht in eine hoch spezialisierte Sparte antritt, die – zumindest in der Außenwirkung – irrationale Züge trägt. Andererseits führt auch ein Zuviel an Distanznahme zu Irrationalitäten. Für den Bereich der Emotionen wären Abwehrmechanismen wie Rationalisierung oder Intellektualisierung zu nennen. Auch im Bildungsbereich finden wir dazu unschwer Analogien, etwa wenn man sich manch abgehobene Strategiedebatte im Bildungsbereich vor Augen führt oder blutleere wissenschaftliche Beiträge, deren Verbindungen zu den interessierenden Ausgangsphänomenen selbst für den Spezialisten kaum mehr erkennbar sind. Beide Fehlentwicklungen, ein Zuwenig und ein Zuviel an maßnehmender Distanz, finden im sprichwörtlichen Bild des Elfenbeinturms ihren Ausdruck.

4.3.3 Bildung als Interaktionsgeschehen besonderer Art

Eltern, die ihre Kinder mentalisieren, interagieren mit diesen so, als ob diese schon über die zu erreichende Fähigkeit (Mentalisierung) verfügen würden. Dieser Interaktionsstil wirkt stimulierend und entwicklungsfördernd.[32] In übertragener Form dürfte dieser Interaktionsstil bzw. eine solche Haltung von Elternfiguren (Lehrer/Lehrerinnen, Lehrherren, Professor(inn)en, Vorgesetzte etc.) im Bildungsbereich generell gedeihlich sein. Das Subjekt von Bildung verfügt – ihm selbst oft unbekannt, ja fremd – über Entwicklungsmöglichkeiten, die es dann realisieren kann, wenn der Interaktionspartner diese beharrlich in ihm prospektiv und in einem gewissen Sinn auch schon für die Gegenwart realisiert sieht.[33] Wenn diese Überlegung zutrifft, ist es entscheidend, wer dem Subjekt von Bildung gegenübersteht. Die bloße Sachkompetenz genügt, wie wir alle wissen, nicht. Es braucht neben Sachkenntnis und Techniken der Vermittlung[34] wie z.B. Übung (Gefühle werden durch zahllose, alltägliche Interaktionserfah-

---

32 Die Fähigkeit, eine solch feinfühlige, metakognitive Position einzunehmen, wird in der Bindungsforschung als entscheidend dafür angesehen, ob Kinder eine sichere Bindung entwickeln können; vgl. Fonagy et al., Affektregulierung, 63.

33 Hier ist natürlich nicht an einen babyhaften Interaktionsstil mit Ammensprache gedacht, sondern daran, dass z.B. die Beiträge eines erstsemestrigen Studierenden gleich ernst behandelt werden wie die Beiträge eines versierten Fachkollegen. Und dies nicht aus einer gönnerhaften Haltung, sondern aus der Erfahrung heraus, dass Anfragen und Beiträge von Anfängern und Anfängerinnen äußerst hilfreich sind, eingefahrene Selbstverständlichkeiten zu hinterfragen.

34 Techniken der Bildungsvermittlung sind ohne Zweifel von großem praktischen Nutzen und werden gerne in Form von Handbüchern publiziert. Stellvertretend für viele seien angeführt: Schmidt, Renate-Berenike/Sielert, Uwe (Hg.), Handbuch Sexualpädagogik und sexuelle Bildung, Weinheim/München 2008; Schröder, Achim/Rademacher, Helmolt/Merkle, Angela (Hg.) Handbuch Konflikt- und Gewaltpädagogik. Verfahren für Schule und Jugendhilfe (Reihe Politik und Bildung, Bd. 46), Schwalbach 2008. Dennoch stellt die Anwendung von Techniken nicht den Kern des Bildungsvorganges dar.

rungen gebildet) vor allem die bereits erwähnte innere Einstellung auf Seiten der Elternfiguren. Als äußerst kontraproduktiv wären demgegenüber elterliches Konkurrenzverhalten, Rivalitätsgehabe oder Neid anzusehen. Bleiben solch ungünstige Konstellationen aus, können die Subjekte von Bildung ihre Elternfiguren einmal übertreffen, weil sie ein, unbändige Zuversicht ausstrahlendes, Introjekt als Schatz in sich tragen, mit dem sie ihren eigenen Bildungsprozess auch *interaktiv allein* weitertreiben können. Ein hinreichend gespiegeltes Kind kann im Laufe der Zeit die Regulierung seiner Emotionen ohne Anwesenheit des Realobjektes „Mutter" leisten und letztlich auch die Verantwortung für die eigenen emotionalen Reaktionen übernehmen. Die Subjekte von Bildung sollen ebenfalls zu einer selbstständigen und eigenverantwortlichen Fortführung ihres Bildungsprozesses gelangen. Dieser Gedanke ist so neu nicht, er findet sich im psychoanalytischen Bereich zum Beispiel in der von Freud angestellten Unterscheidung zwischen endlicher und unendlicher Analyse.[35]

4.3.4 Bildung führt zu einer erhöhten Wahrnehmung des eigenen Selbst

Die Bildung von Gefühlen führt zu einer verstärkten Wahrnehmung des eigenen Selbst.[36] Dies vor allem deshalb, weil sich das heranwachsende Kind zunehmend als sich selbst regulierender Akteur erleben kann. Allgemeiner formuliert wird durch Einführung von Differenzierungen (z.B. Unterscheidung von Emotionen), Ermöglichung von integrativen Prozessen (z.B. positive und negative Emotionen gegenüber Bezugspersonen ertragen zu können; Ambivalenztoleranz!) und regulativen Vorgängen (Erleben der eigenen Steuerungsmöglichkeit emotionaler Zustände; Herauf- versus Herabregulieren) die mentale Innenwelt aufgerichtet.[37] Dieses Ergebnis darf nicht mit dem Vorgang, welcher zu ihm hin-

---

35 Freud, Sigmund, Die endliche und unendliche Analyse, in: Gesammelte Werke, Band XVI (Werke aus den Jahren 1932–1939), Frankfurt am Main ^{2}1961, 57–99.

36 Vgl. Fonagy et al., Affektregulierung. In der Frage, wie der Begriff des Selbst gefasst werden kann, neige ich zu einer neurophilosophischen Herangehensweise, wie sie Georg Northoff mehrfach vorgeschlagen hat; Northoff, Georg, Das Gehirn. Eine neurophilosophische Bestandsaufnahme, Paderborn 2000. Ders., Philosophy of the Brain. The Brain problem, Amsterdam/Philadelphia 2004. In seinem Vortrag „Das Selbst in Neurobiologie und Psychotherapie" am Kongress „Neurobiologie der Psychotherapie" vom 3.–5. Juli 2009 in Salzburg definierte er das Selbst als „Selbst-bezogenes Processing" dergestalt, dass es durch ‚*Erfahrung*' von intero/exterozeptiven Stimuli in ‚Bezug/Relation' auf den ‚*eigenen Organismus oder Person*'" zu verstehen sei.

37 Die Trias von Differenzieren, Integrieren und Regulieren ist für die strukturbezogene Betrachtung der menschlichen Psyche zentral; vgl. dazu Rudolf, Gerd, Struktur als psychodynamisches Konzept der Persönlichkeit, in: Ders./Grande, Tilman/Henningsen, Peter (Hg.), Die Struktur der Persönlichkeit. Vom theoretischen Verständnis zur therapeutischen Anwendung des psychodynamischen Strukturkonzepts, Stuttgart 2002, 2–48.

führt, dergestalt verwechselt werden, dass dieser in ständiger und ausschließlicher Betrachtung der Welt des Mentalen aufginge und so zu einer permanenten Innenschau geriete. Vielmehr ist – wie die Beobachtungen zu den Emotionen zeigen – eine aktive Hinwendung zu und Auseinandersetzung mit der Umwelt gefordert. Für den Bildungsbereich im Allgemeinen stimme ich Max Horkheimer zu, der meinte, „daß der Weg der Bildung einer der Entäußerung ist; man könnte auch schlicht sagen: einer der Erfahrung. Gebildet wird man nicht durch das, was man ‚aus sich selbst macht', sondern einzig in der Hingabe an die Sache, in der intellektuellen Arbeit sowohl wie in der ihrer selbst bewußten Praxis"[38]. Freilich darf die Hingabe an die Sache nicht wiederum missverstanden werden als ein kollusives Einswerden mit derselben. Es braucht eine Form von Öffnung, von Distanzierung. Im angeführten Praxisbeispiel war das Konzept der sogenannten Triangulierung hilfreich. Bildungsprozesse könnten als Aufrichtung eines triangulären Raumes interpretiert werden.[39] Der trianguläre Raum ist aus psychoanalytischer Sicht kein Realobjekt im Sinne einer tatsächlichen, gleichzeitigen Präsenz von Vater, Mutter und Kind, sondern ein Ausdruck für die innere Verfassung eines Kindes, das die unterschiedlichen Beziehungsformen zwischen Vater, Mutter und Kind repräsentiert und toleriert (z.B. seine Ausgeschlossenheit aus der Liebesbeziehung von Vater und Mutter). So kann ein Kind im realen Kontakt mit der Mutter deren Beziehung zum (momentan abwesenden) Vater und die Beziehung des Kindes zum (momentan abwesenden) Vater intuitiv berücksichtigen usw. Durch die Berücksichtigung eines die Dyade öffnenden Bezugspunktes wird eine fruchtbare innere Spannung erzeugt und die Gefahr dyadischer Kollusionen („nur Mama und ich") vermieden. Solche Kollusionen können sich – wie in Punkt 4.3.2 gezeigt – auch im Bereich der Bildung zeigen, wenn die Fähigkeit zur rechten Distanznahme ausbleibt.

4.3.5 Bildung als ein Prozess, der intuitiv und/oder kontrolliert verläuft

Die Bildung von Gefühlen hat – wenn sie dem heranwachsenden Kind von mit ihm förderlich interagierenden Bezugspersonen ermöglicht wird – einen Cha-

---

Ders., Strukturbezogene Psychotherapie. Leitfaden zur psychodynamischen Therapie struktureller Störungen, Stuttgart (2., neu bearb. u. erw. Auflage) 2006.

38 Horkheimer, Max, Begriff der Bildung, 415. An späterer Stelle steigert sich Horkheimer zu der Formulierung: „Aber diese menschenfreundliche Philosophie weiß nichts davon, daß die Menschen zu leeren Hülsen werden, wenn sie nicht vermögen, in der Sache aufzugehen. So jedoch allein erhalten sie Inhalt und Substanz und gewinnen sich als Menschen zurück." (Ebd., 417.)

39 Vgl. dazu auch Plänkers, Tomas, Dimensionen des psychischen Raums. Zur Struktur psychischer Triangulierung, in: Dammasch, Frank/Katzenbach, Dieter/Ruth, Jessica (Hg.), Triangulierung. Lernen, Denken und Handeln aus psychoanalytischer und pädagogischer Sicht, Frankfurt am Main 2008, 41–57.

rakter von Selbstverständlichkeit und Leichtigkeit. Die das Kind spiegelnden Eltern handeln häufig einfach intuitiv richtig und kontrollieren ihr Verhalten nicht unter Zuhilfenahme einer Theorie oder Ähnlichem. Sie greifen auf ihre eigenen Erfahrungen von Gespiegeltwerden zurück und nützen diese, ohne sich darüber bewusst Rechenschaft geben zu müssen. Die Bildung von Gefühlen hat zudem auch ihre Zeit im Lebenslauf. Sie ist nicht beliebig initiierbar.[40] Wer von seinen Eltern in der Frühzeit seiner Entwicklung nicht mentalisiert worden ist, trägt dieses Defizit möglicherweise in Form einer Persönlichkeitsstörung sein Leben lang mit sich herum. Therapeutische Nach-Bildung ist zwar möglich und wichtig, aber in der Regel schwierig und langwierig. Der Blick auf die Bildung von Gefühlen zeigt demnach, dass es für den Menschen zentrale Bildungsprozesse gibt, die nur in Maßen gesteuert werden. Sie enthalten, besonders wenn sie gut gelingen, ein gerüttelt Maß an intuitiv ablaufenden Anteilen. Handlungstheoretisch gesprochen sind sie wahrscheinlich mit kreativen Handlungen vergleichbar, die sich in ihrem Kerngeschehen einer Kontrolle der Akteure entziehen.[41] Auf die allgemeine Ebene des Nachdenkens über Bildung angewandt, regen diese Beobachtungen zu zwei abschließenden Überlegungen an.

Man kann bei Bildungsprozessen zwischen informeller Bildung, welche sozusagen jederzeit und an jedem Ort und ohne kanonisierten Lehrplan stattfindet, und formalisierter Bildung – wie sie etwa im Rahmen der verschiedenen Bildungssektoren von Kindergarten bis Universität geboten wird – unterscheiden. Wenn die Beobachtung zutrifft, dass wichtige Bildungsziele des Menschen gerade nicht im Rahmen formalisierter Bildungsprozesse erreicht werden, sollte in der Diskussion über die Gestaltung, den Ausbau und die Finanzierung formalisierter Bildungssektoren dieser Gesichtspunkt zumindest nicht aus den Augen verloren werden. Jede Maßnahme im formalisierten Bildungsbereich enthält implizit auch eine Aussage über den informellen Bildungsbereich. Ein akademisch installiertes Seminar kann im Vergleich mit einem privat initiierten Lese- und Diskussionskreis weniger gehaltvoll ausfallen, aber es fehlen letzterem Stempel und Urkunde, mit allen Konsequenzen für den Erwerb von Abschlüssen, Titeln und Zulassungen zu Berufsfeldern. Eine breite Diskussion solcher Themen scheint mir notwendig zu sein, damit informelle Bildungsprozesse überhaupt

---

40 Ob es für die Entwicklung höherer geistiger Fähigkeiten tatsächlich Zeitfenster in der Entwicklung gibt, wird in der Entwicklungspsychologie unterschiedlich eingeschätzt. Deprivationserfahrungen dürften jedoch durchgängig ungünstige Auswirkungen haben. Vgl. dazu Sodian, Beate/Koerber, Susanne, Grundlagen für lebenslanges Lernen in den ersten Lebensjahren, in: Apolte, Thomas/Funcke, Antje (Hg.), Frühkindliche Bildung und Betreuung. Reformen aus ökonomischer, pädagogischer und psychologischer Perspektive, Baden-Baden 2008, 83–90.

41 Vgl. Straub, Jürgen, Handlung, Interpretation, Kritik. Grundzüge einer textwissenschaftlichen Handlungs- und Kulturpsychologie (Perspektiven der Humanwissenschaften, Bd. 18), Berlin 1999 (besonders 150–162).

gesellschaftlich wahrgenommen und reflektiert werden. Die im Wintersemester 2009/2010 protestierenden Student(inn)en in Österreich leisteten auch zu dieser Thematik einen wichtigen Beitrag, indem sie ihre Bildung selbst in die Hand zu nehmen gedenken.

Schließlich mag es uns durchaus kränken, dass wir gerade in Bereichen, wo wir etwas typisch Menschliches – wie die Bildung von Gefühlen oder Bildung überhaupt – verwirklichen, als Akteure stellenweise außen vor bleiben, weil das Kerngeschehen von Bildung zwar hypothetisch rekonstruiert werden kann, sich aber im praktischen Vollzug einem direkten Zugriff gelegentlich entzieht. Gleichzeitig kann uns diese Kränkung aber – wenn wir sie nicht vorschnell beiseite schieben – helfen, bescheidener zu werden, Überforderungen auf beiden Seiten des Bildungsprozesses (Elternfiguren, Subjekte von Bildung) zu vermeiden und damit eine menschlich angenehmere Atmosphäre zu schaffen.

„Moveo ergo sum“
Bewegung als mehrdimensionales Bildungsprinzip

Teresa Leonhardmair

I. Prolog: Zum Zusammenhang von Bildung und Bewegung

Manifestiert sich der Bildungsbegriff im und am Menschen, kommt man in der Auseinandersetzung mit der Frage nach seinem Wesen nicht umhin, die für den Menschen – da lebendiger Organismus – so wesentliche Prämisse der Bewegung zumindest zu streifen. „Moveo ergo sum“ steht demnach noch vor einem auf Vernunft begründetem Denken als Fundament des Lebens am Beginn einer Selbstdefinition des humanen Subjekts – gleichermaßen onto- wie phylogenetisch: Die Menschheitsgeschichte ist eine Geschichte dauernder Bewegung. Angesichts der schier unendlichen Dimension des Bewegungsbegriffs können hier nur Aspekte herausgegriffen werden, die hinsichtlich einer Wiederentdeckung des Terminus „Bildung“ in der Qualität einer „Durchdringung der Welt“[1] sinnvoll erscheinen.

Dem Bildungsbegriff nicht unähnlich unterliegt „Bewegung“ einer Entvitalisierung.[2] Neue Bedürfnisse, Notwendigkeiten und Weltanschauungen haben dazu geführt, dass ein inhaltsarm gewordener Terminus nicht selten inflationär als äußerst beliebtes werbewirksames Konterfei einer „Wellness-Gesellschaft“ agiert im Sinne eines „Mediums der Selbstsorge“.[3] Demgegenüber steht dasjenige, was Bewegung einmal gemeint hat und in der Sprache vielfach unerkannt durchaus noch lebendig ist. In ihrer polymorphen Gestalt ist „Bewegung“ terminologisch schwer fassbar und entzieht sich dem Bestreben, Dinge eindeutig klären zu wollen, den Enden einer „De-fini-tion“ sich widersetzend. So erscheint es einerseits riskant, „Bewegung“ in ähnlich schwierige Begriffsbestimmungen einzubeziehen. Andererseits eröffnen sich dabei Um-Wege, die eben diesem terminologischen Prozess sogar äußerst zuträglich sein können.

---

[1] Liessmann, Konrad Paul, Theorie der Unbildung. Die Irrtümer der Wissensgesellschaft, Wien 2006, 29.

[2] Vgl. dazu die „mentale Struktur“ bei Gebser, Jean, Ursprung und Gegenwart, Schaffhausen 1949/1978, 125ff.

[3] Klein, Gabriele, Bewegung und Moderne: Zur Einführung. in: Dies. (Hg.), Bewegung. Sozial- und kulturwissenschaftliche Konzepte, Bielefeld 2004, 13.

Bildung als „Entwickelung und Vervollkommnung der gesammten Anlagen und Kräfte des Menschen“[4] hat einmal „Bewegung“ bedeutet, nämlich jene der sich selbst begreifenden Subjektivität, einer vielgestaltigen Welt zugewandt.[5] Diese Bewegung ist von mehrdimensionalem Gepräge und fußt auf dem menschlichen Leib-Sein, in welchem Wahrnehmung, Empfindung, Intellekt und Charakter sich verschränkend eine Einheit *bilden*.[6]

II. Der bewegte Organismus als Grundlage menschlicher Bildsamkeit

Der Leib als Ort des Wechselspiels von αἴσθησις und κίνησις

Der Leib – als Grundbedingung gegenwärtig in allen menschlichen Lebensäußerungen – bedeutet die Voraussetzung jeglicher Daseinsäußerung. Als „dritte“ Dimension hebt er den Gegensatz von Natur und Bewusstsein, Innen und Außen, Körper und Geist auf, existierend in einem von Merleau-Ponty als „Ambiguité“ bezeichneten „Zwischenreich“. Der Leib eröffnet Welt, indem er mit ihr in Interaktion tritt. Dabei ist er nicht nur gleichsam „Umschlagstelle“ [7] und „Austauschsystem zur Welt hin“[8], sondern mehr noch ist der Mensch durch ihn als ein „Vehikel des Zur-Welt-Seins“ in der Welt „verankert“.[9]

Infolge dieser Wesenszüge steht der Leib im Sinne eines „Subjekts der Wahrnehmung“[10] im Zentrum perzeptiver Prozesse: zugleich wahrnehmbar und wahrnehmend.[11] Innerhalb dieses Prozesses erweisen sich die Sinne in der ursprünglichen Bedeutung des Wortes „syn-ästhetisch“ als Schöpfer und lassen die Welt in einer Genealogie des Seins erst entstehen.[12] Motorik ist ohne Sensorik nicht zu denken: Wahrnehmung ist unbedingt mit Körperbewegung ver-

---

4 Pierer’s Universal-Lexikon Bd. 2, Altenburg 1857, 784.

5 Vgl. ein Augustinus zugeschriebenes Zitat bei Thomas v. Aquin, Summe der Theologie, Stuttgart 1273/1985, 72: Bei Augustinus heißen sogar „auch Verstehen und Wollen und Lieben geradezu Bewegungen.“

6 Vgl. Pierer a.a.O.

7 Waldenfels, Bernhard, Einführung in die Phänomenologie, München 2001, 254.

8 Maier, Willi, Das Problem der Leiblichkeit bei Jean-Paul Sartre und Maurice Merleau-Ponty, Tübingen 1964, 53.

9 Merleau-Ponty, Maurice, Phänomenologie der Wahrnehmung, Berlin 1965,106 bzw. 174.

10 Stenger, Ursula, Schöpferische Prozesse. Phänomenologisch anthropologische Analysen zur Konstitution von Ich und Welt, Weinheim, München 2002, 29.

11 Waldenfels, Bernhard, Das Problem der Leiblichkeit bei Merleau-Ponty, in: Petzold, Hilarion (Hg.), Leiblichkeit. Philosophische, gesellschaftliche und therapeutische Perspektiven, Paderborn 1986, 152.

12 Vgl. ders., Das leibliche Selbst. Vorlesungen zur Phänomenologie des Leibes, Frankfurt am Main 2000, 63.

schränkt, beide bilden im Weizsäckerschen Sinne einen biologischen Akt der Einheit. Leibliches „Zur-Welt-Sein" bedient sich somit sensomotorischer Vorgänge als Medien der Auseinandersetzung des Menschen mit seiner Umwelt.[13] Das Ineinandergreifen von Motion und Emotion, Wahrnehmung und Bedeutungszuschreibungen steht weiter auch in Resonanz mit den psychischen Strukturen aller Beteiligten.[14] Folglich enthält „Sich-Bilden" eine wesentliche „somatomotorisch-ästhetische" Komponente[15]. Gleichsam „Bindeglied zwischen Materialität und Transmaterialität"[16] wird dieser Prozess, dessen Fundamentalität immer wieder als relevant erachtet wurde, zur Sinnstiftung. Der Stellenwert der γυμναστική im Kontext von Erziehung und Bildung ist in der griechischen Antike hoch und erhält erst mit reformpädagogischen Konzepten an der Wende zum zwanzigsten Jahrhundert wieder ein vergleichbares Ansehen. Im Fokussieren auf die Bewegung des Leibes im Sinne eines „Anfangs aller Bildung"[17] wird die Abkehr vom bloßen Unterbau „Bewegung", ergo eine Sichtweise von Bewegung, die das Handeln „schon vorbereitet"[18], zum pädagogischen Konzept.

Die Identität als dynamisches Sein

Sowohl in gebender als auch in empfangender Hinsicht lässt uns Bewegung im umfassenden Sinn spüren, dass wir lebendig sind: als Rührung und Be-Rührung ist sie Grundlage leiblicher Autorezeption und damit Schlüssel für den Prozess der Selbstbewusstwerdung des Menschen.[19] Bewusstsein der Bewegung ist dann zugleich Bewusstsein des eigenen Mensch-Seins. Die Wahrnehmung des umfassend bewegten Menschen wird zum Zeugnis seiner Persönlichkeit: Man „sieht es unseren Bewegungen an"[20], wer wir sind. Sie sind „die Erzählungen, durch

---

13 Vgl. Reinelt , Toni, Bewegung ist Leben – Leben ist Bewegung: psychologische Anmerkungen, in: Voglsinger, Josef/Kunz, Stephan (Hg.), Bewegung ist Leben – Leben ist Bewegung, Wien 2005, 38: Bewegung kann „realitätsgerechtere Informationen verschaffen".

14 Vgl. Dattler, Wilfried/Studener-Kuras, Regina, Alles Leben ist Bewegung – pädagogische Anmerkungen über den Zusammenhang von Bewegung und Entwicklung, in: s.o.

15 Vgl. Konrad, Rudolf, Erziehungsbereich Rhythmik. Entwurf einer Theorie, Seelze 1995, 146.

16 Vgl. ebd., 189.

17 Scheiblauer, Maria, Bewegung und Musik als Erziehungs- und Bildungsmittel in der Heilpädagogik, in: Lobpreisung der Musik, Nr. 2, 24.Jg, 1965, 1. Vgl. auch Pfeffer, Charlotte, Bewegung. Aller Erziehung Anfang, Zürich: Säman 1958.

18 Waldenfels 2000 a.a.O., 166.

19 Vgl. Reinelt 2005 a.a.O., 36.

20 Vgl. Schnitzler, Arthur, Die Braut, Stuttgart: Reclam 2002 (1891), 3: „Sie war ungewöhnlich intelligent, man hörte es ihren Reden und sah es ihren Bewegungen an, daß sie aus besseren Kreisen herkam."

die wir uns der Welt mitteilen".[21] Im Hervorstreichen einer Bewusstheit des Leibes drückt sich eine Anerkennung einer personalen leiblichen Vernunft aus; dass sich – wie die Neurobiologie zeigt – Kognition und Emotion kreuzen[22], zeigt außerdem die Vernetzungen leiblicher Dimensionen in Bezug auf das individuelle Dasein.

Ist „das Ich vor allem ein Körperliches"[23], nimmt die Bewegung des Leibes hinsichtlich der Persönlichkeitsentwicklung eine zentrale Position ein und macht nicht zuletzt exemplarisch an biologischen Vorgänge sowie an entscheidenden Entwicklungsphasen deutlich, dass Bewegungen im Sinne von Ab-Weichungen geradezu lebensnotwendig sind: Im Vordergrund steht das Schwingen um einen Mittelwert statt starrer Regelmäßigkeit. Identität, die uns in unserer Lebendigkeit auszeichnet, braucht Diversität und Differierung von der Norm auf biologischer, emotionaler, motorischer und kognitiver Ebene gleichermaßen: „Sture Identität bedeutet Stillstand"[24].

Der heute scheinbar banale und oft zitierte Ausspruch vom Stillstand, der den Tod bedeute, weist zumindest auf die für die Identitätsbildung nicht unwesentliche Tatsache hin, dass „Sein" gleichsam „ständige Bewegung" ist. Nicht die in sich ruhende Subjektivität, sondern vielmehr die „Mobilisierung seelischer Energien" galt bereits in alten Kulturen als lebensspendend.[25] Identität im Sinne der als „Selbst" erlebten und empfundenen inneren Einheit der Person ist als solche – vielleicht paradoxerweise – von Widersprüchen gekennzeichnet, mehr noch scheint sie sich gerade durch den Widerspruch in Bewegung auszuzeichnen.[26] Das Hegelsche Diktum vom Widerspruch als „Wurzel aller Bewegung und Lebendigkeit"[27] führt so zur Perspektive einer menschlichen Persönlichkeit als übergeordnetes dynamisches System, dessen Gestalt-Bildung wie bei allen lebendigen Organismen selbst bewegt sein muss.[28]

---

21 Volger, Bernd, Bewegungen lehren – aber wie, in: Prohl, Robert/Seewald, Jürgen (Hg.), Bewegung verstehen. Facetten und Perspektiven einer qualitativen Bewegungslehre, Schorndorf 1995, 155.

22 D. h. die Kreuzung von kortikalem und limbischem System.

23 Freud, Sigmund, Das Ich und das Es, Leipzig u.a. 1923, 253.

24 Dürr, Hans Peter, Identität ist Stillstand, in: Die Furche Nr. 35/30.08.2007, 6.

25 Vgl. Kaden, Christian, Das Unerhörte und das Unhörbare. Was Musik ist, was Musik sein kann, Kassel 2004, 41.

26 Vgl. Düffel, John von, Wovon ich schreibe. Eine kleine Poetik des Lebens, Köln: Dumont 2009.

27 Hegel, Georg Wilhelm Friedrich, Wissenschaft der Logik II, Frankfurt am Main 1832-1845/1981, 65.

28 Vgl. Vester, Frederic, Unsere Welt – ein vernetztes System, München 1983, 137. Vgl. weiters Bildung als „zu vollendeter Entwicklung gelangte Gestalt des innern Menschen" bei Eisler, Rudolf, Wörterbuch der philosophischen Begriffe, Berlin 1910, 866.

Das Denken als Bewegungsgeschehen

Wurde einleitend frei nach Descartes die These „Moveo ergo sum" aufgestellt, kann nun dazu ergänzt werden, dass das „cogito" vom „moveo" in mehrfacher Hinsicht gar nicht weit entfernt scheint, ist ersteres doch unumgänglich „mit einem Können, einer Bewegung, mit einem Sich-um-tun in der Welt verbunden"[29]. Das Denken selbst wird hier als „Bewegungsvorgang"[30] aufgefasst, das als solcher in mehreren Dimensionen geschieht. Lebendiges Denken ist ursprünglich leiblich verhaftet, nicht nur im Sinne neuronaler Prozesse und Vernetzungen, sondern in statu nascendi wohnhaft in den Sinnen[31] und in der Bewegung des Leibes. Der„ordre de la raison" lässt sich im „ordre de la vie"[32] entdecken, was dem Intellekt die Basis für das Welterleben bedeutet.

Parallel zur Verschränkung von Vernunft und Leben, von Intellektualität und Vitalität erstreckt sich die Bewegung auch auf den Prozess des Denkens in abstracto: Gedanken steigen auf – „nicht um bewahrt, sondern um fallen gelassen zu werden [...]."[33] Eine „Dynamik des Geistes"[34] lässt sich im „gewissen Durchlaufen"[35], im Denken „auf dem Weg des Umkreisens seines Gegenstandes"[36] orten. Auch das „Wissen" braucht die Bewegung des Denkens um „am Leben zu bleiben", insofern eine Auffassung von Wissen als reines „Material für das Denken" das Lebendige aus dem Wissen verbannt.[37]

III. Bewegungstypen im Kontext von Bildungsprozessen

Die Annahme eines Zusammenhangs von Bewegung und Bildung soll nun noch ausgeweitet werden auf die These, dass Bildung als Prozess wie als Produkt selbst mehrdimensionales Bewegungsphänomen ist, ergo charakterisiert sich das

---

29 Waldenfels 2001 a.a.O., 149.

30 Feudel, Elfriede, Durchbruch zum Rhythmischen in der Erziehung, Stuttgart 1965, 40. Auch lat. „moveo" meint unter anderem eine Bewegung des Denkens.

31 Vgl. Good, Paul, Maurice Merleau-Ponty. Eine Einführung, Düsseldorf, Bonn 1998, 74.

32 Merleau-Ponty zit. n. Waldenfels 2000 a.a.O., 21.

33 Cage zit. n. Mon, Franz (Hg.), Movens. Dokumente und Analysen zur Dichtung, bildenden Kunst, Musik, Architektur, Wiesbaden 1960, 5.

34 Plotin zit. n. Dolidse, Tina, Der Begriff der Bewegung in der Gotteslehre Plotins und Gregor von Nyssa, in: Kobusch, Theo u.a. (Hg.), Selbst – Singularität – Subjektivität, Amsterdam 2002, 49.

35 Nikolaus (de Cusa) Gespräch über das Globusspiel. Lat.–Dt., Hamburg 2000, n. 31, 9-11.

36 Kaulbach, Friedrich, Der philosophische Begriff der Bewegung. Studien zu Aristoteles, Leibniz und Kant, Köln, Graz, 1965, 51.

37 Howard, Walter/Auros, Irmgard, Die Tonmittel der Musik, Apeldoorn 1950, 11. Vgl. ähnliche Gedanken zum „Wissen" bei Liessmann a.a.O.

Wesen von Bildung über Bewegungen. Drei solche Dimensionen von Bewegung sollen exemplarisch dafür herausgegriffen und umrissen werden.

Be-Ziehung als Bewegung im Zwischen

Bildung basiert auf Beziehung, die im Sinne eines Dialogs, der „wirkliche Kooperation vollbringt“[38], eine Grundfeste unseres Daseins als Mit-Menschen in einer Um-Welt überhaupt darstellt. „Das Du ist älter als das Ich“[39] und bildet den „Untergrund des Für-Sich-Seins“[40]. So ist die „Andersheit“ das konstitutive Moment für den Mensch in seiner Leiblichkeit.[41] Dieser Bezug ist „lebendiges Bündnis zwischen Gebenden und Empfangenden“[42], die zu einem gemeinsamen „Ergebnis“ gelangen „als Resultat eines Dialogs zwischen Ich und Du [...]“[43].

Eine Zu- und Ab-Wendung, das Hin- und Her-Bewegen halten diesen Kontakt lebendig. Diese Lebendigkeit liegt nicht zuletzt in der Herstellung von Relation, im Wahrnehmen, Vergleichen und Abwägen. Insofern erscheint ein Verweis auf den Bedeutungsinhalt des althochdeutschen Verbs „biwegan“ erhellend, liegt darin doch gleichermaßen der Sinn von „bewegen“ wie auch von „wägen“ und „schätzen“, „wofür halten“, „sich wegbewegen von“ und „meiden“ oder „sich entschließen zu“. Diese hierin deutlich gewordene Bewegung zwischen den Polen verweist auf den Harmonie-Begriff im ursprünglichen Wortsinn und stellt damit nicht von ungefähr eine Brücke zur Musik her: Das „stimmige, sinnvolle Zusammenfügen von Tönen“ (Werner Schulze) bedeutet nämlich nicht bewegungslose Eintracht, sondern vielmehr die im Zwischenraum herrschende Bewegungsqualität. Fehlt gegenwärtig die daraus abgeleitete direkte Assoziation mit dem Kosmos, so erschöpft sich in der pythagoreischen Tradition „Harmonie“ nicht in der Struktur der Tonleiter: Sie erkennt in ihr gleichsam ein „Modell der Struktur der Welt“.[44] Wenn der ursprüngliche Sinn von αρμονία „Verzahnung“ meint, erscheint eine Bildung als „Harmonie zwischen Geist und Gefühl“[45], eine harmonische „Ausbildung“ [46] oder „Entfaltung“ [47] der Kräfte des

---

[38] Merleau-Ponty zit. n. Waldenfels 2000 a.a.O., 301.

[39] Nietzsche, Friedrich, Also sprach Zarathustra. Ein Buch für alle und keinen, Stuttgart, 1950, 64.

[40] Merleau-Ponty 1965 a.a.O., 509.

[41] Vgl. Waldenfels 2001 a.a.O., 372.

[42] Appia zit. n. Zwiener, Daniel, Als Bewegung sichtbare Musik, Essen 2008, 256.

[43] Dobberstein Marcel, Mensch und Musik. Grundlegung einer Anthropologie der Musik, Berlin 2000, 113.

[44] Horn, Christopf/Rapp, Christof (Hg.), Wörterbuch der antiken Philosophie, München 2002, 179.

[45] Damen Conversations-Lexikon, Leipzig 1834, 69.

[46] Pierer a.a.O.

[47] Herders Konversations-Lexikon Bd.1, Freiburg im Breisgau 1854, 541.

Menschen" zweifellos nicht als endliches Resultat, vielmehr werden fruchtbare Widersprüche zu einer bewegten Gestalt zusammengefügt.

Resonanz als Mitbewegen

„Das Lockende und das Schreckende ist lockend und schreckend nur für ein Wesen, das sich richten, sich nähern und entfernen, kurz das sich bewegen kann."[48] Als dieses Wesen ist der Mensch prädestiniert dazu, in Resonanz versetzt zu werden. Aufgrund seiner psychophysischen Disposition, die sich durch Beweglichkeit auszeichnet, wird es möglich, dass Einwirkendes Mitbewegung verursacht. „Resonanz" ist zwar ihrem Wesen nach in mehrfacher Hinsicht mit Bewegung verbunden – auf einem bewegten Ursprung gründend zielt sie wieder auf eine Bewegung ab; der maßgebliche Aspekt liegt aber auf einer Bewegung „von – zu", in der „Bewegung des Berührens"[49]. Dieses ausschlaggebende „Wovon" des Berührtseins verbindet als Bewegung Eigenes und Fremdes: im „Augenblick der Berührung"[50] und der gleichzeitig stattfindenden Erfahrung des Anderen. Mitbewegung funktioniert aus einer „wachen Ergriffenheit"[51] heraus, die wiederum einer „bedeutenden und ungewöhnlichen Wahrnehmung"[52] bedarf. Diese Berührtheit ist aktives, konzentratives Staunen. Daraus resultierende Bewegungen können unterschiedlicher Richtung sein: sowohl bereits erwähnte Hin- und Ab-Wendung als auch ein wechselndes Zu- und Wegbewegen in jeweils verschiedenen Facetten stellen Reaktionen auf das Staunen dar und werden somit zu „Schlüsseln", die die „Tür zu Bildung" nicht nur „öffnen oder schließen"[53], sondern wesentliche kreative und notwendige Prozesse darstellen. Denn erst die „Beunruhigung" führt zu neuen Entdeckungen.[54]

Transformation als Bewegung der Persönlichkeit

Bildungsprozesse greifen, wenn Veränderungen am Subjekt stattfinden. Die Termini „motus" und κίνησις verweisen mit ihren Bedeutungsinhalten „verwandeln" und „verändern" noch im Besonderen auf den fundamentalen Zusammenhang von Transformation und Bewegung[55]: Denn Wandel und Bewegung stellen

---

48 Straus zit. n. Waldenfels, Bernhard, Sinnesschwellen. Studien zur Phänomenologie des Fremden. 3. Frankfurt a. M. 1999, 69.

49 Ders. 2002 a.a.O., 80.

50 Ebd.

51 Naumann, Erich, Der schöpferische Mensch. Frankfurt am Main 1959/1998, 109.

52 Reinelt, Toni, Staunen – Bewegen – Bilden, in: Heilpädagogik. Fachzeitschrift der Heilpädagogischen Gesellschaft Österreich, Heft 3, 50. Jg. Mai 2007, 4.

53 Ebd., 8.

54 Vgl. Naumann a.a.O., 112.

55 Vgl. auch das dem deutschen „bewegen" sinnverwandte „wandeln".

wechselseitig eine Voraussetzung füreinander dar. Ver-Wandlung ist nicht allein dem Bildungsprozess eigen, sondern kennzeichnet jedes Lebendige. Gerade die mit dem Bildungsprozess auf das Engste verbundenen, im menschlichen Leben stattfindenden Bewusstseinsentwicklungen – ergo Veränderungen der Persönlichkeit – sind als Wandlungsprozesse von höchster Bedeutung anzusehen.[56] So zählt die Kenntnis des Menschen als „ein sich Wandelnder" und der Welt als eine „sich mit ihm und für ihn Wandelnde" zum „Elementarbesitz" jeder Menschheitskultur.[57]

In der Bewegung der Transformation verändert Bestehendes seine Qualität.[58] Wandlung ist also gleichsam „Auflösung des Bestehenden, Umgestaltung des ehedem Gesetzten, Anders-Werden"[59]; aber auch „Festigung und Lockerung", „Erweiterung und Vereinigung" und vor allem „Standpunktwechsel" respektive „Neuorientierung".[60] Dafür müssen Grenzen überschritten werden. Gerade das „transcendere" gehört zum Menschen: Er hat in seiner Kulturgeschichte gelernt, „hinter das Äußere der Dinge zu blicken [...]", ja, ist „liminales Wesen, das Grenzen sieht, um sie zu überschreiten."[61] Damit einher geht ein Sich-Einlassen und ein Hinein-Gehen in die „Fremdheitserfahrung" (Bernhard Waldenfels) „unintegrierter Inhalte"[62], die als πάθος auf uns einwirkt, etwas in uns bewirkt, um uns anschließend als „Verwandelte" zurückkehren zu lassen: „Die Vertrautheitswelt hat einen Riss bekommen."[63]

Grundlegende Transformationserfahrungen werden im Spiel und in der Kunst offenbar: Beide ermöglichen dieses Eintauchen in eine andere Sphäre, eine emotionale Spannung und eine Ergriffenheit im Besonderen.[64]

---

56 Vgl. Naumann a.a.O., 16. Vgl. die Entwicklung des Ichs, die Zentrierung auf den Ich-Komplex, die Differenzierung, Spezialisierung und Orientierung des Bewusstseins in der Welt und dessen Erweiterung.

57 Ebd., 20. Vgl. Rituale, Religiöse Praktiken.

58 Vgl. die aristotelische Bedeutung von κίησις als qualitative Form der Veränderung.

59 Vgl. Salber zit. n. Dobberstein 2000 a.a.O., 41.

60 Naumann a.a.O., 15f.

61 Hengst, Patrick, Tanz, Trance und Ekstase. Die rituellen Wurzeln der Kreativität, Bad Honnef 2003, 190.

62 Naumann a.a.O., 38f.

63 Rumpf, Horst, Die andere Aufmerksamkeit – über Ästhetische Erziehung im Zeitalter der Weltbewältigung, in: Haselbach, Barbara u.a. (Hg.), Im Dialog. Elementare Musik- und Tanzpädagogik im Interdisziplinären Kontext, Mainz u.a. 2007, 47.

64 Vgl. das geläufigste griech. Wort für Spiel – auch Bildung, παιδιά, das von der Benennung der Spielsphäre stammt. Zwar zeigt die Etymologie klare Verbindung zum Kind, allerdings ist παιδιά durchaus nicht auf die Sphäre des Kinderspiels beschränkt. (vgl. Huizinga, Johan, Homo Ludens. Vom Ursprung der Kultur im Spiel, Reinbek bei Hamburg 1938/2006, 39).

IV. Conclusio

Bewegung im Bildungsbegriff: Herausforderung und Chance

Trotz des Wissens um die Schwierigkeit der Heranziehung eines weiteren unvollständig geklärten Begriffs mit Omnipotenzcharakter, soll die Gratwanderung unternommen werden, den Terminus „Bewegung" in eine Reflexion des Bildungsbegriffs einzubeziehen, da ein zu erwartender Nutzen höher bewertet wird als ein möglicher Schaden. Ein Sinn der Bewusstmachung einer Relevanz des Bewegungsbegriffs im Kontext der Bildung liegt auf mindestens zwei Ebenen vor: Zunächst führt eine theoretische Auseinandersetzung mit den Dimensionen von Bewegung aufgrund deren interdisziplinären Ausrichtung zu einer Neuorientierung des Begriffsinhalts und damit verbunden sowohl zu einer Rückbesinnung auf heute ausgeblendete, jedoch bereichender Bedeutungsnuancen vergangener Jahrhunderte als auch zum Einbezug aktueller Ergebnisse wissenschaftlicher Diskurse. Zweitens ist der bewusste konkrete Einbezug von Bewegung als Methode gleich wie als Mittel dem Bildungsprozess nicht nur dienlich, sondern durchaus als zu ihm gehörig anzusehen.

Eine sorgfältige Beachtung beider Ebenen hat für einen gesellschaftlichen Wandel bezüglich des Bildungsbegriffs nicht unbeachtliche Konsequenzen.

Bildung ist mit dem Lebendigen verhaftet. Der Begriff ist dem Organischen geradezu erwachsen. Darum lautet der Appell an die Wissenschaften: Man „muss sich am Leben beteiligen, um Lebendes zu erforschen".[65] Leben ist mit Bewegung verhaftet. Die Frage nach dem Ursprung und Kennzeichen des Lebens in phylo- wie ontogenetischer Hinsicht ist gleichzeitig eine Frage nach den Bewegungen, die damit verbunden sind.

Bildung als mehrdimensionales Bewegungsphänomen, kann nicht umhin, sich unweigerlich am Pfad des Lebendigen zu formieren. Umgekehrt kann eine Bildung, die sich an der „bewegten Woge des Lebens"[66] orientiert, nicht anders, als Bewegungen für die Erkenntnis, „was die Welt im Innersten zusammenhält"[67], heranzuziehen.

Wie kommt Bewegung in den Bildungsbegriff?

Es stellt sich die Frage, woran Bildungsinstitutionen zu messen sind, wenn sie erzieherisch und lehrend wirken wollen. Kriterien, die deren Aktivitäten eine

---

65 Weizsäcker, Viktor von, Gesammelte Schriften. 4. Der Gestaltkreis. Theorie der Einheit von Wahrnehmung und Bewegung, Frankfurt am Main 1997, V.

66 Teilhard de Chardin, Pierre, Der Mensch im Kosmos, München 1955/1999, 152.

67 Goethe, Johann Wolfgang von, Faust. Eine Tragödie, München: Beck 1808/1998, 20 (Vers 380).

pädagogische Relevanz ausstellen sollen, können hier nicht genannt werden. Jedoch können Dimensionen von Bewegung als „Missing Links" in die Diskussion um institutionale Merkmale bezüglich Bildung eingebracht werden. Dabei ist es ratsam, das Prozesshafte von Bildung gleichsam auf die Sicht von Bildung als „Ergebnis" anzuwenden. Ohne auf die Differenzen der Begriffe „Ausbildung" und „Bildung" und die daraus resultierenden Probleme näher eingehen zu wollen, sei doch bemerkt, dass zweiter allein schon im Wortlaut mehr auf Offen- und Umfasstheit angelegt ist: Bildung ist nie „aus". Diesen Bewegungscharakter hebt einerseits der Ursprung von „bilden" als künstlerisch-handwerklichen Prozess hervor, der Wandlung des Gegebenen initiiert. Andererseits verweist der Ursprung von „Bildung" im Organischen, ja im Leiblichen auf die in Bewegung befindliche Gestalt und ihren Ganzheitscharakter. Ist Bildung „Gestalt", ist sie auch im Sinne eines Ergebnisses niemals fertig, sondern als dynamisch zu betrachten, denn „Gestalten unterliegen einem dauernden Wandel, die Metamorphose gehört zu ihrem Wesen"[68].

Diese Metamorphose benötigt Motivation. Als Summe der Beweggründe ist sie An-Regung, kurzum selbst Bewegung, die – wie das griechische κίνησις noch besser verdeutlicht – auch „Erschütterung" und „Unruhe", das „Herausfordernde" und „Verursachende" meint.[69] Insofern zeigt bereits die erste Stufe im Bildungsprozess Bewegungscharakter.[70] Motivation für Bildungsprozesse entsteht wesentlich im Bemerken und Entdecken des Anormalen. Der Ein-Fall ist als Invasion Ausgangspunkt jeder Forschung. Jene produktive Störung kann dann häufig auftreten, wenn sich Pädagogik bzw. Lehre ihrer Rolle als „Wegbereiterin zum Staunen" bewusst werden. Bildung muss „Spielraum für Überraschendes, Geheimnisvolles und eigenständig zu Entdeckendes bereitstellen".[71]

Bewegung als Bildungsprinzip bezeichnet eine innere Haltung zum „Spielraum Welt": Lässt sich Bewegung gerade im Nicht-Fassbaren ergründen, wird diese Mehrperspektivität auch Wesensmerkmal des Bildungsbegriffs, wie einst in der griechischen Antike im Terminus παιδεία musische, gymnastische und politische Aspekte als Mehrperspektivität vereint respektive selbstverständliche Praxis waren. Diese Haltung bedeutet im Sinne einer Universalität auch das Be-

---

68 Merleau-Ponty zit. n. Danzer, Gerhard, Merleau-Ponty. Ein Philosoph auf der Suche nach Sinn, Berlin 2003, 136. Vgl. auch Bohnsack, Fritz, Demokratie als erfülltes Leben, Bad Heilbrunn 2003, 70ff, zum pädagogischen Prozess, der lt. diesem Bewegungen der „Ausfaltung des Innen angelegten" und des „Hinstrebens auf draußen vorgestellte Vollkommenheit" umfasst.

69 Vgl. „Bewegungsgrund". Vgl. auch mhdt. „bewegnisse". Ab dem Mittelhochdeutschen existiert „bewegen" auch im Sinne von „jemanden zu etwas veranlassen, jemanden rühren" sowie lat. „moveo": „begeistern", „reizen", „anregen", „etwas in Bewegung setzen", „erschüttern".

70 So erscheint in Pierers Lexikon a.a.O. „Anregung" als Teil „formaler Bildung" auf.

71 Reinelt 2007 a.a.O., 17.

kenntnis zu einer Vieldeutigkeit der Welt, die nicht fertig gegeben ist. Dabei lässt uns erst eine unbequeme Ambiguität „[...] den Sinn und die Bedeutung des menschlichen Daseins wie auch des Kosmos begreifen [...]."[72] Denn diese begründet unser Dasein in der Leiblichkeit und das Leben in seiner Gesamtheit und Komplexität.[73] Eine Theorie von Bildung, die fähig ist, die durch den wissenschaftlichen Fortschritt initiierte Dynamik einer pluralistischen Gesellschaft zu erschließen, benötigt ein Bekenntnis zur Vieldeutigkeit der Welt.

„Auch ohne jede Fachkenntnis kann jemand gebildet sein, der für alle menschlichen Interessen Sinn hat."[74] Aber auch die Fachkenntnis kann Ausgangspunkt für Vernetzung und Assoziation sein, vorausgesetzt der Wille zur Verbindung besteht. Diskurs und Dialog implizieren einander. Befinden diese sich im Gleichgewicht verleiht Kommunikation dem Leben Bedeutung.[75] Geht die Balance zugunsten der Fachkenntnis oder der Mehrdimensionalität verloren, liegt in der Dominanz des einen oder anderen auch Gefahr.[76] Gegenwärtig kann behauptet werden, dass es mehr an Dialog im Sinne eines Austausches mangelt.[77] Insofern besteht eine Notwendigkeit, die Bedeutung der Begegnung für Bildung herauszustreichen: Diese Begegnungen initiieren notwendigerweise Um-Wege. Es sind Wege, die zunächst keine gerade Linie zum Ziel bezeichnen, die für Un-Ruhe im Prozess sorgen und letztlich doch fundamental sind, wie Erwin Schrödinger konstatiert: „[.] ich könnte keinen besseren Weg [...] zu unserem Ziele finden als meinen eigenen Zickzackweg."[78] Umwege, Begegnungen und damit verbundene Transformationen sind Bewegungen der Vernetzung: Nichts liegt der menschlichen neuronalen Struktur näher, als einen Nexus aufzubauen im Sinne von Bilden als Verknüpfen, als Erweitern des „zweckfreien, zusammenhängenden Wissens"[79], sind die Funktionen des Gehirns doch nicht eindeutig lokalisierbar, sondern vielmehr als verteiltes System zu beschreiben. Und doch scheint unvernetztes Denken sehr beliebt – „es ergibt einfache Ant-

---

72 Merleau-Ponty zit. n. Danzer a.a.O., 61.

73 Vgl. ebd., 79.

74 Kirchner, Friedrich/Michaelis, Carl, Wörterbuch der philosophischen Grundbegriffe, Leipzig 1907, 104.

75 Vgl. Flusser, Vilém, Kommunikologie, Frankfurt am Main 1998, 17.

76 Zur Chance und Gefahr einer „universalen Betrachtungsweise" vgl. Schrödinger, Erwin, Was ist Leben? Die lebende Zelle mit den Augen des Physikers betrachtet, München, Zürich 1944/1999, 29f sowie Dilthey, Wilhelm, Gesammelte Schriften. 8. Weltanschauungslehre. Abhandlungen zur Philosophie der Philosophie, Göttingen 1898/1960, 193: „Diese Gegenwart steht dem großen Rätsel des letzten Wertes unseres Handelns [...] umgeben von rapiden Fortschritt der Wissenschaften [...] ratloser als irgendeine frühere Zeit gegenüber."

77 Vgl. Flusser a.a.O.

78 Schrödinger 1999 a.a.O., 35.

79 Liessmann a.a.O.

worten." [80] Ein zutreffendes Bild der vernetzten Realität kann damit aber niemals zustande kommen. Wenn bei Platon Bildung bedeutet, jenen λόγος, der Mensch und Welt umgreift, wiederherzustellen, kann der Bewegungsbegriff hier eine Schlüsselposition einnehmen.

V. Epilog: Kunst als Schauplatz von Bildung über Bewegung

Wird von einer herausragenden Rolle der Bewegung im Kontext von Bildung, ja sogar von Bewegung als einem ihr zugrunde liegenden Prinzip, ausgegangen, kann abschließend ein Blick auf das Künstlerische beispielgebend für die Wissenschaft sein. Denn in der Kunst passiert – aus ihrem Wesen und ihren Erfordernisse heraus – was Bildung im Allgemeinen nötig hat im Sinne des oben Gesagten. Dass Kunst an sich bildet, mehr noch aus sich heraus wirkt, kann nicht unbedingt als gesellschaftlich verhaftet bezeichnet werden. Im Gegenteil muss sich die Pädagogik der Künste im Bemühen um Anerkennung ihrer erzieherischen, menschenbildenden Relevanz doch zahlreicher Soft Skills bedienen. Erst darüber, und nicht per se, wird Kunst im Kontext von Bildung akzeptiert, scheint es. Anders in der griechischen Antike. Hier nennt Platon „musische Bildung" elementar[81] und macht damit deutlich, dass dieser jene Bewegungsqualitäten, die in diesem Artikel umrissen wurden, innewohnen.

Kunst und die Künste – sei es Bildende Kunst, Musik, Tanz, Literatur oder neue Formen – regen insbesondere zur Mitbewegung an und sprechen vor allem unbewusste Teile der Persönlichkeit an. Die Tiefenpsychologie macht deutlich, wie notwendig Letzteres ist, um gleichzeitig eine Veränderung des Bewusstseins zu initiieren. Wird das Unbewusstsein nicht in Bewegung gebracht, ist eine Transformation nur unzureichend.[82]

Der Resonanz geht das Staunen voraus. Kunst bietet Raum und Zeit für das Experiment, für das Schöpferische und für Erleben und „Innewerden von Etwas"[83]. Die den üblichen Bildungsprozessen meist anhaftende „Tempofixierung"[84] bleibt hier außen vor, insofern sich Rezeption wie Neuschöpfung in der Kunst nicht innerhalb zeitlicher Determinanten geschehen.

Kunst orientiert sich am Leib als Umschlagstelle der Erfahrung und des Verstehens und baut auf dem Gedanken auf, dass das Leben „keineswegs Seinsmacht oder Geist" ist: „Wir richten uns vielmehr im […] Sinnlichen, im Fleisch, [...] ein, wo sich das wahrgenommene Sein im eminenten Sinne im Sein

---

80 Vester a.a.O., 77.
81 Vgl. Platon Nomoi II, 654a.
82 Vgl. Naumann a.a.O., 16.
83 Reinelt 2005 a.a.O., 36.
84 Rumpf a.a.O., 73.

befindet."[85] In Folge dieses Ansatzes am Leib in seiner Verbindung von αἴσθησις und κίνησις ist Kunst wesentlich ästhetische Bildung: Sie sorgt für „Sinnen-Regsamkeit"[86]. Sie fordert und fördert ästhetische Beweglichkeit, polymorphe Wahrnehmung und bildet wesentlich, indem sie der kulturell überformten Wahrnehmung entgegentritt, insofern „die ausgezehrte Wahrnehmung den Geist veröden lässt, solange Menschen sinnliche Wesen [...] sind."[87] So lassen sich ästhetische Erfahrung und Lernen keineswegs als Kompensation verstehen, sondern vielmehr als „Humus"[88]. Kunst als „Urproduktion" des Menschen für alles weitere,[89] aufgrund der natürlichen schöpferischen Gegebenheit des Menschen. Da hierbei Kunst und ihre Pädagogik selbst in der Praxis durchaus beobachtbare Defizite aufweisen, gilt es zu betonen, jene Offenheit für „Verschiebungen"[90] zu bewahren, die einst der Kunst und damit dem Menschen urtümlich zu Eigen waren: von der Einseitigkeit und Trennung in Zeit- und Raumkünste zu einem spartenübergreifenden polyästhetischen Denken und Handeln. Gerade in der Übertragung auf den Kontext der Bildung darf diese Komponente nicht übergangen werden. Ein derartiges Agieren macht dann das künstlerische Bildungspotential besonders deutlich, offenbart sich doch hierin das Wesen der Kunst als „Spielraum" im Speziellen: Kunst eröffnet einen Handlungsraum, in dem Bewegung stattfindet, ja stattfinden muss, um existentiell Kunst zu sein: „in providere" – das „Nicht-Vorhersehen" und der darauf folgende aktive gestalterische Umgang zeigen par exellence, dass „in der Instabilität [...] etwas Kreatives geschaffen werden kann."[91] Ein derartiges Agieren fordert zu einem „aktiven, selbstbestimmten, eigenverantwortlichen Lernprozess"[92] auf und verlangt Offenheit, Emotionalität und Spontaneität.[93]

Der erwähnte Spiel- und Handlungsraum zeichnet sich im Künstlerischen dadurch aus, dass er beschritten werden muss, im Sinne eines „transcendere" in die Fremdheitserfahrung. Die ästhetische Situation und der schöpferische Akt bedeuten zudem eine „Abtrennung und Unabhängigkeit [...] von unserer gegenwärtigen biologischen Umwelt", eine „Loslösung unseres psychischen Ichs

---

85 Merleau-Ponty, Maurice, Die Natur. Vorlesungen am Collège de France 1956-1960, München 2000, 287.

86 Rumpf a.a.O., 47.

87 Ebd., 63.

88 Ebd., 71.

89 Beuys zit. n. Harlan, Was ist Kunst? Werkstattgespräch mit Beuys, Stuttgart 2001, 15.

90 Bresgen, Cesar, Polyästhetisches Denken aus der Sicht des Künstlers, in: Allesch, Christian G./Krakauer, Peter M. (Hg.), polyaisthesis. Festschrift für Wolfgang Roscher zum 60. Geburtstag, Wien 1987, 12.

91 Dürr a.a.O.

92 Reinelt 2007 a.a.O., 10.

93 Vgl. Naumann a.a.O., 109.

von den konkreten Umständen unseres persönlichen Lebens"[94], was sicherlich zu den besonderen Wirkweisen von Kunst hinsichtlich einer Mitbewegung und Transformation beiträgt. Zum anderen ist kreative Tätigkeit gleichzeitig auch eine „zweckmäßige Veranstaltung der Natur im Menschen, um eben diesen Menschen besser im Dasein zu halten"[95] und macht die innere Ordnung, die Einheit in der Vielheit als Harmonie, als Bewegung der Verschränkung der Gegensätze, erlebbar: „[...] as the world harmoniously confused:/where order in variety we see,/And where, though all things differ, all agree."[96]

Kunst stellt mit diesen Eigenschaften im Speziellen ein Angebot einer Bildung für alle dar, auch für motorisch oder kognitiv beeinträchtigte Menschen, und ist daher für Bildungsinstitutionen von Relevanz. Bilden als Hin-Bewegen auf die „eigentümliche Vollkommenheit"[97] des Menschen bedeutet, die Einheit in seiner Vielfalt zu gestalten. Eine Auffassung der Bildsamkeit des Menschen als „ganzleiblich" fordert auf zu einem Bildungsbegriff für alle, auch außerhalb der Norm. Bildung auf elementarster und damit fundamentalster Stufe kann dann heißen, ein ästhetisches Maximum an Authentizität zu generieren und ein Maximum an vitaler Erfahrung zurückzugeben.[98] Das „Humanistische" der Bildung im ursprünglichen Wortsinn wird damit zur Bedingung. Unweigerlich kommt in der Bildung mit dem „Menschlichen" Bewegung „ins Spiel". Der Ausgangspunkt von Bildung, die menschliche Neugier, „sucht" das Rätsel gleichsam. Dieses Rätsel, das zur Bildung führt, muss in Anlehnung an Huizinga wieder „heiliges Spiel"[99] werden. Und Spiel bedingt Bewegung.

---

94 Albersheim, Gerhard, Zur Musikpsychologie, Wilhemshaven 1983, 23.

95 Gehlen zit. n. Dobberstein a.a.O., 224.

96 Alexander Pope, Windsor Forest (1713)

97 Natorp zit. n. Eisler, Rudolf, Wörterbuch der philosophischen Begriffe, Berlin 1910, 866. Vgl. auch Kirchner/Michaelis a.a.O.: „Nicht allein eine Summe von Kenntnissen macht den Gebildeten, sondern moralische, ästhetische, philosophische und religiöse Bildung gehört auch dazu. [...]."

98 Mastnak Wolfgang, Das Spiel: mystische Brücke zwischen Mensch und Kunst. Aspekte von Musik- und Spieltherapie, in: Bauer, Günther G. (Hg.), Musik und Spiel. Homo ludens – Der spielende Mensch, München, Salzburg 2000, 283.

99 Huzinga a.a.O., 125.

Finden, was fehlt – Behinderung als Lehrmeisterin

Gabriele Pöhacker

Lernen von Behinderung? Ein gewagtes Postulat, zumal es nicht um Ausrufungen wie „Krise als Chance“ oder gar „was dich nicht umbringt macht dich härter“ gehen soll. Wer / Was wird da als Lehrende(s) vorgeschlagen? Welche Grundhaltungen stecken dahinter? In einem ersten Schritt ist es also notwendig, uns und Sie bekannt zu machen mit „Behinderung“; wer / was ist es, von der, von dem, gelernt werden kann.

1. Was ist Behinderung?

Beim Sprechen von Behinderung kommt es wesentlich auf den Blickwinkel an. Mein eigener Blickwinkel ist der einer Frau, die mit Behinderung lebt, der einer Zornigen, weil Ausgrenzung in erschreckendem Maß stattfindet und einer leidenschaftlich parteiischen für ein gemeinsames sich Bilden, Leben und Arbeiten.

Im Folgenden stelle ich die wesentlichen Hauptdenkrichtungen bei der Annäherung an „Behinderung“ vor:

1.1 Das medizinische Modell

In der Geschichte der westlichen Industriegesellschaften geht es im Zusammenhang mit „Behinderung“ im Wesentlichen um die Frage der „Arbeitsfähigkeit“. Bestimmte individuelle Merkmale des Menschen definieren das Ausmaß von Behinderung. Diese werden diagnostiziert und so weit als möglich therapeutisch behandelt. Behinderung ist also ein individuelles Schicksal, ein Kind, eine Frau, ein Mann **ist** behindert. In der Tendenz führt diese Sichtweise dazu, dass für behinderte Menschen spezielle Unterstützungsangebote und Institutionen geschaffen werden, die ihren „besonderen Bedürfnissen“ gerecht werden. Pädagogische / erzieherische / therapeutische Bemühungen orientieren sich am Ziel, einen bestehenden Mangel zu verkleinern, auszugleichen, zu heilen – letztlich mit dem Ziel, doch – wenn irgendwie möglich – einen gewissen Grad an Arbeits / Leistungfähigkeit herzustellen. Folgerichtig werden die Formen der Behinderung möglichst genau diagnostiziert, klassifiziert und verwaltet um die individuell passende Förderung angedeihen zu lassen.

Etwas zugespitzt ist hier „behindert“ das Andere von „gesund“. Von „Behinderten“ und den „Gesunden“ ist immer wieder einmal die Rede und wer könnte da noch irgend einen Zweifel daran hegen, wieviel wünschenswerter es doch ist „nicht behindert“ zu sein, oder wenn schon behindert, dann wenigstens nur leicht. Das Lebensgefühl behinderter Kinder, Männer und Frauen ist oft zutiefst geprägt von einem Gefühl „mit mir stimmt etwas nicht“.

1.2 Das soziale Modell

Unabhängig von den körperlichen, geistigen oder psychischen Eigenschaften einer Einzelnen/ eines Einzelnen führen bestimmte soziale Praxen und Institutionen dazu, dass Menschen ausgeschlossen werden. Bauweise mit Stufen, schließt Menschen mit Rollstühlen, Kinderwägen, Rollatoren aus, komplizierte wissenschaftliche Sprache schließt „Laien / Laiinnen“ aus, Schulen mit besonderen Schwerpunkten schließen in diesen Schwerpunkten Unbegabte aus, exklusive Klubs schließen durch hohe Mitgliedsgebühren weniger betuchte Männer und noch mehr Frauen aus. Behinderung ist also eine Behinderung der Zugehörigkeit, eine (mehr oder weniger bewusste) Wahl dessen oder derer, die in der Lage sind zu bestimmen, wen sie – hart gesagt – „dabei haben wollen“ und wen nicht. In diesem Ansatz **sind** Menschen nicht behindert, sie **werden** behindert. Der soziale Ansatz führt zur Frage des gesellschaftspolitischen Willens: Wen auszuschließen können/ wollen wir uns leisten? Und wie werden ungewollte Ausschlüsse behoben?

Wesentlich erscheint mir das gleichzeitig Denken beider angeführten Ansätze. Das soziale Denkmodell befreit von der rein individuellen Bürde, lässt aber körperliches Erleben außer Acht. Die Wertschätzung der Leiblichkeit fehlt auch in vielen Bildungsansätzen, was ganz besonders von Frauen mit Behinderung kritisiert wird.

Biographische Beispielsgeschichte:

Die Kinder- und Jugendzeit der Frau F. war geprägt von medizinischen Maßnahmen zur Erhaltung ihrer Gehfähigkeit. Durch Operationen und regelmäßige Physiotherapie hat Frau F. ihre Schullaufbahn unabhängig von der Rollstuhltauglichkeit der Schulen planen und durchlaufen können. Als mittlerweile erwachsene Frau benützt sie einen Rollstuhl und erzählt von der Erleichterung, nicht unbedingt gehen zu müssen.

Aus Sicht des medizinischen Modells handelt es sich hier um eine Erfolgsgeschichte, mit dem Wehmutstropfen, dass durch die Benutzung des Rollstuhles vielleicht weitere Fortschritte in Frage gestellt sind. Aus Perspektive des sozialen Modells wäre Frau F. das Opfer der Barrieren Ihrer Umwelt. Eine barrierfreiere Umwelt hätte Frau F. viel früher bewogen statt der medizinischen Interventionen auf einen Rollstuhl zurückzugreifen. Viele Schmerzen, viel üben und trainieren wären ihr erspart geblieben.

Keine der beiden vorgestellten Sichtweisen von Behinderung würde der Lebensrealität auch nur annähernd gerecht. Befragt nach ihrer eigenen Beurteilung wirft Frau F. einen Blick auf ihre Beine, lächelt und sagt: „Oh ja, wir haben schon hart gekämpft miteinander – meine Beine und ich. Lange haben sie mich ja dann doch getragen und jetzt ist es gut zu sitzen. Nachträglich hätte ich mir nur gewünscht, mehr Entscheidungsfreiheit zu haben. Obwohl – Rampen gab es ja noch keine in den 60er Jahren."

Diese kleine Geschichte zeigt: (1) gehen ist nicht immer besser als nicht gehen, (2) Behinderung hängt wesentlich vom Umfeld ab, (3) ein Gefühl dafür, was die jeweilige Behinderung für das Leben eines Menschen wirklich bedeutet, entsteht im Kontakt / in Beziehung.

Für die Fragestellung, was und ob denn von Behinderung im Bezug auf Bildung zu lernen ist, benutze ich

1.3 den kulturhistorischen Blick der Disability Studies:

Behinderung ist eine Daseinsform, eine unter vielen anderen. Sie gehört zur „Conditio humana". Wir alle sind im Lauf unseres Lebens mehr oder weniger mit unserer Gebrechlichkeit konfrontiert. Die Frage ist nun: Aus welchen Gründen behandelt die Gesellschaft behinderte Kinder, Frauen, Männer in der Art und Weise, wie sie es tut? Warum hat sie es nötig, behinderte Menschen als soziale Randgruppe aufzufassen und ihnen Benachteiligungen zuzumuten?

In diesem Sinn dient der Umgang mit Behinderung, und daraus resultierend mit Kindern, Männern und Frauen mit Behinderung als Forschungsinstrument – als Vergrößerungsglas gleichsam – für gesellschaftspolitische Prozesse, also auch auf Bildung:

2. Was soll gelernt werden? – Der Bildungsbegriff im Licht von Behinderung

„Der klassische Bildungsbegriff richtet sein Augenmerk auf die Befähigung des Menschen zur Mündigkeit, zur Emanzipation und Autonomie. Bildung gipfelt daher in einer umfassenden Selbstbestimmung des Menschen innerhalb einer solidarisch verfassten Gemeinschaft, in der das kulturelle Erbe der Menschheit bedeutungsbezogen vermittelt wird."[1]

---

1 Klafki, Wolfgang, Neue Studien zur Bildungstheorie und Didaktik, Weinheim/Basel 1995, zitiert aus Praschak 2005, 67f.

Bildung zielt – diesen Definitionen folgend – auf zwei „Hauptakteurinnen" ab, zum einen auf ein autonomes, selbstbestimmtes, handlungsfähiges Individuum, zum anderen auf eine „solidarisch verfasste, kulturell entwickelte Gemeinschaft", die von diesem Individuum gestaltet werden soll. Im Nachdenken über beide Aspekte hilft ein Blick durch die Lupe „Behinderung". Ich folge dem Ansatz der „Selbstbestimmt Leben Bewegung". Dieser international vernetzten Selbstvertretungsorganisation behinderter Menschen geht es im Wesentlichen (1) um die Selbstdefinition behinderter Menschen als handelnde Subjekte **völlig unabhängig von ihrem Assistenzbedarf**, und (2) um ihre Befreiung aus Sondereinrichtungen / Anstaltsstrukturen.

2.1 ad Autonomie

Selbstbestimmung / Autonomie spielt in der kritischen Behindertenbewegung (Selbstbestimmt Leben Bewegung) eine entscheidende Rolle.
Welche gesellschaftlichen Rahmenbedingungen ermöglichen ein selbstbestimmtes Leben? Welche theoretischen Grundannahmen gehen in den Autonomiebegriff ein?
Was heißt es in unserer Gesellschaft, ein selbstbestimmter Mensch zu sein?

Nachdenken über „Autonomie":

Das Ziel „Autonomie" ist ein zu hinterfragendes. Was heißt auto-nom, selbstständig? Warum eigentlich ist Autonomie gar so erstrebenswert? Warum eigentlich ist „Abhängigkeit" so fürcht-erlich? Ist gesellschaftliche und kulturelle Teilhabe nur auf Basis von Autonomie möglich? Welche Art von Autonomie ist gemeint, dass ihr Hinterfragen (auch für mich selbst) sich irgendwie absurd anfühlt? Die Autonomie, die alltäglichen Notwendigkeiten selbst zu erledigen? Wie lange hatten die meisten Männer dies nicht? Wie lange war kochen, putzen, waschen Sache der Frauen und Sache der Dienstbotinnen und weniger Dienstboten. Es geht also um eine Wahlmöglichkeit – etwas „nicht können", was notwendig ist, ist per se völlig „normal". Oder können Sie sich selbst und alleine auch nur einen Bissen Brot herstellen, ein Haus oder ein Auto bauen, sind Sie auch nur eine Minute unabhängig davon, dass irgendwer etwas für Sie tut, oder schon getan hat? Sie bezahlen dafür? Dann geht es also bei der „Autonomie" darum, zu Mittel zu kommen, sich das zu besorgen was mann/ frau braucht? So gesehen trifft die „Selbstbestimmt Leben Bewegung" des „ Pudels Kern" indem für jede und jeden durch „persönliche Assistenz" Autonomie einfordert (funktioniert seit vielen Jahren in Skandinavien, seit 2005 in Wien ansatzweise). Für gelingende persönliche Assistenz lernt die Assistenznehmerin, der Assistenznehmer, sich geeignete Personen zur Unterstützung auszuwählen, sie für seinen / ihren Bedarf einzuschulen und anzuleiten, sowie den Umgang mit den dafür bereitgestellten Budgetmittel. Notfalls gibt es dazu wieder Assistenz.

Bildungsziele wären in diesem Sinn die Klärung der Fragen:

Wie weiß ich, was ich wirklich will / brauche?
Wie komme ich zu dem, was ich will / brauche?
Wie leite ich jemanden an der / die mich unterstützt
Wie gelingt es, sich helfen zu lassen, ohne an Selbstwert zu verlieren?

2.2 ad Gesellschaft – wer gehört dazu?

Die Bindemittel einer Gesellschaft sind Kontakt und Beziehung. Welche Formen der Kontaktvermeidung liegen den gesellschaftlichen Entwicklungsprozessen zu Grunde? Welche Ausblendungen passieren, warum? Welcher Beitrag, welches Erleben, welche Sichtweise fehlt noch zur Entwicklung einer solidarischen Lebensform? Durch wen werden diese repräsentiert?

Zentral scheint mir dabei der Umgang mit dem „Fremden", „Anderen", „Mindergeschätzten" oder auch bei sich selbst „Gefürchteten". Die „Sonderbehandlung" von Menschen in speziell für sie erdachten (Bildungs)Einrichtungen/ Heimen / Dorfstrukturen (insbesondere für Menschen mit Behinderung) ziehen diese Menschen vom üblichen gesellschaftlichen Verkehr ab. Sie geraten aus dem Blick, ihr Fehlen wird nicht mehr bemerkt. Das was sie verkörpern wird gleichsam weggeschoben in eine Welt, in der frau / mann selber nur mehr als ProffessionalistIn vorkommt. Und doch – sie fehlen – die schrägen, die zu großen und zu kleinen, die summenden und brabbelnden, die gekrümmten, die unvollständigen, die ganz langsamen, die in einer Fantasiewelt lebenden, die sich der geltenden Norm entziehenden Menschen. Der Spielraum der Normalität wird enger ohne sie, jede Abweichung auffälliger und bedeutungsvoller. Für die „geschützten Sonderräume" gelten wiederum völlig eigene Gesetzmäßigkeiten.

Exkurs Erlebnisgeschichte:

Eingeladen zu einem Expertinnenhearing verbrachte ich einige Tage in einer riesigen (mehrere Tausend Bedienstete!) „Behinderteneinrichtung" in Deutschland. Bei der Fahrt zum Flughafen führte ich ein Gespräch mit dem Taxifahrer über die Ergebnisse der gerade durchgeführten Kommunalwahlen: „Das Ergebnis der Wahlen" – meinte er – „kann man nicht richtig vergleichen mit anderen Städten. Die „Behinderten" sind abhängig und wählen, was ihre Pfleger und Pflegerinnen wählen. Nur so ist das ungewöhnliche Wahlergebnis zu erklären" (38 Prozent bei einer Partei, die eine Prognose von 11 Prozent hatte). Meine schockierte Reaktion wischte der Taxifahrer lächelnd vom Tisch. „... daran hat man sich schon längst gewöhnt..."

Zu lernen wäre in diesem Sinn ein genaues Gespür für das was „normal" scheint, aber nicht ist. Zu schärfen wäre der Blick für die Fehlenden in einer

Gemeinschaft, für die, die nicht vertreten sind. Zu lernen wäre immer wieder zu hinterfragen, welche Töne und Farben fehlen im gesellschaftlichen Zusammenleben.

Wesentliche Fragen der Bildung könnten also sein:

Wie komme ich in wirklichen Kontakt mit anderen?
Wie komme ich mit „Fremdem“ zurecht?
Wie spüren wir, dass wir zusammengehören?
Wie geht miteinander leben und Gesellschaft zu gestalten, was ist mein Beitrag und was deiner? Und was braucht es, diese Beiträge zu entwickeln?
Wer fehlt in der Schule, im Lehrkörper, unter den WissenschaftlerInnen?

Beim Umgang mit diesen Fragen – deren Beantwortung „Bildungs“ziele sein könnten erweitert der Blick auf „Behinderung“ den Horizont. Hier ist nicht mehr die Frage, wer denn wie lernfähig sei, sondern die Relevanz eines Bildungsvorhabens, das Passen einer Methodik ergibt sich aus den Unterschiedlichkeiten der Menschen, um die es geht (inklusive „lehrende, begleitende, erziehende, pflegende Personen). Es geht darum „niemanden zu verlieren, niemanden zu beschämen“ (Leitspruch skandinavischer Bildungssysteme), weil jede, jeder fehlen würde mit seiner, ihrer unverwechselbaren Weise zu sein. Eine große Möglichkeit wäre vertan ohne sie/ihn. Dieser Ansatz ist inklusiv im besten Sinn, hier kommt die Frage gar nicht auf, wer dazugehört und wer nicht.

Sozialutopie ? Vielleicht – aber ich bin gewiss, dass sich die Gesellschaft auf Dauer nichts anderes leisten wird können.

3. Inklusive Bildung – inklusive Gesellschaft

Was passiert, wenn niemand mehr Angst haben muss, irgendwie überflüssig zu sein, nicht brauchbar. Wenn niemand zurückgesetzt wird im direkten Vergleich mit jemandem anderen. Wollen wir das eigentlich? Wollen Sie das? Ich bitte Sie – halten Sie kurz inne an dieser Stelle, lesen Sie nicht einfach mit einem kurzen „eh klar“ weiter.

Wenn sie dieses Buch lesen gehören Sie wahrscheinlich zu einer privilegierten Bildungsschicht und tun auch gut daran, sich darüber zu freuen. Was haben Sie nicht alles eingesetzt, um den Status zu erringen, den sie jetzt haben: Zeit, Geld, Verzicht auf Vergnügungen, Disziplin, ihre Intelligenz und Lebenskraft... Soll das alles nicht zählen? Soll das nicht Vorteile, Vorsprünge verschaffen? Macht und Zugehörigkeit zu einer bestimmten Gruppe sichern? Die Abwehr gegen ein existenzsicherndes Grundeinkommen ist – glaube ich – in diesen Überlegungen zu erklären. Im Grunde ist es längst nicht mehr so, dass eine gute

(Aus)Bildung einen stabilen Erwerbsarbeitsplatz zur Folge hat. Längst ahnt oder weiß jeder und jede, dass Vollbeschäftigung (bezahlte Erwerbsarbeit) in der gewohnten Form nicht mehr erreichbar – und wohl auch nicht notwendig ist. Was aber heißt das – für das Bildungssystem, wenn es nicht mehr darum gehen kann, Menschen für die Bedürfnisse der Wirtschaft auszubilden? Ich glaube, einmal verstanden, dass die Auswahlfunktion der Bildungssysteme in der gewohnten Form obsolet geworden ist, einmal verstanden, dass der stattfindende gnadenlose Ausbildungskonkurrenzkampf auf zu wenige existenzsichernde Stellen hin nicht den Menschen dient – lässt sich neu ansetzen im Bereich der Bildung und Ausbildung. Hier lässt sich einiges lernen von denen, die im üblichen Wettlauf um die besten Plätze in der Gesellschaft gar nicht startberechtigt waren und so notwendige Paradigmenwechsel für Gesellschaft und Bildungseinrichtungen entwickeln konnten.

Die Annäherung an eine „inklusive Denk-, Lebens- und Bildungsweise“ braucht eine kritische Auseinandersetzung mit bisher etablierten Verhaltensmustern. Wesentliche Lernprozesse sind:

Wahrnehmen und verstehen des Unterschiedes zwischen Schulbildung und Erziehung und in weiterer Folge zwischen Bildung und Ausbildung. Aufwertung von Bildung, Erziehung und Pflege als wesentliche gesellschaftliche Prozesse.

Erfassen der Wichtigkeit der allgemeinen Menschenrechte in der Erziehung aller Schüler und Schülerinnen.

Entwicklung eines feinen Gespürs für die verschiedenen Formen von Exklusion und Diskriminierung. Diese kommunizieren und abbauen lernen. Null-Toleranz gegenüber Diskriminierung jeder Form.

Verstehen und Erfahren der fundamentalen Wichtigkeit einer offenen, vertrauensvollen Kommunikation miteinander. Lernen, Gefühle und Ängste auszudrücken, vor allem auch im Umgang mit Befremdlichem.

Konflikte / Andersartigkeit als Bereicherung sehen und damit umgehen lernen.

Neue Arten entwickeln, zu lernen und zu lehren, unter Einbeziehung der Möglichkeiten aller Beteiligten, Wertschätzung der Leiblichkeit.

Erkennen der Notwendigkeit, Netzwerke / Gemeinschaften zu bilden und einander zu unterstützen.

Lernen, aufregende und kreative Beziehungen zu leben zwischen „sehr Verschiedenen“.

Kontinuierliches und ernsthaftes Hinterfragen des Zwecks, zu dem unterrichtet wird. Inwieweit trägt der Unterricht zur Realisierung der eigenen Hoffnung auf eine gerechte solidarische Welt voll Kreativität und Freude bei?[2]

---

2 übersetzt und adaptiert: „from exclusion to inclusion“, www.Bidok.uibk.ac.at/library/barton-inclusion.dbk, 5.

4. Aktueller Befund und rechtliche Situation

Die "Allgemeine Erklärung der Menschenrechte" der Vereinten Nationen (1948), der Artikel 7 des Österreichischen Bundesverfassungsgesetzes (1997), sowie die Konvention über die Rechte von Menschen mit Behinderung (2008) verbieten die Diskriminierung von Kindern, Frauen und Männern mit Behinderung. Seit 1993 (15, SchOG-Novelle) bzw. 1996 (17. SchOG-Novelle) besteht in Österreich das Recht für die Eltern, unabhängig von der Art und „Schwere" der Behinderung für ihr Kind zwischen dem Besuch einer Volksschule, Hauptschule, AHS- Unterstufe oder einer Sonderschule zu wählen. Faktoren wie unzureichende Rahmenbedingungen, fehlende Ressourcen und Ausbildung von LehrerInnen, zu wenig BegleitlehrerInnenstunden oder kurz gesagt, fehlender politischer Wille zur realen Umsetzung dieser Wahlfreiheit, lässt zunehmend die Beschulung in sonderpädagogischen Einrichtungen als passendere Wahl erscheinen.
Gesetzliche Grundlagen zur schulischen Integration nach der Pflichtschule fehlen noch immer
"Die eigentliche Frage um die es im Schulsystem ganz allgemein ... geht, ist nicht die Frage, ob die Integrationsklassen oder die Sonderschulklassen besser funktionieren. Die eigentliche Frage lautet: Gibt es ein Schulsystem, in dem ALLE Schüler/innen einen Platz haben und dort gemeinsam lernen und teilhaben können? Kann und soll ein Schulsystem dieser Art in Österreich etabliert werden?" so Fritz Neumayer, Verein Gemeinsam Leben –Gemeinsam Lernen – Integration Wien.[3] Im Schuljahr 2006 /2007 besuchten 13 800 Kinder mit „sonderpädagogischem Förderbedarf" (welch ein Wort!) die Schule in Integrationsklassen, 13.200 die Sonderschule.[4] Freiwillig? Im Zuge allgemeiner Sparmaßnahmen wurden die finanziellen Mittel für Integrationspädagoginnen gekürzt! Beim verpflichtenden Kindergartenjahr wurde eine Ausnahmeregelung für Kinder mit Behinderung vorgesehen. Argumentiert wird mit „etwaiger Unzumutbarkeit", anzunehmen ist die Weigerung, für notwendige Barrierefreiheit, Assistenz und pädagogische Konzeption zu sorgen. Die „Neue Mittelschule" droht in Ermangelung von ausreichenden Ressourcen trotz viel Engagement der PädagogInnen zu einer „Integration des Mangels" zu werden.

In den Bildungsverläufen behinderter Frauen und Männer spiegeln sich die allgemeine Tendenzen und Problemfelder mit großer Deutlichkeit:

Abhängigkeit von den sozialen und finanziellen Möglichkeiten der Eltern (häufig Mütter). Eltern / Mütter wurden in den 80er Jahren VorkämpferInnen für

---

3 Stellungnahme des Vereins Gemeinsam Leben – Gemeinsam Lernen – Integration Wien, 19.10.09, aus: www.bizeps.or.at/news.php?nr=10656

4 www.oear.or.at/informationen/offentlichkeitsarbeit/zahlen-und-fakten

schulische Integration (Recht auf Wahlfreiheit in der Pflichtschule) und setzen sich bis heute vehement für gute Rahmenbedingungen ein. Mir sind nicht wenige Frauen bekannt, denen es gelungen ist, ihren Kindern mit Lernbehinderung eine integrative Schulausbildung zu verschaffen, die aber – jetzt in die Jahre gekommen – nicht über ausreichende Pensionsversicherungszeiten verfügen.

Eingeschränkte Wahlmöglichkeiten verringern die Chance, eine Ausbildung zu bekommen, die genau zu den je eigenen Fähigkeiten passt. Besonders schwierig wird es für Jugendliche nach der Pflichtschulzeit. Ihre Wahlmöglichkeiten sind im Vergleich zu ihren „nicht behinderten" Kollegen und Kolleginnen drastisch eingeschränkt, für mehrfach körperbehinderte SchülerInnen etwa gibt es eine etwa einzige (Internats)Schule in Wien mit Maturabschluss. Die Möglichkeiten einer Teillehre oder einer verlängerten Lehrzeit bringen eine gewisse Entlastung der Situation, die Chancen am Arbeitsmarkt sind noch nicht klar. Erfreulich gebessert hat sich die Situation auf den Universitäten. Die Einhaltung der Gleichstellungsgesetze wird teilweise durch sehr engagierte „Beauftragte für behinderte Studierende" österreichweit durchgesetzt (uniability), in Salzburg etwa studiert nun endlich eine gehörlose Frau.

Koppelung Weiterbildung – Erwerbsarbeit. Für die Weiterbildung von Erwachsenen gibt es Unterstützungsmöglichkeiten, die aber sehr rigide an Erwerbsarbeit gekoppelt sind. Das aber ist – besonders in wirtschaftlich schwierigen Zeiten – für Männer und Frauen mit Behinderung in allen Bereichen noch schwieriger als für alle anderen – daran ändern auch Beschäftigungsquoten und Unterstützungsmöglichkeiten für UnternehmerInnen wenig.

Mädchen oder Frau zu sein ist auch bei Menschen mit Behinderung ein entscheidender Faktor bei ihren Aussichten auf Bildung und Erwerbsarbeit. Die der Studie „Frauen mit Behinderungen und Beeinträchtigungen am Salzburger Arbeitsmarkt" zeigt, dass bei allen Daten, die sich auf Erwerbsarbeit beziehen der Anteil der behinderten Männer 2/3 beträgt, bei der Anzahl der PflegegeldbezieherInnen aber nur 1/3.[5]

Arbeitslosigkeit behindert gesellschaftliche Teilhabe. Das gilt noch schärfer für Männer und Frauen mit Behinderung, weil die Ausstattung mit Hilfsmittel (Rollstühle, adaptiertes Auto etc., PC) häufig an einen Erwerbsarbeitsplatz gebunden ist.

Die zögerliche Umsetzung der nationalen und internationalen Gleichbehandlungsgesetze gibt zu denken. Was ist der politische Wille wirklich, was sind nationale und internationale Vereinbarung wert? Ich glaube, Wachsamkeit ist angesagt, besonders in Zeiten wirtschaftlicher Unsicherheit. Am Beispiel „Menschen mit Behinderung" zeigen sich problematische Entwicklungen einer Ge-

---

5 Buchinger, Birgit/Gschwandtner, Ulrike, Frauen mit Behinderungen und Beeinträchtigungen am Salzburger Arbeitsmarkt, eine qualitative Studie, Salzburg 2007, 22ff.

sellschaft besonders deutlich (Armutsrisiko, prekäre Beschäftigungsverhältnisse, Gewalt an behinderten Frauen).

5. Das Fehlende finden – ein Stimmungsbericht

In der Vorbereitung für diesen Artikel bat ich Freunde und Freundinnen mit Behinderung, mir Überlegungen über ihren Bildungsweg und was ihnen gefehlt hat, zu schreiben. Ich danke besonders meiner Freundin und Kollegin Sonja Stadler für die Freigabe ihrer Reflexion, die ich als abschließendes Stimmungsbild wörtlich wiedergebe:
„Grundsätzlich mehr Zeit zum Lernen und Üben, da mein Auffassungsvermögen mitwachsen musste, hätte ich gebraucht. Das heißt in der Praxis, einen gut entrümpelten Lehrplan. Unterrichtsgestaltung mit lebenspraktischem Bezug.
Wäre für mich besonders brauchbar in den Fächern: Englisch, Mathematik, Deutsch gewesen.
Beispiele aus meiner Erinnerung: In Englisch habe ich es nie geschafft, meine Redehemmung abzubauen. Das wäre aber meiner Meinung nach wichtiger gewesen, als in Englisch sehr schwer schreiben zu können. In Mathematik hatte ich lieber die vier Grundrechnungsarten hundertprozentig gelernt als geometrisch zeichnen. Mathematik war erst dann etwas brauchbarer für mich, als ich etwas erkannt habe über mich selbst – nämlich, dass ich nicht zeichnen können muss, um den Umfang ausrechnen zu können, sondern nur die Formel lernen muss. In der 2. Klasse der Büro- und Verwaltungsschule habe ich erfahren, dass ich mit Wirtschaftsrechnen viel besser zu Recht gekommen bin, weil ich mehr Bezug zum Leben und Berufsleben gesehen habe.
In Deutsch hätte ich mehr Zeit gebraucht und mehr Motivation, um Freude am Lesen zu entwickeln. Wenn ich mein Lesen schon in der Schule hätte verbessern können, dann wäre mir ‚Schule‘ wahrscheinlich grundsätzlich leichter gefallen. Deutsch war für mich immer ein besonderes Fach, weil ich schon immer gerne geschrieben habe, und so Ausdrucksmöglichkeiten für mich gesucht habe. Meine DeutschlehrerInnen haben durch meine Aufsätze immer leichter erkannt, was in mir steckt und was mich bewegt. Durch dieses Erkennen meiner Persönlichkeit hatten sie einige Möglichkeiten mehr, mich wirklich zu unterstützen. Meiner Mutter und meiner Deutschlehrerin ist es zu verdanken, dass ich nicht in die allgemeine Sonderschule gekommen bin. Während ich diese Zeilen schreibe, spüre ich sehr authentische Gefühle, wie alleine sein, stark sein müssen.
Von einer Überlegung möchte ich noch erzählen: Im Radio habe ich gehört, wie erwachsene Analphabetinnen und Analphabeten in einem Grundmodul schreiben und lesen lernen und das Umgehen mit dem PC. Das hat mich sehr angesprochen und das Gefühl ausgelöst, so hätte ich die Schule gebraucht. Ich glaube, dieses Gefühl will sagen, auf keinen Fall eine Sonderschule, aber einen

Lehrplan, der in der Grundstufe die Möglichkeit gibt, das zu erfahren und zu lernen, was Mann / Frau wirklich braucht um dann Weiteres aufbauen zu können.
Folgende Hilfsmittel hätten mir noch geholfen: PC, Rollstuhl, und besonders persönliche Assistenz. Es wäre sehr hilfreich gewesen, schon als junge Frau die Kompetenzen für persönliche Assistenz aufzubauen, um Kontakte auf gleicher Augenhöhe zu haben zu können und keine Hilfe von den Mitschülerinnen und Mitschülern zu brauchen.
Mir fällt ein, dass in der Erwachsenenbildung Dinge möglich sind, die in der Schule undenkbar wären. Warum ist das eigentlich so?
Diese Frage bringt mich auf einen Punkt zurück, dass ich ja momentan versuche, als Mutter aus der Regelschule auszusteigen. Gott sei Dank spielt meine Tochter gerade voll Begeisterung das Lied auf ihrer Flöte, das sie neu gelernt hat in der neuen Schule. Ich erkenne, dass ich seit ich Mutter bin durch die Freude am Vorlesen dürfen im Lesen gut aufgeholt habe. Beruflich werde ich von einer persönlichen Assistentin beim Schreiben unterstützt, weil ich das brauche. Das 1 x 1 übe ich immer wieder mit meiner Tochter und ich bin noch immer nicht sicher darin. Mit Englisch geht es mir ähnlich, ich lerne mit, so gut ich kann und es macht mir Spaß. Ich glaube, als Mutter habe ich jetzt die Rahmenbedingungen, die es mir ermöglichen, mit Freude das nachzuholen, was mir gut tut und Spaß macht. Weiter hätte mir geholfen, wenn sich die zahlreichen Therapien sich besser mit der Schule hätten verbinden lassen ohne zur „Sonderschülerin“ zu werden. Fazit: Ich hätte eine andere Schule gebraucht...“

Frau Stadler ist Sozial- und Lebensberaterin, Sexualpädagogin. Sie konzipiert und leitet Aus- und Weiterbildungskurse für Frauen und Männer mit (Lern)Behinderungen und deren Assistentinnen / Betreuer und Betreuerinnen.

6. Das Fehlende finden – Schlussfolgerung

Wenn Behinderung lehren kann – und das war die Eingangsthese meines Artikels – das Fehlende zu finden, dann sind Männer und Frauen mit unterschiedlichsten Behinderung dazu prädestiniert, Partner und PartnerInnen in Bildungsprozessen zu sein: Als Beteiligte an Bildungskonzepten, als Lehrende, als Lernende.
Sehr deutlich wird am obigen Bericht, was gefehlt hat:
Ausreichend Zeit, Hilfsmittel, persönliche Assistenz und lebenpraktischer Bezug. Vor allem das Gesehen werden als Persönlichkeit mit ganz individuellen Begabungen und die Gewissheit bedingungslos dazu zu gehören.

In ihrer unterschiedlichen körperlich geistigen und psychischen Verfasstheit schärfen behinderte Frauen, Männer, Mädchen, Burschen den Blick für das ganze Spektrum menschlicher Existenz.

Sie zeigen ungewohntes Verhalten, ungewohnte Weisen zu sprechen, zu denken, sich zu bewegen. Üblicherweise sind sie – willkommene – Projektionsfläche für „das Andere“, das „Nicht – Gewollte“, „das „Schwierige, Zerbrechliche, Hilfsbedürftige, Sterbliche“. Einmal wirklich in Kontakt gekommen – beruflich (als Kollege, Kollegin) und / oder privat ergeben sich unglaubliche Möglichkeiten, „Normalität“ zu hinterfragen, Werte und (Bildungs)Ziele neu zu definieren, Glück facettenreich zu erspüren jenseits von Leistung, Erfolg und des Vergleichens mit anderen. Behinderte Kinder, Frauen und Männer fordern ein, den Blickwinkel zu verändern inmitten eines unabdingbar erscheinenden Konkurrenzkampfes und spotten mit ihrer Existenz dem Paradigma eines Sisyphos. Das Formulieren der unterschiedlichen Bedürfnisse und Möglichkeiten und das Umgehen mit ihnen ohne Macht auszuüben, das in Kontakt-sein unter Ungleichen, das gegenseitige Interesse und die Freude aneinander und miteinander – das ist es vielleicht, was so schmerzlich fehlt in unseren Bildungseinrichtungen und im „ganz normalen Leben“. Ja, das fehlt – und um alles leichter zu bewerkstelligen, ein existenzsicherndes Grundeinkommen für alle, behindert oder nicht.

Wissensmanagement und Bildung – ein Widerspruch?

Sabine Stadler

„Wer sich auf der Höhe der Zeit wähnt, spricht deshalb heute nicht mehr von Bildung, die sich an einem Individuum und der Entfaltung seiner Potentiale orientierte, sondern von ‚Wissensmanagement‘. Nicht um Bildung geht es, sondern um Wissen, das wie ein Rohstoff produziert, gehandelt, gekauft, gemanaged und entsorgt werden soll.“[1]

Wissensmanagement als das Gegenstück von Bildung? Konrad Paul Liessmann zeichnet uns ein Bild von Wissensmanagement, das de facto als Wissensmanagement der ersten Generation in der Mitte der 90er Jahre des letzten Jahrhunderts seinen Ursprung fand.

Das praktische Wissensmanagement der ersten Generation (1990-2003) begann damit, dass moderne Informations- und Kommunikationstechnologien erschwinglich wurden und eine scheinbar unbegrenzte Vernetzung und Dokumentation ermöglichten. Die Idee war (zu) einfach, nämlich das Wissen der Mitarbeiter/innen in Datenbanken zentral zu sammeln und abzuspeichern, um es so unbegrenzt zur Verfügung zu stellen. „Wissensdatenbanken“ und „Wissensbilanzen“ sollten das Wissen auf Abruf bereitstellen und zwischenmenschliche Kommunikation obsolet machen. Die Unternehmen reagierten euphorisch, immerhin würde man weniger abhängig von seinen Mitarbeiter/innen sein … theoretisch, denn in der Praxis versagt dieses Modell.[2]

Peter Schütt bezeichnet Wissensmanagement der ersten Generation als „Zeit der Irrwege“[3]. Es hat sich weiterentwickelt und tritt heute als Wissensmanagement der zweiten Generation auf. Es wurde die Gefahr erkannt, die darin liegt, etwas so komplexes wie Wissen, das uneingeschränkt an das Denken und damit an den Menschen gekoppelt ist, auf einfache Formeln zu reduzieren. Die Erkenntnis, dass der Abruf von dokumentierten Informationen von einem schöpferischen Gedankenaustausch so weit entfernt ist wie der Weg vom guten Vorsatz

---

1 Liessmann, Konrad Paul, Theorie der Unbildung. Die Irrtümer der Wissensgesellschaft, Wien 2006, 53.

2 Vgl. Schütt, Peter, Wissensmanagement von 1990 – 2003 – die Zeit der Irrwege, in: Wissensmanagement 2/08, 2008, 32.

3 Ebd., 32.

zur guten Tat, entfernt Wissensmanagement der zweiten Generation zunehmend vom Primat der kurzfristigen Profitmaximierung. Dafür nähert sich die aktuelle Form des Wissensmanagement allerdings wieder an die traditionelle Idee der Bildung an.

Der Begriff Wissensmanagement an sich ist schon irreführend, drückt er doch aus, Wissen könne man managen. Tatsächlich glaubte man in den Anfängen von Wissensmanagement, man könne Wissen wie einen Gegenstand behandeln, Wissen wurde gleichgesetzt mit Daten und Informationen. Doch diese Idee basierte auf einem folgenschweren Missverständnis und wurde erstellt, ohne die Eigenheiten und Grundlagen von Wissen tatsächlich zu kennen.

Wissen setzt sich zusammen aus explizitem und implizitem Wissen.[4] Explizites Wissen kann in formaler, systematischer Sprache ausgedrückt und beschrieben werden, in Form von Daten und Informationen. Es ist zeitlich stabil und prinzipiell allgemein verfügbar.[5] Jede/r von uns musste sich schon mal mit Bauanleitungen oder Handbüchern auseinandersetzen, die das Problem vereinfacht abbilden und ein Beispiel für explizit dargestelltes Wissen sind. Dieses explizite Wissen stellt allerdings nur die Spitze des Eisbergs dar, während der überwiegende Anteil des Wissens, das implizite Wissen, unmittelbar an die Person und ihren eingebetteten Kontext gebunden ist und aus diesem Grund nur schwer kommunizierbar und daher auch nicht dokumentierbar ist. Implizites Wissen bildet das Fundament des Wissens, häufig ist es der Person nicht einmal bewusst, was sie alles „weiß". So können wir beispielsweise erklären, wie man mit dem Fahrrad fährt, aber nicht, wie man dabei die Balance hält. Das Können ist hier von impliziter Natur, in Form von stillem, verdecktem Wissen, angeeignet durch Erfahrungswerte.

Implizites Wissen ist Quelle von Kreativität und Innovation und bildet somit einen völlig neuen Erklärungsansatz für das Zustandekommen von wirtschaftlichem Erfolg.[6] Die Frage ist daher nicht, wie Wissen am besten den Köpfen entnommen und dokumentiert werden kann, sondern wie kreatives, implizites Wissen in den Köpfen erfolgreich aufgebaut werden kann. Die Verwertung von Wissen als Vermögensgegenstand ist daher wenig sinnvoll, denn Wissen ist kein Gegenstand, sondern eine Fähigkeit, die unseren Verstand betrifft. Wissen ent-

---

4 Zum Begriff „implizites Wissen" im Wissensmanagement vgl. Nonaka, Ikujiro/Takeuchi, Hirotaka, Die Organisation des Wissens. Wie japanische Unternehmen eine brachliegende Ressource nutzbar machen, Frankfurt/Main 1997, 72; vgl. dazu auch Polanyi, Michael, Personal Knowledge, London 1958, oS.

5 Vgl. Schmitz, Christof/Zucker, Betty, Wissensmanagement. Schnelleres Lernen im Unternehmen, Berlin 2003, 44.

6 Vgl. Gatarik, Eva/Born, Rainer, Management by Expertise: Vom Sharing Expertise zum Sharing Fate, in: Hörmann, Franz/Haeseler, Herbert (Hg.), Die Finanzkrise als Chance, Wien 2009, 215-233.

steht nicht nur durch Aktion, sondern vor allem durch Interaktion, den Austausch zwischen Menschen. Die Idee von Wissensmanagement der zweiten Generation ist es, den Blick auf die Menschen im Unternehmen zu richten, auf ihre Fähigkeiten und Potentiale. Unternehmen müssen aufhören, das vermeintlich Beste aus den Menschen „herauszuholen" und damit beginnen, die Menschen in ihrem Dasein wachsen und reifen zu lassen. Nur wenn eine Umgebung geschaffen wird, in der Mitarbeiter/innen ihr Wissen entfalten wollen, kann neues Wissen entstehen.

Wissensmanagement der zweiten Generation erkennt und verknüpft die Vorteile von implizitem und explizitem Wissen. Während durch implizites Wissen die Entfaltung des Schöpferisch-Werdenden des Individuums ermöglicht wird[7], kann explizites Wissen formuliert und damit auch gespeichert und vervielfältigt werden. Protokolle oder Mitschriften sollen unser Gedächtnis auffrischen, sie erweisen sich allerdings als ein Buch mit sieben Siegeln, wenn man selbst nicht in der Besprechung oder der Vorlesung teilgenommen hat und auf die Mitschriften von Kollegen/innen zurückgreifen muss. Das Problem mit dem expliziten Wissen ist nämlich die Tatsache, dass es nur ein vereinfachtes Abbild der Realität darstellt, was fehlt, ist das implizite Wissen. Dieses kann nur schwer abgebildet werden, da es ja sehr persönlich und kontextbezogen, teilweise sogar unbewusst ist.

Dominiert allerdings die Vorstellung, dass ein Universitätsstudium ein System von Rezepten, Handelsanleitungen und Best-Practices darstellt, die sich so anwenden lassen, dass man im Prinzip nicht wirklich mitdenken muss, dann wird sich für diese Studierenden nichts an den bisherigen kulturell bestimmten Alltagsvorstellungen ändern. Das bestehende Weltbild bleibt unverändert. Auf den ersten Blick erscheint es viel einfacher, sich auf ein paar Regeln zu berufen und jegliche Verantwortung auf deren exakte Befolgung abzuschieben. Die reine Befolgung von „Standardrezepten" kann allerdings nicht zum Erfolg führen, da diese eine grobe Vereinfachung darstellen und somit niemals vollständig sein können. Eine unreflektierte Vermittlung von nicht hinterfragten Regeln verhindert, dass die erlernten Regeln in einen neuen Kontext gesetzt werden. Es fehlt eine entsprechende Sensibilisierung[8], welche die „Komplexität der Realität"[9] berücksichtigt. Es bedarf eines Korrekturspielraumes, sozusagen eines gewissen „menschlichen Augenmaßes", um die gelernten Regeln entsprechend erfolgreich

---

7 Vgl. Dirschner, Gisela, Wörterbuch des Müßiggängers, Bielefeld 2009, 32.

8 Zur „Sensibilisierung" im Wissensmanagement vgl. Born, Rainer, Verdrängter Humanismus – Verzögerte Aufklärung. Die Linzer Situation als Anregung und Modellfall, Linz 2007, 4, http://www.iwp.uni-linz.ac.at/born/mpwfst/07/0711_humanismus.pdf (12.10.09)

9 Vgl. Arthur, W. Brian, Increasing Returns and the New World of Business, in: Harvard Business Review, 1996, oS; Gatarik, Eva, Die "Lebensschere" als modelltheoretisch-systemischer Kern von (Sharing) Expertise, in: Hörmann/Haeseler (Hrsg.), Die Finanzkrise als Chance, Wien 2009, 180-212, hier 182.

in einem neuen Kontext anwenden zu können. Dieses menschliche Augenmaß setzt voraus, dass man dem Wissen über das „Zustandekommen" von Wissen Beachtung schenkt und damit eine Reflektion zwischen Wissenschaft und Alltag erzielt: Wie ist das Wissen in die vorgefertigten Modelle gelangt? Gibt es einen Lösungs- oder Korrekturspielraum?[10]

Bildung kommt demgemäß einer Sensibilisierung von Ursachen und Folgen von Handlungen sowie Einstellungen, Werten und Normen gleich. Bildung soll die Verknüpfung von erlernten Regeln mit den Anforderungen der situativen Begebenheiten herstellen. Bildung muss die solide Basis darstellen, auf deren Grundlage eine Reflexionsebene, eine kritische Betrachtungsebene aufbaut. Die Verwendung von erlernten Regeln sollte lediglich als Hilfestellung dienen, die Regeln stellen ein Werkzeug, sozusagen eine Krücke zur Entscheidungsfindung dar. Darüber hinaus entsteht allerdings eine gefährliche Abhängigkeit. Menschen, die sich von ihrem Werkzeug beherrschen lassen, sind unfähig, sich auf neue Situationen einzustellen.[11] Umso dienlicher Hilfsmittel in einer sicheren Umgebung sind, umso mehr schränkt ihre Starrheit in neuen Situationen ein.

Menschliches Augenmaß ermöglicht einen Korrekturspielraum, das Wissen um die Grenzen und die Einfachheit der erlernten Regeln. Dieses Augenmaß entsteht durch „die geistige Arbeit an sich und an der Welt"[12] und bedeutet gleichzeitig eine „paradigmatische Aneignung von Wissen über sich und die Welt, sowie die sinnvolle Auseinandersetzung mit diesem Wissen"[13]. Dies hebt die Perspektive des Betrachters auf eine Metaebene und befähigt dazu, das Erlernte in seiner Ganzheit zu begreifen, um es in einem veränderten oder neuen Kontext entsprechend zu modifizieren und erfolgreich anwenden zu können. Denn gerade in der Unvollständigkeit der Regeln und Theorien liegt der Schlüssel für den Einsatz von Flexibilität, Kreativität und Innovation. Rainer Born beschreibt dieses Zusammenspiel folgendermaßen: „Wir arbeiten in der Praxis vielfach mit unscharfen bzw. implizit definierten Begriffen und unvollständigen Bildern (Informationen), sodass Korrekturen erforderlich sind. Das ist nicht schlimm, sondern es ermöglicht uns Anpassung, Flexibilität und Innovation."[14]

Menschen, die ihr Leben lang dafür belohnt wurden, die richtige Antwort auf eine bestimmte Frage „herunterzubeten" müssen sich auch in veränderten Situationen an Regeln klammern und können dadurch weder die Konsequenzen

---

10 Vgl. Born, Rainer, Verdrängter Humanismus – Verzögerte Aufklärung. Die Linzer Situation als Anregung und Modellfall, Linz 2007, 6 ff, http://www.iwp.uni-linz.ac.at/born/mpwfst/07/0711_humanismus.pdf (12.10.09)

11 Vgl. Warner, Chris/Schmincke, Don, High Altitude Leadership, San Francisco 2009, 55 ff.

12 Liessmann, Theorie der Unbildung, 59.

13 Ebd.

14 Born, Rainer, Verdrängter Humanismus – Verzögerte Aufklärung. Die Linzer Situation als Anregung und Modellfall, Linz 2007, 8,http://www.iwp.uni-linz.ac.at/born/mpwfst/07/0711_humanismus.pdf (12.10.09)

und Grenzen der Anwendung dieser Regeln abschätzen, noch die eigene Persönlichkeit in Form von Kreativität und Innovation einbringen. Hingegen sind es Persönlichkeiten von ausgeprägtem Charakter, die regulierend in ein scheinbar chaotisches System eingreifen können, da sie imstande sind, sich auf eine Metaebene zu begeben und in ihrer Entscheidungsfindung sensibel vorzugehen.

Ähnliches gilt für die Nutzung von Informationstechnologie, diese soll uns als unterstützendes Mittel zum Zweck dienen, es soll die Mitarbeiter/innen von lästigen Routinen befreien. Die dadurch gewonnene Zeit kann für essentielle Dinge nutzbar gemacht werden, nämlich zur Entfaltung eigener Potentiale. Informationstechnologie, die nicht an die spezifischen Eigenheiten der vorherrschenden Kultur angepasst wird, dient nicht der Vereinfachung der Alltagsgeschäfte sondern entpuppt sich häufig sogar als Hindernis. Eine Technologie, die unreflektiert über ein Unternehmen gestülpt wird, ist nutzlos. Computerprogramme die sich nicht an den Menschen orientieren, führen dazu, dass sich Menschen dem Programm anpassen müssen und in ein Korsett gepresst werden, das sie teilweise zwingt, entgegen jeder Logik zu handeln. Wissensmanagement der zweiten Generation bringt Programmierer/innen genauso wie Benutzer/innen an einen Tisch, um im schöpferischen Austausch in einen Dialog zu treten und gemeinsam eine sinnvolle Lösung zu erarbeiten. Dieser Wissensaustausch benötigt allerdings einen fruchtbaren Boden, auf dem die Lösung wachsen kann. Es braucht ausreichend Zeit, um miteinander in einen konstruktiven Dialog zu treten, eine gemeinsame Verständnisgrundlage sowie gegenseitiges Vertrauen. Basierend auf einer erfolgreichen Zusammenarbeit führt die Informationstechnologie tatsächlich zu einer Befreiung von lästigen Routinen und schafft Freiräume, um den Blick auf das Wesentliche zu richten.

„Das Wesentliche“ meint allerdings nicht, Stellen zu kürzen oder Mitarbeiter/innen auf Kurzarbeit zu entsenden, sondern die Zeit als Chance zu sehen, sich als Unternehmen auf die Zukunft vorzubereiten, die unterschiedlichen Szenarien gemeinsam durchzudenken und aus den Erfahrungswerten zu lernen. Denn Ziel ist es nicht, die genaue Zukunft zu erraten und vorherzusagen, um detaillierte Pläne auf ihr aufzubauen, sondern sich mit dem Kommenden auseinanderzusetzen, indem man es als unabänderliche Tatsache annimmt. Eine Unternehmensführung, die falsche Entscheidungen auf die Falschheit der Vorhersagen zurückführt, stiehlt sich schlicht und einfach aus ihrer Verantwortung. Um neue Herausforderungen zu meistern und innerhalb noch nie da gewesener Umstände erfolgreich agieren zu können, braucht es eine Unternehmensführung, die sich durch Sensibilität in Bezug auf Entwicklungen und Tendenzen im Umfeld des Unternehmens auszeichnet. Sensibilität[15] bedeutet, seine Wahrnehmung zu schärfen, in einem ständigen Dialog mit seiner Umwelt zu stehen und die Fä-

---

[15] Zum Begriff „Sensibilität“ vgl. De Geus, Arie, Jenseits der Ökonomie. Die Verantwortung der Unternehmen, Stuttgart 1998, 47ff.

higkeit zu entwickeln, selbst kleine Veränderungen zu erspüren. Sensibilität bedeutet, empfänglich und aufmerksam für die Welt zu sein. Gerade diese Sensibilität entscheidet über einen langfristigen Unternehmenserfolg. Nur die Unternehmen, die bevorstehende oder bereits in Gang gesetzte Veränderungen erkennen und sich aktiv damit auseinandersetzten, sichern ihr langfristiges Überleben.[16] Der Sensibilität von Entscheidungsträgern/innen in Unternehmen ist es zu verdanken, dass Unternehmen selbst in scheinbar schwierigen Zeiten ihr Überleben sichern, in dem sie diese früh genug erkennen und Änderungen einleiten. Um als Entscheidungsträger/in nicht zu gefrieren, sondern sich mit der Umwelt zu bewegen, braucht es Persönlichkeiten, die sich durch innere Weitsicht und Stabilität auszeichnen und keine beliebig austauschbaren Klone. Menschen, die nicht starr vor Angst[17] wie das Kaninchen vor der Schlange sitzen, sondern solche, die kluge, vielleicht auch risikoreiche Entscheidungen treffen, und den Mut haben, neue Wege – mit allen ihren Konsequenzen – zu beschreiten.

Die wahre Herausforderung der Unternehmen liegt darin, als System mit dem Umfeld zu wachsen. Die Wissensgesellschaft wird beherrscht durch Wissen, und Wissen ist untrennbar verbunden mit Lernen. Daraus ergibt sich eine neue Maxime für den Unternehmenserfolg. „Ein erfolgreiches Unternehmen ist ein Unternehmen, das erfolgreich lernt."[18] Lernen ist ein konstanter Prozess, eine ständige, lebendige Auseinandersetzung des Geistes mit sich und der Umwelt. Es endet nicht, vor allem nicht dort, wo der sogenannte „Ernst des Lebens" beginnt, wo das Gelernte, die einstudierten Regeln, Anwendung finden sollte. Diese Auseinandersetzung des Geistes hat dort nichts zu suchen (bzw. zu finden), wo Ausbildung von stromlinienförmigen Karrierekletterern/innen[19] als Referenz genutzt wird, um die Chance auf eine gute Position zu verbessern.[20] Arie de Geus visualisiert diese Einstellung durch folgendes Beispiel:
„Nach dieser Auffassung sind Menschen wie Autos: Sie starten an einer Tankstelle (Universität) und füllen ihren ‚Denktank' mit Wissen. Dann benutzen sie ihr geistiges Benzin, um auf der Autobahn des Lebens entlangzusausen. Nach dieser Vorstellung ist es überflüssig, dass Institutionen ein effektiveres und breiteres Lernen fördern. Das gesamte Wissen des Unternehmens ist bereits in den Köpfen der Mitarbeiter/innen verankert. Das Thema Lernen ist im Großen und Ganzen abgehakt, vielleicht abgesehen von einer gelegentlichen Auffrischung, damit man auf dem neuesten Stand bleibt."[21]

---

16 Vgl. ebd., 47ff.

17 Vgl. Warner, Chris/Schmincke, Don, High Altitude Leadership, San Francisco 2009, 5ff.

18 De Geus, Arie, Jenseits der Ökonomie. Die Verantwortung der Unternehmen, Stuttgart 1998, 43.

19 Vgl. Dirschner, Gisela, Wörterbuch des Müßiggängers, 2009, 32.

20 Vgl. De Geus, Jenseits der Ökonomie, 98.

21 Ebd., 99.

Nach De Geus wird mit dieser Einstellung jeglicher Raum für Akteure genommen, die versuchen, gemeinsam über Entwicklungen nachzudenken, die eventuell zu einer Krise führen könnten. Es ist kein Raum für Menschen, die „etwas lernen, dass sie noch nicht wussten“[22], die nicht auf alles eine Antwort haben. Bei näherem Hinsehen stellt sich nämlich heraus, dass Lernen bereits im Entscheidungsprozess stattfindet[23], auf fruchtbarem Boden, in freien, ungezwungenen Gesprächen (Meetings) unter gleichwertigen Partnern/innen, ohne Anwendung einer fertigen Lösung (Rezepten), im geduldigen Teilnehmen an den Denkprozessen der Kollegen/innen.

Wann immer Wissen aus Informationen gewonnen werden soll, müssen Menschen die Umwandlung herbeiführen, im Rahmen zwischenmenschlicher Beziehungen. Wissen entwickelt sich im Laufe der Zeit aus Erfahrung, wobei sich Erfahrung immer auf frühere Handlungen oder Ereignisse der Vergangenheit bezieht. Einer der wichtigsten Vorzüge von Erfahrungswissen besteht in der Möglichkeit, neue Situationen und Ereignisse gewissermaßen im Rückblick zu betrachten und zu verstehen. Diese Form des Wissens befähigt Menschen, vertraute Muster zu erkennen und Verbindungen zwischen dem aktuellen Geschehen und früheren Ereignissen herzustellen. Wissen ist eng verbunden mit Aktion, d.h. dass Wissen anhand der daraus abgeleiteten Entscheidungen und Handlungen beurteilt werden kann.[24] Und es ist wenig verwunderlich, dass Wissen gerade in der Entscheidungssituation, in der konkreten Problembehandlung zum Tragen kommt. Wer diesen Zusammenhang versteht, wird auch erkennen, dass sich Wissen nicht in Bilanzen oder Dokumenten messbar und speicherbar finden lässt, sondern dass es darum geht, ein Umfeld zu schaffen, in welchem Wissen sich bestmöglich entfalten kann. Larry Prusak hat es in einem Interview mit folgendem Satz auf den Punkt gebracht: „Man kann Wissen nicht managen, wie man Liebe, Patriotismus oder seine Kinder nicht managen kann, aber man kann ein Umfeld schaffen, in dem Wissen gedeiht.“[25]

Unternehmen müssen nicht mehr länger im Widerspruch leben, entweder im Interesse ihrer Mitarbeiter/innen zu handeln und damit vermeintlich gegen die ökonomischen Interessen oder umgekehrt, sondern können beides verbinden, indem sie eine Lernorientierung entwickeln, die sowohl den Menschen im Unternehmen als auch einer langfristigen Rendite dienlich ist.[26] Daher bedient sich

---

22 Ebd.

23 Vgl. ebd., 100.

24 Vgl. Davenport, Thomas H./Prusak, Laurence, Wenn ihr Unternehmen wüsste, was es alles weiß..., Landsberg/Lech 1998, 32.

25 Vgl. Schütt, Peter, Die dritte Generation des Wissensmanagements, 4, http://www.km-a.net/Downloads/KM-Journal/1_2003_KM-Journal_Sch%C3%BCtt_dritteGeneration.pdf (12.05.2009)

26 Vgl. De Geus, Arie, Jenseits der Ökonomie. Die Verantwortung der Unternehmen, Stuttgart 1998, 43.

Wissensmanagement der zweiten Generation auch unkonventioneller Methoden, wie beispielsweise Storytelling, Communities of Practice oder dem Dialog. In dieser Form des Wissensmanagements wird die Ansicht vertreten, dass Mitarbeiter/innen das Meiste nicht in Ausbildungskursen lernen, sondern aus ihren Erfahrungen im Alltag, indem sie Probleme und Ideen mit Kollegen/innen diskutieren und gemeinsam Lösungen erkunden. Die häufig als „Tratschpausen" missinterpretierten Aufeinandertreffen von Mitarbeiter/innen entpuppen sich meist als informelle Praxis, um sich über Problembereiche im Arbeitsumfeld auszutauschen. Auf diese Art und Weise der informellen Kommunikation wird Wissen weitergegeben, Mitarbeiter/innen handeln in diesen Situationen – entgegen den Vorurteilen vieler Personalverantwortlicher – sehr viel kreativer und innovativer als es ihnen alleine möglich sein kann.

Eine „Community of Practice" ist eine Gemeinschaft, die sich ohne dass formelle Strukturen zugrundeliegen, aus reinem Interesse an einem Thema heraus entwickelt und sich auszeichnet durch einen regelmäßigen Austausch von Ideen, Einsichten und Erkenntnissen, die gegenseitige Unterstützung und Hilfe und in weiterer Folge einen gemeinsamen Lernprozess. Dementsprechend kann sich diese Gemeinschaft querbeet über einzelne Mitarbeiter/innen der Organisationen verteilen, sie hält sich weder an Organigramme noch an Projektstrukturpläne. Ihre Mitglieder sind sich der Gemeinschaft häufig nicht bewusst, sie agieren intuitiv und werden geleitet durch ihr gemeinsames Interesse.[27]

Ein bekanntes Beispiel dafür stellen die Servicetechniker/innen für das Unternehmen Xerox dar, die damit beauftragt waren, die Kopierer und Drucker, die beim Kunden Probleme bereiteten, direkt vor Ort zu reparieren. Die Unternehmensleitung musste mit Unmut feststellen, dass sich ihre Techniker/innen morgens, bevor sie sich zu den Kunden/innen auf den Weg machten, in einer sogenannten „Kaffeerunde" zusammentrafen, um privaten „Klatsch und Tratsch" auszutauschen. Nach näheren Untersuchungen stellte sich jedoch die gegenteilige Erkenntnis heraus, nämlich dass sich die Techniker/innen über ihre Erfahrungen bei den Kunden/innen austauschten und voneinander und miteinander Lernten. Dies führte zu einem Umdenken im Management von Xerox, das in Zusammenarbeit mit den Technikern/innen, basierend auf der bereits bestehenden Gemeinschaft und Kommunikationskultur, eine Datenbank entwickelte, die den Techniker/innen mittlerweile sehr erfolgreich als unterstützende Plattform dient, um neben ihren face-to-face Treffen auch direkt vor Ort über Laptops auf dokumentierte Erfahrungen und Erkenntnisse ihrer Kollegen/innen zugreifen zu können. Alle Einträge werden von den Techniker/innen selbst erstellt und durch Kommentare erweitert. Die Informationstechnologie dient als unterstützendes

27 Vgl. Henschel, Alexander, Communities of Practice, Wiesbaden 2001; vgl. Auch: Collison, Chris/Parcell, Geoff, Learning to Fly, West Sussex 2004, 41ff.

Medium, das die bereits besehende Kommunikationsbasis ergänzt und vereinfacht.[28]

Storytelling, eine weitere Methode von Wissensmanagement – auch derer bedienten sich die Mitarbeiter/innen von Xerox intuitiv – ist nicht anderes als das Erzählen von Geschichten. Die Techniker/innen nutzten diese Methode bei ihren sogenannten „Kaffeekränzchen", wenn sie sich Erlebnisse erzählten, die sich vor Ort bei den Kunden/innen zutrugen. Dieser Kommunikationsform des Erzählens liegt die Eigenschaft zugrunde, ein ganzheitliches Szenario aufzubauen, Wirkungszusammenhänge zu vermitteln und gleichzeitig Emotionen einen Raum zu geben. Der Vorteil dieser Methode liegt klar auf der Hand, die Erlebnisse werden greifbar, die Zuhörer identifizieren sich mit der erzählenden Person, können sich ganzheitlich in ihre Lage versetzen und dadurch wertvolle Lernprozesse in Gang setzen.[29]

In seiner verwässerten Version geistert der Begriff des „Dialogs" immer wieder in Politik und Wirtschaft herum, ohne jemals in seinem vollen Potential angewendet zu werden. Der Dialog wird von unserer Neugierde und dem Bedürfnis, die Welt rundum zu verstehen, geleitet. Er kennzeichnet sich durch die Annäherung an unser Gegenüber, durch Zuhören im Rahmen eines intensiven Gesprächs, ohne eine Meinung durchsetzen zu wollen. Er setzt voraus, dass seine Teilnehmer/innen sich ihrer subtilen Ängste und Vergnügen bewusst werden und durch freies Zuhören die Vorgänge unbefangen und klar wahrnehmen. Der Dialog befähigt dazu, Sensibilität in der Interaktion mit der Umwelt zu entwickeln und sein Gespür für die Vorgänge zu schärfen, er findet überall dort statt, wo Menschen in sich gehen, zuhören, wertschätzen und sich wundern.[30]

Die vorgestellten Methoden stellen keine rezeptartig umsetzbaren Modelle dar, sondern vielmehr Wegweiser in Richtung „lernendes Unternehmen". Um diesen Weg zu beschreiten, müssen sich Unternehmen ihrer eigenen Kultur, Identität und Ziele bewusst werden. Um im Unternehmen erfolgreich initialisiert werden zu können, benötigen diese Methoden einige wichtige Grundvoraussetzungen. Eine Voraussetzung im Austausch von Wissen ist Vertrauen. Durch die Tatsache, dass im Wissensmarkt jegliche bindenden und einklagbaren Verhältnisse fehlen, ist dieser ohne gegenseitiges Vertrauen zum Scheitern verurteilt. Wenn ein/e Kollege/in fremde Forschungsergebnisse als die Eigenen ausgibt, wird der/die eigentliche Urheber/in künftig kein Wissen mehr weitergeben. Umgekehrt jedoch, wenn Wissensweitergabe öffentlich und unternehmensintern

---

28 Vgl. Brown, John Seely/Diguid, Paul, Organizational Learning and Communities-of-Practice. Toward a Unified View of Working, in: Organization Science Vol.2, No.1, March 1991, 40-57.

29 Vgl. Frenzel, Karolina/Müller, Michael/Sottong, Hermann, Storytelling. Die Kraft des Erzählens fürs Unternehmen nutzen, München/Wien 2004, 19ff.

30 Vgl. Bohm, David, Der Dialog. Das offene Gespräch am Ende der Diskussionen, Stuttgart 2008, 30ff.

durch Vorgesetzte und Kollegen anerkannt wird, erfährt der/die Urheber/in Wertschätzung, die ihn/sie darin bestärkt, auch zukünftig Wissen auszutauschen.[31] Folglich muss die Organisation eine ganzheitliche Kultur der Vertrauenswürdigkeit garantieren, um das Fundament zu schaffen, auf dem Mitarbeiter/innen ihr Wissen „anvertrauen". Eine weitere Voraussetzung in der Umsetzung ist Geduld, diese Methoden benötigen Zeit und sind auf keinen Fall als schnelle Gewinnbringer zu betrachten, sondern etablieren langfristigen Erfolg im Unternehmen.

Die Verwandlung von Unternehmen in eine Lernorganisation braucht vorausschauende Führungskräfte, die ein System schaffen, in dem Vertrauen vorherrscht sowie eine Kultur der Offenheit und Toleranz, in welcher sich Persönlichkeiten entfalten können, um ihr gemeinsames Ziel erfolgreich zu erreichen. Es werden Führungskräfte und Manager/innen benötigt, die sich selbst durch Authentizität und einen stabilen Charakter auszeichnen. Menschen, die erkennen, dass es nicht ausreicht, sich ein Regelwerk an Methoden und Modellen anzueignen, sondern die die Fähigkeit besitzen, Freiräume für die „Entfaltung von Körper, Geist und Seele, von Talenten und Begabungen, die den Einzelnen zu einer entwickelten Individualität und zu einem selbstbewussten Teilnehmer am Gemeinwesen und seiner Kultur führen"[32] zu schaffen. Menschen, die den Mut haben, im Unternehmen selbst einen Raum für Muße zu etablieren, „frei vom Zwang zur Nützlichkeit, zur Praxisrelevanz, zur Lebensnähe, zur Aktualität"[33].

Tatsache ist, dass die Arbeitswelt aus Menschen besteht und diese sind nicht so einfach berechen- und kalkulierbar wie Theorien es manchmal darstellen. Denn genau darin liegt das Potential, die Stärke der Menschen gegenüber programmierten Robotern, ihre unendlichen Entfaltungsmöglichkeiten, ihre schöpferische Schaffenskraft, die über alle Grenzen hinaus geht, wenn ein fruchtbarer Boden aus Vertrauen und Offenheit belebt wird. Das intensive arbeiten an einem Thema, das Über-sich-selbst-hinauswachsen, die sinnstiftende Beteiligung an der Gesellschaft, das ist, was Menschen motiviert, anspornt und ihr eigenes Selbst tatsächlich verwirklicht.[34] Dieser Drang nach Selbstverwirklichung, nach Zeit für persönliche Muße, nach Selbstbestimmung und Autonomie, das alles sind gesellschaftliche Tendenzen, die von den Unternehmen nicht mehr ignoriert werden sollten. Die Zeiten, an denen Arbeiter/innen am Fließband malochten sind vorüber, die heutige Generation benötigt weit mehr als eine Stechuhr zum Ein- und Auschecken.

---

31 Vgl. Davenport, Thomas H./Prusak, Laurence, Wenn ihr Unternehmen wüsste, was es alles weiß…, Landsberg/Lech 1998, 44.

32 Liessmann, Theorie der Unbildung, 54.

33 Ebd., 62.

34 Vgl. Bauer, Joachim, Prinzip Menschlichkeit. Warum wir von Natur aus kooperieren, Hamburg 2006, 204.

Geht es nach den Unternehmen, dann sollen Mitarbeiter/innen sich auf der einen Seite schnell an neue Gegebenheiten anpassen – Flexibilität wird als die herausragende Eigenschaft gepriesen – auf der anderen Seite werden diese regelmäßig vor Entscheidungssituationen gestellt, die eine starke Bodenhaftung voraussetzen und nur von authentischen Persönlichkeiten, die starke Werte vertreten und weitertragen, getroffen werden können. Die Wissensgesellschaft kürt Wissen zur wertvollsten Ressource, welche die Mitarbeiter/innen dem Unternehmen unbegrenzt zur Verfügung stellen sollen, gleichzeitig aber verschärfen sie den Konkurrenzkampf und das Gefühl der Ersetzbarkeit, um sich dann zu wundern, warum Mitarbeiter/innen ihr Wissen horten, ihre Macht durch Wissen ausspielen und jede/n neue/n Kollegin/en „das Rad neu erfinden" lassen. Dort, wo Mitarbeiter/innen um ihre Arbeitsplätze bangen, kann sich das Wissen nicht explosionsartig vermehren. Wenn Unternehmen in einen Dialog mit ihrer wichtigsten Ressource – den Wissensträger/innen – treten, dann werden sie die Menschen dahinter erkennen, Menschen, die sich durch geistige Arbeit an sich und an der Welt auszeichnen. Autonome Subjekte, die sich nicht still an die Gegebenheiten des Marktes anpassen, sondern sich selbst und der Welt gegenüber Verantwortung übernehmen. Menschen, die sich in die Lage ihres Gegenübers hineinversetzen können, gleichzeitig aber auch das Geschehen aus einer rationalen Distanz betrachten. Unternehmen, die das Potential von Persönlichkeiten und Lebenskünstler/innen erkennen, anstelle von vorgeschriebenen Lebensläufen und diktierten Studienabschlüssen, solche Unternehmen haben die Chance, tatsächlich die Gesellschaft durch kreative Ideen zu bereichern und Herausforderungen der Zukunft mutig anzunehmen. Sie haben die Chance, ihre starren Strukturen aufzubrechen, indem sie ihre Mitarbeiter/innen aktiv an der Umwelt[35] teilhaben lassen, anstelle sie an Büroräume und starre Zeitmodelle festzubinden, indem sie gute Ideen und Innovationen fördern, anstelle sie zu blockieren, indem sie den Wert der Eigeninitiative schätzen, anstatt sie auszulöschen.

Es stellt sich die Frage, ob es nicht bereits höchste Zeit ist, Mitarbeiter/innen zu rekrutieren, die mitdenken, die verstehen wollen, verantwortungsvoll handeln und so eine nachhaltige und authentische Arbeitswelt ermöglichen. Aber sind die Unternehmen bereit für eine konstruktive Diversität, kontroverse Einstellungen, ungewöhnliche Ideen und originelle Lösungswege? Könnte es sein, dass gebildete Menschen, die verstehen, sehr gut ins Bild der Wissensgesellschaft passen? Vielleicht ist es die Aufgabe von Wissensmanagement der zweiten Generation, aus ihren Fehlern zu lernen und zwischen den Bedürfnissen der Menschen und denen der Wissensgesellschaft als Vermittlerin aufzutreten.

---

[35] Die Bezeichnung „Umwelt" meint in diesem Zusammenhang die Gesamtsumme aller Kräfte, durch die ein Unternehmen in seinem Handeln beeinflusst wird. Vgl. De Geus, Arie, Jenseits der Ökonomie. Die Verantwortung der Unternehmen, Stuttgart 1998, 53.

Selbstbestimmte personale Identität und Bildung

Martina Schmidhuber

Dass Bildung Menschen befähigt, ein gutes und selbstbestimmtes Leben zu führen, ist schon in einigen Beiträgen oben mehr oder weniger explizit angeklungen. Die Gebildete[1] kann sich aufgrund ihrer Kenntnisse zu derjenigen machen, die sie sein will. Sie entwickelt selbstbestimmt ihre personale Identität.

Wenn hier die These vertreten wird, dass Bildung selbstbestimmte personale Identitätsentwicklung ermöglicht, gilt es zunächst zu klären, was personale Identität bedeutet. Dabei ist ein Blick in die Geschichte der Philosophie hilfreich. Danach soll der personale Identitätsbildungsprozess, wie er in der zeitgenössischen Philosophie vielfach gedeutet wird, erläutert werden. Es wird sich zeigen, dass es sich um ein sehr anspruchsvolles Verständnis der Identitätsentwicklung handelt. Um sich diesem Ideal annähern zu können, so wird schließlich argumentiert, kann jene Form der Bildung, wie sie Liessmann versteht, einen wesentlichen Beitrag leisten.

Historisches

Die Überlegungen zu den Begriffen *Person* und *Identität* von *John Locke* (1632-1704) haben die philosophische Diskussion vom 18. Jahrhundert bis heute maßgeblich geprägt.[2] Nach Locke ist Personsein die Voraussetzung für Identität. Daher muss man, „um festzustellen, worin die Identität der Person besteht, zunächst untersuchen, was Person bedeutet. Meiner Meinung nach bezeichnet

---

1 Ich verwende im vorliegenden Beitrag, außer in Zitaten, das weibliche grammatikalische Geschlecht, das sich sowohl auf weibliche als auch auf männliche Personen bezieht. Diese Idee der „positiven Diskriminierung" habe ich von Otto Neumaier übernommen. Vgl. Neumaier, Otto, Was „Arbeit" bedeutet, in: Böhler et al. (Hg.), Menschenwürdiges Arbeiten. Eine Herausforderung für Gesellschaft, Politik und Wissenschaft, Wiesbaden 2009, 11-38, FN 2, 11.

2 Vgl. Thiel, Udo, Person und persönliche Identität in der Philosophie des 17. und 18. Jahrhunderts, in: Sturma, Dieter (Hg.), Person. Philosophiegeschichte – Theoretische Philosophie – Praktische Philosophie, Paderborn 2001, 79-101. Locke „wies mit seiner neuen Theorie den Weg für die Auseinandersetzungen des 18. Jahrhunderts, in denen man sich fast ausnahmslos auf seine Theorie bezog." Ebd., 79.

dieses Wort ein denkendes, verständiges Wesen, das Vernunft und Überlegung besitzt und sich selbst als sich selbst betrachten kann."[3]

Die Person ist gemäß Locke also ein rationales Wesen, das sich über sich selbst Gedanken machen kann und auf diesem Weg des Stellungnehmens zu sich und seinen Handlungen Identität konstituiert. Locke beschreibt Identität als die Erfahrung der Person des „Sich-selbst-gleich-Bleibens"[4], sie kann sich als dieselbe „zu verschiedenen Zeiten und an verschiedenen Orten"[5] denken. Ihr Selbst-Bewusstsein ist das, was die Person ausmacht.[6]

Es wird sich im Folgenden zeigen, dass auch in den Konzepten der zeitgenössischen Philosophen Harry Frankfurt, Holmer Steinfath und Peter Bieri, Vernunft und Überlegung eine fundamentale Rolle spielen.[7]

Die Beschäftigung der Einzelnen mit der Konstitution ihrer personalen Identität ist nichts Selbstverständliches. Vielmehr ist dies kulturell und traditionell bedingt. So gibt es Kulturen, in welchen die Auseinandersetzung mit personaler Identitätskonstitution gar keine Rolle spielt. Die Anthropologin Francoise Héritier hat das Identitätsverständnis der Samo, einem Volk im Nordosten von Obervolta, untersucht und ist zu dem Ergebnis gekommen, dass die soziale Definition die Identität der Samo ausmacht. Die individuelle Position in einer Familie bestimmt die Rolle und damit die Identität.[8] Es ist in der Samo-Kultur folglich gar nicht notwendig, personale Identität zu konstituieren, weil diese zugewiesen bzw. „angeboren" ist.

Aber auch in der westlichen Kultur ist die Entwicklung personaler Identität erst gegen Ende des 18. Jahrhunderts zum individuellen Thema geworden: Charles Taylor diagnostiziert gesellschaftliche Veränderungen dieser Zeit, durch welche „der Diskurs von Anerkennung und Identität so vertraut"[9] wurde. Vor dem Zusammenbruch der gesellschaftlichen Hierarchien bestimmte die soziale Stellung über die Einzelne als Person – Identität wurde sozial zugewiesen. Erst

---

3 Locke, John, Versuch über den menschlichen Verstand, Hamburg 1981, 419.

4 Ebd., 420.

5 Ebd., 419.

6 Vgl. ebd., 420.

7 In den meisten philosophischen Identitätsbildungskonzepten wird der menschlichen Vernunftbegabung der höchste Stellenwert zugeschrieben wird. Auch in diesem Beitrag liegt das Hauptaugenmerk auf den mentalen Vorgängen im Identitätsbildungsprozess. Das schließt jedoch nicht aus, dass Identität auch andere Aspekte impliziert, wie z.B. Leiblichkeit. Vgl. zu Identität und Leiblichkeit: Waldenfels, Bernhard, Das leibliche Selbst, Vorlesungen zur Phänomenologie des Leibes, Frankfurt/Main 2000.

8 Vgl. Héritier, Francoise, Die Samo-Identität, in: Benoist, Jean-Marie (Hg.), Identität. Ein interdisziplinäres Seminar unter Leitung von Claude Lévi-Strauss, Stuttgart 1980, 48-75.

9 Taylor, Charles, Multikulturalismus und die Politik der Anerkennung, Frankfurt am Main 1997, 15.

mit Einzug der Demokratie galt dann die gleichberechtigte Anerkennung aller Bürger.[10] Aufgrund dieser gesellschaftlichen Veränderungen wurde die personale Identitätsbildung für das Individuum relevant. Nun war die Identität der Einzelnen nicht länger das Ergebnis der gesellschaftlichen Stellung, die sie innehatte, dadurch stellte sich für sie die Frage nach ihrer „individualisierten Identität“, „die allein mir gehört und die ich in mir selbst entdecke.“[11]

Auch die Aufklärung, in welcher sich geschlossene Weltbilder auflösten und die Befreiung des Individuums aus gesellschaftlichen Zwängen und Fremdbestimmung propagiert wurde, trug dazu bei, dass sich die Einzelne die Frage nach ihrer personalen Identität stellte.[12] Immanuel Kant verfolgte mit seinem aufklärerischen Appell zur Selbstbestimmung das Ziel, auf selbstverschuldete Unmündigkeit aufmerksam zu machen:

„Unmündigkeit ist das Unvermögen, sich seines Verstandes ohne Leitung eines anderen zu bedienen. Selbstverschuldet ist diese Unmündigkeit, wenn die Ursache derselben nicht am Mangel des Verstandes, sondern der Entschließung und des Mutes liegt, sich seiner ohne Leitung zu bedienen.“[13]

Im Zuge der Aufklärung ist die selbstbestimmte Konstitution personaler Identität also zum Postulat an jede Einzelne geworden.

Es gilt hier jedoch zu berücksichtigen, dass gender im Identitätsbildungsprozess eine wesentliche Rolle spielt. Erst durch die feministischen Bewegungen der 1970er-Jahre wurde Frauen – zumindest theoretisch – dieselbe Freiheit zur Selbstbestimmung wie Männern zugestanden. Davor bestimmte die Rollenverteilung aufgrund des Geschlechts einen wesentlichen Teil der personalen Identität: Die Frau war für die häuslichen Aufgaben und die Kindererziehung verantwortlich, der Mann für den Lebensunterhalt.[14]

Selbstbestimmte Identitätsbildung nach Frankfurt, Steinfath und Bieri

Erfüllt die Einzelne das aufklärerische Postulat zur selbstbestimmten Lebensführung und hat sich selbst zu der gemacht, die sie ihren Überlegungen zufolge sein will, wird sie sich gemäß Harry Frankfurt in sich selbst zu Hause fühlen[15], d.h.

---

[10] Vgl. ebd., 15f.

[11] Vgl. ebd., 17.

[12] Vgl. dazu auch: Pieper, Annemarie, Identität als sinnkritisches Postulat. Zur Frage nach der Einheit der Philosophie, in: Benedetti, Gaetano/Wiesmann, Louis (Hg.), Ein Inuk sein. Interdisziplinäre Vorlesungen zum Problem der Identität, Göttingen 1986, 52-64, 52.

[13] Kant, Immanuel, Beantwortung der Frage: Was ist Aufklärung? in: ders., Was ist Aufklärung? Ausgewählte kleine Schriften, Hg.: Brandt, Horst D., Hamburg 1999, 20.

[14] Vgl. dazu z.B.: Wild-Missong, Agnes, Zehn Thesen zur Selbstbesinnung der Feministinnen, in: Camenzind, Elisabeth/von den Steinen, Ulfa (Hg.), Frauen definieren sich selbst. Auf der Suche nach weiblicher Identität, Zürich 1991, 211-216.

[15] Vgl. Frankfurt, Harry G., Gründe der Liebe, Frankfurt/Main 2005, 10.

mit sich selbst zufrieden sein. Dieses Gefühl macht Selbstbestimmung für das Individuum erstrebenswert.[16] Um das zu erreichen, ist die Frage, wie man (gut) leben soll[17], eine fundamentale. Denn wenn sich die Einzelne die Frage nach ihrem individuellen guten Leben stellt, geht es ihr darum, herauszufinden, was ihr wichtig ist und woran sie ihre Identität festmachen will:

„Ich frage mich, welche Ziele ich anstreben und welche Grenzen ich respektieren soll. Ich will mir darüber klarwerden, was beim Nachdenken über Entscheidungen und Handlungen als ein guter Grund gilt. Es ist mir wichtig zu verstehen, was mir wichtig ist."[18]

Die Einzelne macht sich also Gedanken über sich selbst, nimmt sich selbst ernst und dabei Stellung zu sich. Mit der Definition von Lebenszielen beantwortet sie die Frage, wie sie leben will. Die Person bestimmt in diesem Zuge ihre individuelle Identität. Freilich werden Lebensziele und damit personale Identität immer auch im Austausch mit anderen entwickelt. Identitätsbildung geschieht nie in innerer Abgeschiedenheit. Die anderen spielen dabei stets eine wesentliche Rolle.

Wie fremd- oder selbstbestimmt das Leben geführt wird, hängt Steinfath zufolge davon ab, wie gut das Individuum sich selbst und seine Welt kennt. Zur Selbstkenntnis zählt nach Steinfath all das, was zur Person als körperlich-geistigem Wesen gehört. Sich selbst zu kennen bedeutet, mit den eigenen Einstellungen, den eigenen Gefühlen, Meinungen und Wünschen vertraut zu sein und auch zu wissen, welche geistigen und körperlichen Fähigkeiten man hat. Selbstkenntnis ist die Bedingung der Möglichkeit für selbstbestimmtes Handeln, denn nur wer über sich selbst Bescheid weiß, kann entscheiden, wie er handeln möchte.[19] So ist es beispielsweise notwendig, über seine Fähigkeiten Bescheid zu wissen, wenn man ein bestimmtes berufliches Ziel anstrebt. Wenn die Einzelne selbstreflektiert jenen Beruf gewählt hat, der zu ihr aufgrund ihrer Fähigkeiten passt, ist berufliche Zufriedenheit möglich.

Ebenso wichtig wie Selbstkenntnis ist Weltkenntnis für selbstbestimmte Identitätsbildung. Der selbstbestimmte Mensch ist realitätsoffen und fähig, sich mit der Wirklichkeit und ihren Veränderungen auseinanderzusetzen. Er gleicht seine eigenen Einstellungen mit der Wirklichkeit ab, um sie in weiterer Folge zu bestätigen oder zu verwerfen.[20] Er kommt also nicht umhin, sich mit der Wahr-

---

[16] Die Zufriedenheit mit sich selbst, sowie Glücks- und Sinnerfahrungen werden immer wieder als Argumente angeführt, warum personale Identität selbstbestimmt gebildet werden soll. Vgl. z.B.: Steinfath, Holmer, Orientierung am Guten, Frankfurt/Main 2001, 457-459.

[17] „Gut" ist in diesem Kontext nicht moralisch zu verstehen, sondern im Sinne von Wohlergehen. Vgl. Steinfath, Orientierung am Guten, 15f und 230.

[18] Frankfurt, Harry G., Sich selbst ernst nehmen, Frankfurt/Main 2007, 44.

[19] Vgl. Steinfath, Orientierung am Guten, 417f und 422.

[20] Vgl. ebd. 415.

heit resp. mit von ihm unabhängigen Fakten, auseinandersetzen.[21] Erst dann ist es möglich, einen umsetzbaren, vernünftigen Lebensplan zu entwerfen.[22]

Wenn es zur Identitätsbildung auch notwendig ist, sich selbst mit objektiven Tatsachen zu konfrontieren, heißt das aber noch nicht, dass das Individuum untätig alles Gegebene hinzunehmen hat. Denn um auf selbstbestimmte Weise ihre Identität zu konstituieren, ist es notwendig, dass sich die Person fragt, „was sie will, wie sie jetzt handeln und künftig leben will, und dabei wird sie nichts als bloß vorgegeben akzeptieren, das sie verändern könnte“[23]. Aber um Veränderungen vornehmen zu können, ist eben Weltkenntnis notwendig.[24] Wenn die berufliche Tätigkeit nicht mehr zufriedenstellend ist, besteht die Möglichkeit, den Beruf zu wechseln. Die Bedingung für eine beruflich, zufriedenstellendere Veränderung ist jedoch, sich selbst (seine Fähigkeiten, Ziele und Wünsche) und seine Welt (die bestehenden Optionen im gewünschten Beruf) zu kennen. Es ist also erforderlich, alle Faktoren in Betracht zu ziehen und sich mit den Tatsachen auseinandersetzen. Selbstbestimmtes praktisches Überlegen besteht darin, sich explizit und reflektiert mit seiner Situation zu befassen. Es handelt sich dabei um den Vorgang der Welt- und Selbstinterpretation, in dem personale Identität bestimmt wird.[25]

Eine Person kann aber auch Einflüsse von außen zulassen ohne dabei ihre Selbstbestimmung aufzugeben, denn der Einfluss der anderen muss nicht notwendigerweise Fremdbestimmung und Unfreiheit bedeuten. Im Gegenteil, so ist Bieri überzeugt, vielmehr gehört es „zur Freiheit, dass man mit anderen Personen Erfahrungen macht, und das heißt: durch sie verändert wird, unter anderem in seinem Willen“[26]. Aufgrund dieser Ambivalenz des Einflusses anderer, der sich sowohl positiv als auch negativ auf die Selbstbestimmung der Identität auswirken kann, drängt sich die Frage auf, wie sich unterscheiden lässt, was als positiver und was als negativer Einfluss zu werten ist. Wie kann erkannt werden,

---

21 Frankfurt betont die Abhängigkeit des Einzelnen von einer objektiven Wirklichkeit, mit deren Auseinandersetzung er erst seine Identität kreieren kann: „Somit fußt unser Erkennen und Verstehen unserer Identität auf unserer Einschätzung einer Realität, die definitiv von uns unabhängig ist, und es ist zur Gänze von ihr abhängig.“ Frankfurt, Harry G., Über die Wahrheit, München 2007, 93.

22 John Rawls versteht unter einem vernünftigen Lebensplan eine „Hierarchie von Plänen, in die die mehr ins einzelne gehenden Teilpläne zu gegebener Zeit eingefügt werden“. Vgl. Rawls, John, Eine Theorie der Gerechtigkeit, Frankfurt/Main 1975, 448.

23 Steinfath, Orientierung am Guten, 423.

24 So auch Tugendhat: „Wir müssen die Wirklichkeit richtig erkennen, um sie unseren Wünschen gemäß verändern zu können.“ Tugendhat, Ernst, Anthropologie statt Metaphysik, München 2007, 87.

25 Vgl. Steinfath, Orientierung am Guten, 425.

26 Bieri, Peter, Das Handwerk der Freiheit. Über die Entdeckung des eigenen Willens, Wien 2001, 419.

ob Identität im negativen Sinne von anderen beeinflusst wird? Bieri knüpft die Antwort auf diese Frage an den Gedanken der Aneignung des Willens[27]: „Der Einfluss der anderen trägt zur Freiheit meines Willens bei, wenn er mir bei der Aneignung hilft, und er ist freiheitszerstörend, wenn er mich darin behindert.“[28] Gemäß Bieri ist der Einfluss anderer als Hilfe zur Aneignung des Willens daran erkennbar, wenn er unterstützt festzustellen, ob der vermeintlich eigene Wille wirklich der eigene ist. Demzufolge können andere eine Selbsttäuschung bewusst machen. Hingegen Behinderung zur Aneignung des Willens erkennt das Individuum, wenn andere ihm einen Willen aufdrängen wollen. Wenn deutlich wird, dass andere ihm aus eigenen Interessen einen Willen suggerieren wollen, dann wird versucht, ihm einen Willen *einzureden*[29]. Dies geschieht beispielsweise in der Werbung. Um diesen für den Prozess der Identitätsbildung wichtigen Unterschied zu erkennen, ist wiederum das Nachdenken über sich und seinen Willen unumgänglich. Es gilt abzuwägen, welcher Meinung und welchem Urteil anderer man vertrauen kann. Demnach liegt es am reflektierten Individuum selbst zu entscheiden, welche Beeinflussungen es annimmt und welche es ablehnt: „Es sind Einsicht und Verstehen, die uns zu befreiender Abgrenzung verhelfen, nicht Abschottung und das Verstecken in einem inneren Schützengraben.“[30]

Folglich hat das Individuum im Prozess seiner selbstbestimmten Identitätsbildung schwierige Wege zu beschreiten: Es muss äußerst rational und reflektiert vorgehen, um zu erkennen, was es in seine personale Identität integrieren will. Es gilt dabei herauszufinden, ob es etwas wirklich will oder ob andere ihm suggerieren, etwas zu wollen. Das ist entscheidend für die personale Identität, denn nur mit einem wirklich selbständig angeeigneten Willen, der durch den fruchtbaren Austausch mit anderen entsteht, wird Identität selbstbestimmt gebildet. Bieri konstatiert, dass der Prozess der Willensaneignung mit Rückschlägen verbunden ist. Denn es ist immer wieder notwendig, äußere Einflüsse, denen man ausgesetzt ist, kritisch zu prüfen: „Man gerät stets von neuem in Strudel des Erlebens, die einen im Willen taumeln lassen und dazu zwingen, die Anstrengung der Aneignung zu unternehmen.“[31]

Wie kann nun dieser schwierige, anspruchsvolle Prozess selbstbestimmter Identitätsentwicklung durch Bildung unterstützt werden?

---

27 Im Sinne Bieris macht jener Wille, den man sich aneignet, Identität aus: „Indem wir für den einen Wunsch und gegen andere Partei ergreifen und ihn zum Willen machen, identifizieren wir uns mit ihm. Wir bestimmen darüber, wer und wie wir, insgesamt betrachtet, sein wollen. Wir entscheiden uns für eine bestimmte Identität.“ Bieri, Das Handwerk der Freiheit, 65.

28 Ebd., 420f.

29 Vgl. ebd., 421.

30 Ebd., 422.

31 Ebd., 415.

Selbstbestimmte Identität durch Bildung erlangen

Zunächst scheint es erforderlich, auch Ausbildung als identitätsstiftend zu deuten. Diese Deutung ist jedoch nicht unumstritten: Peter Bieri beispielsweise betont, dass mit einer Ausbildung das Ziel verfolgt wird, etwas zu können und mittels Bildung daran gearbeitet wird, etwas zu werden.[32] Insofern ist Bildung gemäß Bieri wesentlich wichtiger für personale Identitätsbildung als Ausbildung. Aber es darf nicht übersehen werden, dass auch die gewünschte Ausbildung zur Persönlichkeitsentwicklung beiträgt. Denn die Entscheidung für eine Ausbildung, ist Teil des Lebensplans, der wiederum etwas darüber aussagt, wer man sein will.[33] Es trägt zudem zu gelingender Identität bei, wenn einer Erwerbsarbeit nachgegangen werden kann, die als sinnvoll empfunden wird, denn „ohne Teilhabe am gesellschaftlichen Lebensprozess in Form von sinnvoller Tätigkeit und angemessener Bezahlung wird alltägliche Identitätsarbeit nur allzu oft zu einem prekären Schwebezustand, der nur aus einer recht zynischen Beschreibung als postmodernes Reich der Freiheit deklariert werden kann“[34].

Ziel einer Ausbildung ist es, einer Tätigkeit nachgehen zu können, die als persönlich sinn- und wertvoll empfunden wird. Dadurch wird Selbstverwirklichung erlebt[35] und dies trägt zu einer Identität bei, mit der man einverstanden und zufrieden ist.

Bildung kann bei der Wahl der Ausbildung unterstützend wirken, weil Bildung Orientierungswissen vermittelt, das wiederum Selbst- und Weltkenntnis impliziert. Ausbildung hingegen vermittelt Handlungswissen, das auf die Ausübung eines bestimmten Berufs abzielt.[36]

Liessmanns Bildungsverständnis orientiert sich an den philosophischen Bildungskonzepten der Antike und des Humanismus. Bildung in diesem Sinne hat die volle Entfaltung der individuellen Persönlichkeit zum Ziel. Das impliziert, Talente und Begabungen zu entdecken, zu pflegen und zu formen. Auf diese Weise entwickelt der Einzelne seine individuelle Identität und wird zugleich zum selbstbewussten Teilnehmer am Gemeinwesen.[37]

---

32 Vgl. Bieri, Peter, Wie wäre es, gebildet zu sein?, Festrede, Bern 2005, 1, in: http://www.phbern.ch/fileadmin/Bilder_und_Dokumente/01_PHBern/PDF/051104_Festrede_P._Bieri.pdf, 30.07.2009.

33 So konstatiert Rawls: „Wenn jemand entscheidet, was er sein will, etwa welchen Beruf er ergreifen will, dann entscheidet er sich für einen bestimmten Lebensplan.“ Rawls, Eine Theorie der Gerechtigkeit, 454.

34 Keupp, Heiner et al., Identitätskonstruktionen. Das Patchwork der Identitäten in der Spätmoderne, Hamburg 1999, 277.

35 Vgl. ebd., 129.

36 Vgl. Kößler, Henning, Bildung und Identität, in: ders., Selbstbefangenheit – Identität – Bildung, Weinheim 1997, 107-121, hier: 111.

37 Vgl. Liessmann, Konrad Paul, Theorie der Unbildung. Die Irrtümer der Wissensgesellschaft, Wien 2006, 54.

Es handelt sich bei Bildung folglich um jenes Wissens, welches keinen unmittelbaren Bezug zur Praxis hat, aber die Person als solche prägt. So wird beispielsweise Latein als „tote Sprache“, in vielen höheren Schulen nicht unterrichtet, weil sie keinen ökonomischen Nutzen bringt. Wer jedoch das Lateinische beherrscht, hat ein Hintergrundwissen, das ihn vieles verstehen und anders beurteilen lässt – vielfach ohne dass es ihm bewusst ist.[38]

Legt man dieses Verständnis von Bildung zugrunde, zeigt sich, dass Bildung der Schlüssel zur Selbstbestimmung im personalen Identitätsbildungsprozess ist. Denn die Einzelne lernt sich selbst und ihre Welt durch Bildung kennen. Gebildete sind dadurch befähigt, sich selbst ernst zu nehmen: Sie können sich in ihrem Denken, Fühlen und Wollen bewerten, sich mit einem Teil identifizieren, an ihrer Identität arbeiten und Einflüsse von außen reflektieren, annehmen oder ablehnen.[39]

Bildung „sensibilisiert für Sachverhalte, die man bislang übersah, weckt Interessen, Motivationen, die man zuvor nicht hatte, verändert die Präferenzen im Katalog der eigenen Wünsche und Einstellungen, fokussiert Wahrnehmung und Erleben und führt zu neuen Wertungen, an denen sich das Verhalten ausrichtet.“[40]

Die Kritikfähigkeit, die durch Orientierungswissen erlangt wird, verhindert, allzu leicht Opfer von Manipulationsversuchen zu werden. Gemäß Bieri fragt die Gebildete nach, sie nimmt nicht alles hin:

„Immer wieder zu fragen macht resistent gegenüber rhetorischem Drill, Gehirnwäsche und Sektenzugehörigkeit, und es schärft die Wahrnehmung gegenüber blinden Gewohnheiten des Denkens und Redens, gegenüber modischen Trends und jeder Form von Mitläufertum. Man kann nicht mehr geblufft und überrumpelt werden, Schwätzer, Gurus und anmaßende Journalisten haben keine Chance. Das ist ein hohes Gut und sein Name ist: gedankliche Unbestechlichkeit.“[41]

Je weniger man über sich und seine Welt weiß, umso manipulierbarerer wird man sein und das bedeutet für personale Identität, dass sie fremdbestimmt werden kann. Fremdbestimmung kann zwar entlastend wirken, weil Selbstbestimmung immer auch Anstrengung und permanentes Nachdenken über sich selbst impliziert, aber in einem fremdbestimmten Leben werden Zufriedenheit, sowie Glücks- und Sinnerfahrungen ausbleiben.

---

[38] Erst bei der aufmerksamen Betrachtung der deutschen Alltagssprache fällt auf, wie viele lateinische Termini diese prägen, z.B. Audio, Video, Transit,... Vgl. zum Nutzen der lateinischen Sprache auch die Überlegungen von Eva Martha Eckkrammer in diesem Band.

[39] Vgl. Bieri, Wie wäre es, gebildet zu sein?, 5.

[40] Ebd. Das beeinflusst freilich auch wesentlich die Wahl der Ausbildung.

[41] Vgl. Bieri, Wie wäre es gebildet zu sein?, 2.

Das Bedürfnis nach Bildung im Sinne von Selbstbildung und der Entfaltung von Talenten und Begabungen, als auch der Wert von Bildung können jedoch nur in einer Phase vermittelt werden, in der selbstbestimmte Identitätsbildung noch nicht möglich ist: In der primären Sozialisation. Diese Aufgabe, das Bedürfnis nach Bildung zu wecken, obliegt den Familien und Schulen. Eine Zusammenarbeit und eine wechselseitige Unterstützung sind dabei unabdingbar.[42] Dann kann selbstbestimmte Identitätsbildung der Einzelnen gelingen. Dass dies möglich ist, zeigt die Biographie Albert Camus‘:

Albert Camus lernte seinen Vater nie kennen, weil dieser im ersten Weltkrieg ums Leben kam, als Albert noch ein Baby war. Seine Mutter zog mit Albert und seinem älteren Bruder zu deren Großmutter, die nun das Oberhaupt der Familie war. Die Mutter arbeitete für den Lebensunterhalt der Familie als Putzfrau, die Großmutter übernahm die Erziehung der Kinder. Zu den Erziehungsprinzipen gehörten Sauberkeit, Fleiß, Sparsamkeit, Gehorsam und auch die Züchtigung mit der Peitsche. Das Verhältnis zwischen Albert und seiner Mutter war schwierig, weil sie an einer Hörschwäche und einem schlecht ausgebildeten Sprechvermögen litt, deshalb war sie wortkarg und zurückhaltend. Sie konnte sich schwer artikulieren und die Liebe zu ihren Söhnen kaum ausdrücken, zudem konnte sie weder schreiben noch lesen. Camus erlebte also eine strenge, wenig liebevolle und einfühlsame Erziehung in Armut. Erst als er in die Schule kam, erfuhr er Geborgenheit – vor allem, weil er in seinem Primarschullehrer eine Vaterfigur fand. Dieser erkannte Camus‘ Begabung und förderte ihn. Er setzte sich bei der Großmutter dafür ein, dass Camus das Gymnasium besuchen durfte. Das war für die Familie nicht unproblematisch, weil Albert so nichts zu dem ärmlichen Haushaltseinkommen dazuverdienen konnte. Dennoch gelang es dem Lehrer, die Großmutter zu überzeugen. Camus erhielt ein Stipendium und der Lehrer gab ihm kostenlosen Unterricht zur Vorbereitung auf die Aufnahmeprüfung. Das Gymnasium war eine neue, seinem Zuhause entgegengesetzte Lebenswelt. Er entfernte sich immer mehr von seiner Familie, weil er seinen ungebildeten Familienmitgliedern nichts von der Schule erzählen konnte. Umgekehrt schämte er sich in der Schule für seine Familie. Nach dem Gymnasium studierte Camus Philosophie, danach widmete er sich der Schriftstellerei und dem Theater. Er kämpfte für die Rechte der Algerier und setzte sich immer wieder für

---

[42] Die Pädagogin Renate Thiersch appelliert an die Erziehenden, Kindererziehung, aufgrund der notwendigen gegenseitigen Ergänzung von Familie und externen Erziehungsinstitutionen, als gemeinsames Projekt zu verstehen. Vgl. Thiersch, Renate, Das gemeinsame Projekt Kindererziehung. Über die Beziehungen zwischen ErzieherInnen und Eltern, in: Bucher, Anton/Kalcher, Anna Maria/Lauermann, Karin (Hrsg.), Gemeinsam erziehen. Das umkämpfte Kind zwischen Familie, Bildungsinstitutionen und Gesellschaft, Wien 2008, 115-138.

Frieden ein. 1957 erhielt er für seinen Roman „Die Pest" den Nobelpreis für Literatur.[43]

Dieses biographische Beispiel zeigt, dass Bildung Perspektiven eröffnet. Camus konnte sich aufgrund seines Wissens zu dem machen, der er sein wollte. Soziologische Studien zeigen jedoch, dass sich für Kinder aus sozio-ökonomisch schlechter gestellten Familien auch in der Schule Nachteile ergeben. Kinder aus besser situierten Familien erleben eine größere Übereinstimmung zwischen Familie und Schule und erhalten auch intensivere Unterstützung.[44] Auch die Katholische Aktion Österreich verweist in ihrem aktuellen Bildungskonzept darauf, dass es von der beruflichen Position der Eltern und deren Einkommen abhängt, ob Kinder eine Mittelschule besuchen. Folglich ist Bildung transgenerational.[45]

Die Konsequenz dieser fehlenden Chancengleichheit ist, dass nicht allen Personen dieselbe Möglichkeit zukommt, selbstbestimmt ihre Identität zu entwickeln. Denn wenn, wie oben argumentiert, Bildung Orientierung schafft, Welt- und Selbstkenntnis sowie Kritikfähigkeit vermittelt und dies Voraussetzungen zur Selbstbestimmung sind, haben Personen mit geringerer Bildung diese Entwicklungschancen in nur eingeschränktem Ausmaß. Die Gefahr der Fremdbestimmung ist größer und das kann Glücks- und Sinnerfahrungen vereiteln.

---

43 Vgl. Sändig, Brigitte, Albert Camus, Reinbek 1995.

44 Vgl. Nave-Herz, Rosemarie, Familie heute. Wandel der Familienstrukturen und Folgen für die Erziehung, Darmstadt 1994, 73.

45 Nur ein Viertel der Kinder, deren Eltern als HilfsarbeiterInnen arbeiten, besuchen die AHS-Oberstufe oder die BHS (24,8%), jedoch drei Viertel (74,3%) der Kinder aus Familien, deren Eltern hochqualifizierte Tätigkeiten ausüben. Vgl. Auf dem Weg zur gerechten Schule. Fakten & Perspektiven, Arbeitsgruppe Bildungsgerechtigkeit der KAÖ, Wien 2009, 7; in: http://www.kaoe.at/site/article_detail.siteswift?so=all&do=all&c=download&d=article%3A240%3A1; 02.06.2009.

Verzeichnis der Autorinnen und Autoren

Dr.in Silvia **Arzt**, Studium der Selbständigen Religionspädagogik und Doktoratsstudium Katholische Theologie in Salzburg, derzeit Assistenzprofessorin für Religionspädagogik am Fachbereich Praktische Theologie der Universität Salzburg.

Univ.-Prof.in Dr.in Eva Martha **Eckkrammer**, geboren 1968, Studium der Romanischen Philologie in Salzburg und Coimbra, Promotion 1994, Habilitation 2005, Lehrstuhl für romanische Sprach- und Medienwissenschaft am Romanischen Seminar der Universität Mannheim seit 2009, Forschungsschwerpunkte in der Kreolistik, Text- und Medienlinguistik.

Univ.-Prof. DDr. Franz **Gmainer-Pranzl** studierte Theologie und Philosophie in Linz, Innsbruck und Wien. Seit 2009 Professor für Theologie interkulturell und Studium der Religionen an der Katholisch-Theologischen Fakultät der Universität Salzburg. Arbeitsschwerpunkte: Interkulturelle Philosophie, Phänomenologie des Fremden, kontextuelle Theologie, interreligiöser Dialog.

Mag.a Teresa **Leonhardmair**, Musik- und Bewegungspädagogin, seit 2005 Doktorandin an der Wiener Musikuniversität, Beschäftigung mit dem Phänomen „Bewegung“ in Wissenschaft, Kunst und Pädagogik, mit Schwerpunkt auf die Musik. Künstlerische und pädagogische Tätigkeit, sowie Vortrage im In- und Ausland.

Univ.-Prof. Dr. Konrad Paul **Liessmann** ist Professor für Philosophie an der Universität Wien, Essayist, Literaturkritiker und Kulturpublizist. Er ist wissenschaftlicher Leiter des Philosophicum Lech und wurde 2006 zum Österreichischen Wissenschafter des Jahres gekürt. Seit 2008 ist er Vizedekan der Fakultät für Philosophie und Bildungswissenschaft der Universität Wien.

Mag.a Lena **Oetzel** studierte in Bonn Mittlere und Neuere Geschichte. Sie ist seit 2007 wissenschaftliche Mitarbeiterin am Fachbereich Geschichte an der Universität Salzburg und schreibt derzeit an ihrer Dissertation. Ihre Forschungsschwerpunkte liegen im Bereich der Politik- und Kulturgeschichte Englands im 16. Jahrhundert und besonders zur Zeit Elisabeths I.

Mag.a Gabriele **Pöhacker**, Studium der Sozial- und Wirtschaftswissenschaften in Wien, Referentin für Behindertenpastoral der Erzdiözese Salzburg, freiberufliche Lebens- und Sozialberaterin (Existenzanalyse), langjährige Aktivistin in der „Selbstbestimmt Leben Bewegung“.

Dr.[in] Christina **Repolust**, Matura an der HAK in Lienz/Osttirol, Studium der Germanistik in Salzburg, Ausbildung zur Bibliothekarin, arbeitet als Referentin, Journalistin, Fotografin und Literaturwissenschaftlerin in der Erwachsenenbildung.

Mag.[a] Martina **Schmidhuber** studierte von 2003 bis 2006 Philosophie in Salzburg. Seit 2007 ist sie wissenschaftliche Mitarbeiterin am Fachbereich Philosophie KTH der Universität Salzburg und schreibt an ihrer Dissertation.

Univ.-Prof. Dr. Heinrich **Schmidinger** ist Professor für Christliche Philosophie am Fachbereich Philosophie der Katholisch-Theologischen Fakultät der Universität Salzburg und gegenwärtig Rektor der Universität Salzburg.

Mag.[a] Ingrid **Schmutzhart** studierte Rechtswissenschaften an der Universität Salzburg und absolvierte den interdisziplinären Studienschwerpunkt Gender Studies. Derzeit ist sie Leiterin des gendup – Zentrum für Gender Studies und Frauenförderung der Universität Salzburg. Arbeitsschwerpunkte: Gleichbehandlungsrecht, Frauenförderung, Gender Studies.

DDr. Bernhard **Schwaiger,** Studium der Rechtswissenschaften und Psychologie, Assistenzprofessor am Fachbereich Philosophie der Kath.-Theol. Fakultät der Universität Salzburg, Arbeitsschwerpunkt: im Überschneidungsbereich von Philosophischer Anthropologie und Psychologie unter besonderer Berücksichtigung der Psychoanalyse.

Prof. DDDr. Clemens **Sedmak** ist Professor für Theologie am King's College London, Präsident des Internationalen Forschungszentrums für Grundfragen der Wissenschaften Salzburg, sowie Leiter des Zentrums für Ethik und Armutsforschung an der Universität Salzburg.

Mag.[a] Sabine **Stadler** ist nach dem Studium der Wirtschaftswissenschaften an der Johannes Kepler Universität in Linz und der University of Tampere, Finnland, heute als wissenschaftliche Mitarbeiterin am Fachbereich für Sozial- und Wirtschaftswissenschaften in Salzburg tätig. Ihre Forschungsschwerpunkte liegen im Bereich der Wirtschaftsethik.

Dr. Michael **Zichy** studierte Philosophie und katholischen Theologie an der Universität Salzburg. Gegenwärtig ist er wissenschaftlicher Mitarbeiter am Institut Technik-Theologie-Naturwissenschaften an der Ludwig-Maximilians-Universität München.